P L A T F O R M   M A N A G E M E N T

산업생태계 이해를 위한

플랫폼 경영

강 병 영

탑북스

서문

세계적으로 경제 환경은 혁신적으로 변하고 있다. 2019년 말에 발생한 코로나는 새로운 일상생활이 정상이 되는 '뉴 노멀(New Normal)' 시대를 불러왔다. 비대면이 새로운 표준으로 나타났다. 이에 따라 디지털 경제의 가속화, 전자상거래의 활성화를 가져왔으며, 메타버스, 인공지능, 로봇, 사물인터넷, 빅데이터 등 4차 산업 기술의 가속화를 보여주고 있다.

현재 우리는 스마트 사회, 자본주의 4.0, 정부 3.0, 소프트웨어 2.0 등으로 불리는 새로운 환경의 전환 속에 살고 있다. 이러한 환경 변화는 산업생태계의 변화를 초래하였다. 오늘날 세계 산업을 주도하는 기업은 플랫폼 기업들이다. 애플, 구글, 마이크로소프트, 아마존, 페이스북 등 세계 산업을 주도하는 기업들이 플랫폼 기업인 것이다. 최근 급성장하며 세계 경제를 주도하는 에어비앤비, 우버, 알리바바, 테슬라 같은 기업들 또한 플랫폼 기업들이다. 애플, 구글과 같은 한 기업의 시가총액이 우리나라 상장기업의 시가를 모두 합친 것 보다 높은 경우가 있다. 플랫폼 한 개의 기업이 웬만한 국가의 경제 규모를 능가한다. 이러한 이유로 플랫폼 기업들을 알아야 한다.

플랫폼 기업들이 모두 성공하는 것도 아니고, 장점만 있는 것도 아니다. 플랫폼의 기능을 최대한 발휘해야 하며, 구축전략과 경영전략을 체계적으로 수립하여야 한다. 적정 가격을 책정하지 못하거나 경쟁업체를 등한시 하여 실패한 플랫폼 기업들도 많이 있다. 따라서 플랫폼 기업들의 사례와 성공, 실패 요인들을 분석해야 하는 것이다.

플랫폼 기업들 중 많은 사례가 ICT 기술을 바탕으로 비즈니스를 한다. 그래서 ICT 기술에 대한 이해가 필요하다. 또한 국가나 플랫폼 기업에 있어서 거버넌스가 매우 중요하다. 그리고 플랫폼 기업들은 대부분 벤처창업으로 시작하여 자금지원을 받아 성공한 경우가 많다. 창업 생태계와 지식재산권 보호, 기업의 사회적 책임 등에 대한 이해도 필요하다.

우리나라 경제는 전통적 제조 산업을 기반으로 성장하여 왔으며 현재도 이러한 기업들이 우리나라 산업생태계를 주도하고 있기에 IT 플랫폼을 기반으로 한 세계적 플랫폼 기업이 나타나지 않고 있다. 경제성장율의 하락, 청년 실업 증가, 산업구조와 인구 연령의 고령화 등 직면한 문제들이 나타나고 있다. 이러한 현상을 극복하기 위해서는 새로운 산업생태계 구조로 변모해야 한다. 이를 위해서는 IT를 기반으로 한 벤처생태계의 육성과 유니콘 기업, 플랫폼 기업들이 많이 생성되어야 한다.

오랜 기간 학교에서 강의를 하면서 우리 대학생들이 안정적인 직업을 선호하는 것을 보아왔다. 창업이나 해외 진출 등 불확실한 곳에 나서기를 두려워하는 모습이다. 우리나라 경제 발전을 위해서는 결코 바람직한 모습이 아니다. 한때 핀란드 경제의 40% 가까이 차지한 노키아는 세계 휴대폰 시장에서도 압도적인 위치에 있었다. 그러나 플랫폼 변화에 주저하자 다른 기업들에 추월당하고 사업을 접어야 했기에 핀란드에서는 대학생들이 노키아 취업을 포기하고 창업으로 눈을 돌리게 되었고, 핀란드 경제는 다시 일어날 수 있었다.

산업생태계의 이해라는 과목으로 IT 기술에 대한 관심, 플랫폼 기업들에 대한 관심, 벤처기업, 소프트웨어 산업의 중요성 등을 강의해 왔다. 이러한 강의에 적절한 교재의 필요에 의해 이 책을 집필하게 되었다. 사회에 진출하는 대학생들이 세계 경제 상황과 우리나라 경제 현황에 대한 기본적인 지식이 필요함을 느껴 왔다. 이에 따라 책의 내용을 다음과 같이 구성하였다. 산업생태계의 환경 변화에 대한 이해를 시작으로 산업생태계, 플랫폼, 플랫폼 기업들, 플랫폼 기업들의 성공과 실패 사례, 경영전략과 거버넌스, 플랫폼 횡포, 벤처생태계, 플랫폼 정부, 기업의 사회적 책임과 윤리경영 등으로 개념들을 분석하고 관련 용어들로 정리하였다.

플랫폼 경영이라는 본 책이 우리나라 경제 상황과 세계 경제를 주도하는 플랫폼 생태계에 대한 이해를 돕는 계기가 되기를 바란다. 본 책을 출판하게 도와주신 탑북스 김광식 대표님과 그림 자료를 도와준 김윤도님께 감사드리며 우리나라에도 세계적인 플랫폼 기업의 출현을 기대한다.

2022년 5월 저자

차 례

제1장 산업생태계와 환경 변화

제2장 산업생태계 개념과 실리콘밸리

제5장 플랫폼 기업의 성공과 실패

제6장 경영전략과 거버넌스

제7장 플랫폼 횡포

제8장 벤처생태계와 지식재산권

제9장 스마트 사회 : IT와 정부

제10장 기업의 사회적 책임

제1장 산업생태계와 환경 변화

1. 산업생태계의 틀
   1.1 자본주의의 진화
   1.2 사회적 자본
   1.3 산업생태계 구성 요소
   1.4 경영 패러다임의 변화
   1.5 플랫폼 경쟁

2. 경제 환경 변화
   2.1 4차 산업혁명
   2.2 뉴 노멀 시대
   2.3 애프터 코로나
   2.4 6G 이동통신 시대
   2.5 소프트웨어 2.0 시대
   2.6 '퍼스트 무버'로 전환
   2.7 탄소 제로 30년 전쟁

제 1 장
산업생태계와 환경 변화

1. 산업생태계의 틀

1.1 자본주의의 진화

21세기 들어 부의 양극화와 청년실업 등이 각 나라에서 사회적 이슈로 부각되는 가운데 공존공영의 생태계를 가꿀 수 있는 새로운 자본주의에 대한 요구가 높아지고 있다. 미국의 반 월스트리트(Wall Street) 시위의 긴장감 속에 자본주의는 변화의 일보 직전 즉 티핑 포인트(tipping point : 어느 정도 기간을 두고 작은 변화들이 쌓여, 작은 변화가 하나만 더 일어나도 갑자기 큰 영향을 초래할 수 있는 상태가 된 상태)에 있다. 자본주의 시장이론이 더 이상 작동하지 않고, 시장기능 실패로 많은 대중이 피해를 입고 있다고 램퍼트(Richard Lambert)는 주장한다.

아나톨 칼레츠키(Anatole Kaletsky)는 〈자본주의 4.0〉에서 자본주의는 자본주의 1.0(자유방임주의 시대), 자본주의 2.0(수정자본주의의 시대), 자본주의 3.0(신자유주의 시대)을 거쳐 자본주의 4.0으로 진화해야한다고 주장했다.

자본주의는 1776년 미국이 '자본주의 국가'로서 독립선언을 하면서 시작되었고 이후 4단계를 거치며 진화해왔다. 산업혁명과 자본주의로 인해 대호황을 누렸던 미국과 영국은 자본주의 1.4시대인 1929년 대공황이 일어나며 위기에 직면한다. 결국 영국이 금본위 경제체계를 포기하고 뉴딜정책이 등장하며 자본주의 2.0의 시대가 열린다. 이는 민간 기업에 대한 신뢰가 무너지면서 정부가 전면에 나서 경제를 책임지는 시스템이다. 그러나 자본주의 2.3시대인

1970년대 석유파동과 인플레이션이 전 세계를 강타하면서 이번에는 정부의 신뢰도가 추락한다. 영국의 대처 수상과 미국의 레이건 대통령이 자유시장의 필요성을 언급하면서 자본주의 3.0의 시대가 열린다. 이후 정부의 역할을 줄이고 기업의 행동범위를 넓히는 신자유주의가 자본주의 패러다임을 지배했다.

그러나 2008년 미국에서 글로벌 금융위기가 발생해 세계로 퍼지면서 시장 위주의 경제체계에 대한 의구심이 싹트며 자본주의 4.0시대가 열렸다. 또한 지난 금융위기 대처 과정에서 세계 각국 정부는 재정지출을 확대한 결과 이제 더 이상 빚 많은 정부가 나서서 교육, 의료서비스 등 복지를 홀로 담당할 수 없게 되었다. 이후 정부 역할은 자본주의 2.0시대의 강한 정부도, 자본주의 3.0시대의 작은 정부도 아닌 변증법적인 진화가 필요하다도 주장한다.

세계 경제는 점차 정부와 기업의 경계가 모호한 현재의 자본주의를 넘어, 민간의 역할이 점점 더 커지는 자본주의 5.0시대로 진화하고 있다. 2019년 말 코로나19 발생으로 전세계적인 팬데믹으로 정부의 역할이 다시 중요해졌으며 방역, 백신 개발 등 정부와 민간, 기업의 협력이 중요해지고 있다.

새로운 자본주의 시대에는 기업의 힘이 더욱 커진다. 고용불안, 비정규직 문제 등 시장에서 일어나는 갈등 해결에 기업의 역할이 더욱 중요해지며, 기업의 힘이 커질수록 기업의 사회적 책임 또한 강조될 것이다. 이러한 사회 분위기가 조성되기 위해서는 사회적 자본구축이 선행되어야 한다.

표 1-1 자본주의 진화 단계

자본주의 1.0 자유방임자본주의	자본주의 2.0 수정자본주의	자본주의 3.0 신자유주의	자본주의 4.0	자본주의 5.0
야경국가 -미국의 독립전쟁 및 프랑스의 정치혁명 -영국의 산업혁명 이후	강한 정부 -대공황(1929) 이후 -미국 뉴딜정책 -유럽의 복지국가	시장 자율 -1970년대 인플레이션 이후 -대처, 레이건 호황기	정부와 시장의 긴밀 정책 -2008년 금융위기 이후	시장의 공적 기능 강화 -현재 ~

1.2 사회적 자본

기존의 기업 경쟁은 강한 기업만이 홀로 살아남는 정글의 생존경쟁이었다면, 새로운 자본주의하에서 경쟁은 숲(또는 플랫폼)이라는 공동체 속에 포함된 모든 주체가 서로를 보완하며 경쟁하는 협력적 경쟁을 통해 강력한 공동체로 진화하는 공존공영의 경쟁으로 변하고 있다.

즉, 생존을 위해 더 이상 기업 간의 경쟁이 아닌 생태계 대 생태계의 경쟁으로 경쟁의 패러다임이 변화함에 따라 경쟁력의 원천도 과거 개별 기업의 혁신역량 강화를 위한 물적 자본과 인적 자본을 넘어 사람과 사람 사이, 조직과 조직 사이의 협력을 촉진하는 관계적 자산이 사회적 자본으로 변화하였다. 즉 산업혁명의 원천이었던 물적 자본은 인적 자본, 똑똑한 사람이 만들어내는 지식혁명으로 대체되었으나 인적 자본에만 의존하여 협력의 부재로 몰락하는 기업들이 발생하자 이젠 인적 자본만으로는 장수하는 기업이 될 수 없게 되었다. 서로 협력하여 사회적 자본을 구축한 기업이 지속 가능한 성장을 이룰 수 있게 되면서 사회적 자본을 바탕으로 한 산업생태계 혁명이 일어나고 있다.

사회적 자본은 사회 구성원들이 힘을 합쳐 공동 목표를 효율적으로 추구할 수 있게 하는 자본을 이르는 말로 사람과 사람 사이의 협력과 사회적 거래를 촉진시키는 일체의 신뢰, 규범 등 사회적 자산을 포괄한다. 네트워크형 경제에서의 기업의 경쟁력은 생태계에 소속된 모든 개체가 서로 공생할 수 있는 토대를 제공하는 사회적 자본의 수준에 의해 좌우되는 시대가 오게 하였다. 같은 인재, 같은 기술, 같은 환경 등 동일 조건에서도 다른 결과가 나오는 이유가 바로 사회적 자본이 다르기 때문이다.

미국 뉴욕의 전문 보석상들은 대부분 유대인 출신으로 혈연, 지연을 바탕으로 두터운 상호신뢰를 형성하고 있어 계약서 없이 보석을 거래하며, 관행을 어긴 상인은 제명당하는 등 결속력 높은 네트워크를 사회적 자본으로 형성하였다. 이처럼 사회적 자본이 잘 구축된 나라일수록 국민 간의 신뢰도가 높고, 이를 보장하는 법 제도가 잘 구축되어 있어 상거래 비용이 적고 효율성은 높아 생산성은 올라가고 국민소득도 높아진다.

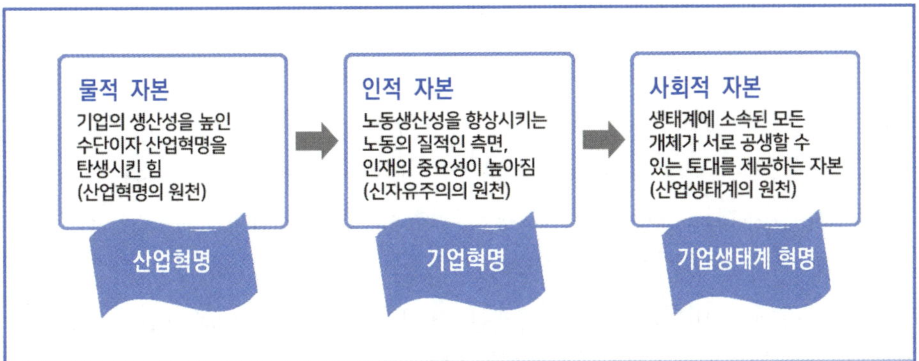

[그림 1-1] 핵심역량 자본의 변화

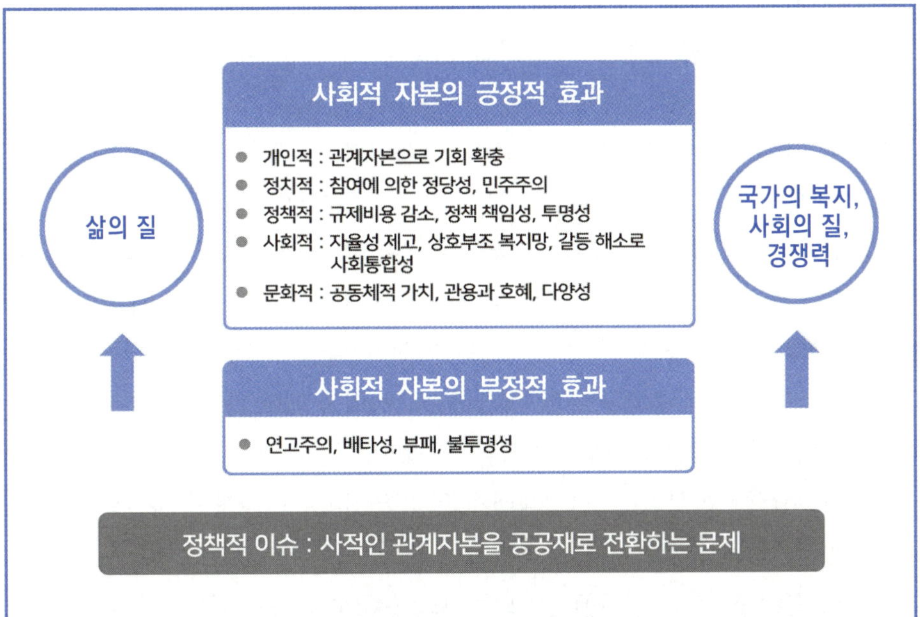

[그림 1-2] 사회적 자본의 효과

1.3 산업생태계의 구성요소

산업생태계(business ecosystem)라는 용어는 제임스 무어(J. Moore, 1993)가 생태계와 기업전략의 개념적 결합 연구에서 나타났다. 생태계의 개념을 처음으로 제시한 연구자는 아서 탠슬리(A. Tansley, 1935)로 이는 자연 생태학

(ecology)에 그 기원을 두고 있다. 생태학과 경제학(economics)이 모두 그리스어 '오이코스(oikos)'를 어원으로 한다. 이는 생태학과 경제학의 두 영역이 긴밀한 공조관계가 존재함을 의미한다. 따라서 무어가 주장한 산업생태계는 기존의 경제학을 뛰어넘는 새로운 개념이 아니라, 기업의 비즈니스 환경을 기존의 전통적인 조직 구분을 넘어서 새로운 조직 형태인 상호작용하는 유기체로 바라보자는 '관점의 변화'로 해석된다.

경영 전략적 측면에서 산업생태계란 용어는 제임스 무어에 의해 사용되기 시작한 이후, 하버드 대학의 이안시티 교수(Iansiti, 2004) 등에 의해 확대 발전하고 있다.

산업생태계란 다양한 종(기업)들이 끊임없이 상호작용하며 진화하는 곳이며, 고객, 공급자, 유통업체, 아웃소싱 기업, 관련 제품 및 서비스 메이커, 기술제공 기업 및 여타 조직들의 유연한 네트워크를 의미한다.

오늘날 세계 산업의 핵심으로 등장한 애플이나 구글의 모습에는 전통적 비즈니스 모델인 기업 간 경쟁으로 해석되지 않는 부분이 많다. 무엇보다도, 구글의 비즈니스 플랜은 삼성의 노트북이냐 소니의 바이오 노트북이냐 같은 단순한 기기 간 또는 기업 간 경쟁을 뛰어넘는 생태계 관점의 큰 그림을 그린다. 또한 구글의 느슨한 연계 안에서 혁신과 진화가 활발히 일어나 하위계층의 기업이 같이 공생하는 현상을 단일 제품에 대한 기술 개발과 원가 경쟁으로 대변되는 전통적 기업전략으로는 해석될 수 없다.

그러나 이러한 현상들을 '산업생태계 안경'의 틀로 바라보면 구글의 비즈니스 모델은 건강한 생태계를 구축하고 있음을 알 수 있다. 구글은 핵심자(keystone)로서 크롬(Chrome)과 안드로이드(Android)라는 강력한 운영체제 플랫폼을 제공하고, 많은 애플리케이션 기업들은 하나의 상설시장과 같은 플랫폼 안에서 자신들의 서비스를 고객에게 판매하고 있다.

구매자로 바글거리는 상설시장은 광고를 하고자 하는 기업에게는 좋은 먹을거리가 되며, 이들은 상설시장에 비용을 지불하고 광고를 게재해 또 다른 시장을 창출한다. 결국 구글은 서비스 제공자와 사용자가 활발히 거래할 수 있는 커다란 시장을 만들고 광고로 수익을 창출하는 비즈니스 모델(플랫폼)을 창출한 것이다.

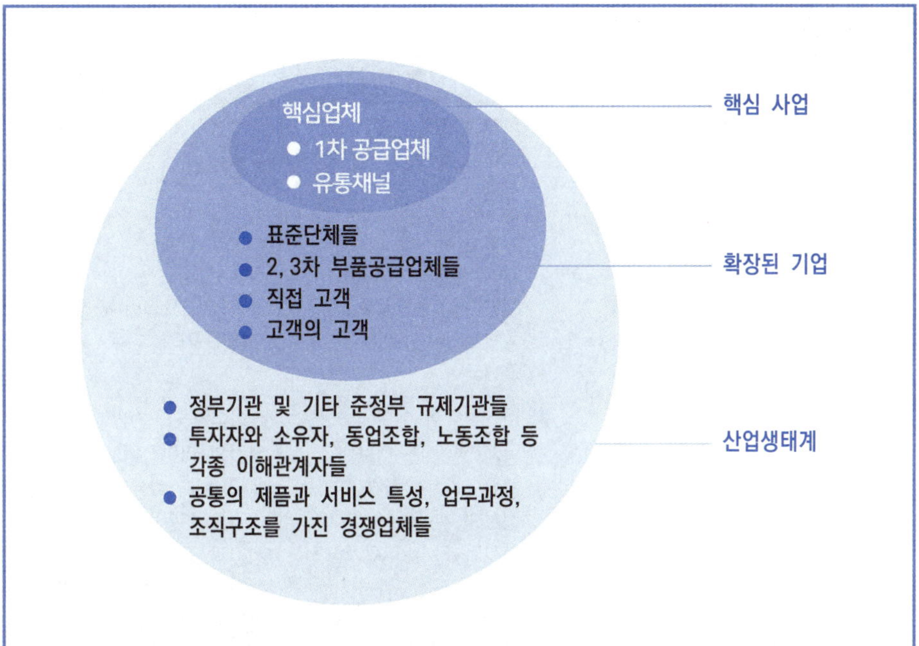

[그림 1-3] 산업생태계의 구성 요소

애플, 페이스북 등 스마트 기술 시대를 선도하는 다른 기업들 역시 산업생태계 관점에서 비즈니스 모델을 바라본다면, 강력한 플랫폼 리더십을 기반으로 기업 간 경쟁이 아닌 생태계 간 경쟁을 전략적으로 준비하는 모습을 발견할 수 있다.

1.4 경영 패러다임의 변화

시대의 변화에 따라 경영 패러다임이 아날로그 시대 - 디지털 시대 - 스마트 시대로 이행하는 과정에 있다. 스마트 시대에 들어 플랫폼을 중심으로 또 다른 생태계가 태동하고 있다. 산업별로 산업생태계의 플랫폼과 중심은 변화하고 점점 모든 산업의 경계가 사라지며 타 산업 간 기술의 융합이 활발히 이뤄지고 있다.

표 1-2 패러다임의 변화

구분	아날로그 시대	디지털 시대	스마트 시대
핵심 전략	나홀로 전략 품질과 원가 경쟁 규모의 경제	디지털 제품 경쟁 네트워크 경쟁 연결의 경제	플랫폼과 산업생태계 구축 플랫폼 경제
주요 특징	산업 사회 양적 성장 소형집적화 소니의 워크맨	네트워크 사회 질적 성장 첨단기술의 고도화 융합화(convergence) 휴대폰	스마트 사회 지적 성장 융합의 고도화(trivergence) 스마트 기기
정보의 활용 및 소통방식	전화, 편지 등 정보 확산이 지리적, 시간적으로 제한 정보나 기술들이 자주 변하거나 쉽게 대처할 수 없음 1:1	PC 기반의 인터넷 시대 동시다발적인 정보의 공유나 기술 개발이 가능 정보의 활용에 있어 시간과 공간의 제약이 존재 1:N 웹(Web) 경제	스마트폰, 태블릿 PC 기반의 리어타임 시대 (페이스북, 트위터, 카카오톡 등) 시간과 공간의 제약없이 실시간으로 정보 활용이 가능한 완전 개방 시대 N:N 앱(App) 경제
산업과 기업의 대응(생태계의 진화)	밸류체인 중심 - 체인 내 상하위 참여자 간 일방향 관계 - 최종 소비자는 피동적으로 제품 및 서비스 이용	밸류체인(Value Chain) 중심에서 에코시스템(ecosystem) 개념 등장	에코시스템 중심 시스템 구성원 간 상호작용을 강조(참여와 공유를 통한 경쟁과 협력 관계) 최종소비자(사용자)는 능동적으로 제품 및 서비스 이용

또한 스마트 시대의 도래로 기능보다는 체험, 단독 제품보다는 확장 가능한 플랫폼이 중요해지고 있다. 더 이상 나홀로 규모를 확대하는 시대가 아니라 누가 더 건강한 생태계와 플랫폼을 구축하였는가로 경쟁하는 시대이다. 애플 아이폰의 경우 전화 단말기 기능에만 머물지 않고, 애플리케이션을 구입할 수 있는 앱스토어 플랫폼을 통해 산업생태계를 구축하여 소비자들의 지속적 흥미를 유발한 것이 가장 큰 성공요인으로 볼 수 있다.

이러한 상황에서는 변화를 읽는 선구안도 중요하지만 건강하고 역동적인 산업생태계를 구축하는 것이 가장 효과적인 경쟁력 제고 방안이 될 것이다. 최근 휴대폰과 전자기기 등 하드웨어의 강자였던 국내 업체들이 소프트웨어 측면의 열세로 경쟁력 유지에 어려움을 보이는 데 우리나라의 산업생태계 건강성에 우려감이 있다. 각 산업마다 경쟁력 있는 생태계 리더 기업이 출현될 수 있는 경제 체질과 구조 개선이 필요하다.

1.5 플랫폼 경쟁

정보통신기술의 급속한 발전 때문에 과거의 방식으로는 더 이상 경쟁에서 살아남기 힘들어지고 있다. 최근 구글, 애플, 페이스북, 그리고 아마존이 자신들만의 강점을 가진 플랫폼을 통해 각자의 영역에서 절대강자로 부상하면서 비즈니스 업계에 플랫폼에 대한 관심이 집중되고 있다. 플랫폼이 기업의 성패를 좌우하는 핵심 요인으로 등장한 것이다.

전통적인 기업보다 플랫폼 기업들이 부상한 배경은 다음과 같다. 인터넷이 도입된 이래 많은 기업들이 기술 기반의 경영시스템을 구축하고 급변하는 시장 환경에서 살아남기 위해 노력하고 있다. 그 중에서도 최근 더욱 두각을 나타내고 있는 기업은 애플, 구글, 아마존, 페이스북 등 인터넷 혁명을 주도하는 '4인방(Gang of Four)'이다. 구글의 회장 에릭 슈밋(Eric Schmidt)은 이들의 성공 비결을 자기만의 강력한 플랫폼이라고 지적했다.

PC 시대를 주름잡았던 마이크로소프트와 인텔은 플랫폼 경쟁에서 뒤진 바람에 플랫폼을 효과적으로 활용하고 있는 신 4인방에게 자리를 내주고 고전을 면치 못하고 있다. 스마트폰의 절대 강자였던 노키아도 2007년 49%에 달했던 시장점유율이 2011년 17%로 급락하면서 위기를 맞이하다가 급기야 MS에 인수되고 말았다.

이처럼 플랫폼이 기업 성패의 핵심 요인으로 등장하면서 플랫폼에 대한 관심이 고조되고 있다. 이와 같이 플랫폼에 대한 관심이 폭발적으로 증가하고 있는 주요 원인을 정리해 보면 다음과 같다. 첫째, 선도 ICT 기업들이 플랫폼을 통해 수익을 확대하거나 거대 기업으로 급성장하고 있는 현상이 나타나고 있기 때문이다. 둘째, 이는 ICT의 혁명적 진화에 힘입어 플랫폼 구축과 활용이 더욱 용이해진 것과 맥을 같이한다. 셋째, 글로벌 경쟁의 심화와 고객의 다양한 니즈 생성, 기술혁신의 가속화 등으로 제품의 수명주기(product life cycle)

가 단축됨에 따라 비용 증가를 최소화하면서 다품종 소량생산을 해야 하기 때문이다. 넷째, 여러 학문과 산업 영역의 경계를 무너뜨리는 융복합화가 가능해지면서 이종 산업 간 결합이 플랫폼을 통해 일어나고 더욱 활성화되기 때문이다.

'플랫폼'하면 기차를 타고 내리는 정거장이 먼저 떠오른다. 플랫폼은 한마디로 무언가를 타고 내리는 승강장이다. 본래 기차를 승·하차하는 공간이나 강사, 음악 지휘자, 선수 등이 사용하는 무대·강단 등을 뜻했으나 그 의미가 확대되어 특정 장치나 시스템 등에서 이를 구성하는 기초가 되는 틀 또는 골격을 지칭하는 용어로, 컴퓨터 시스템·자동차 등 다양한 분야에서 사용되고 있다.

플랫폼의 대표격인 승강장이 어떤 역할을 하는 존재인지 살펴보면, 플랫폼의 진정한 의미를 파악할 수 있다. 승강장은 기차, 지하철, 혹은 버스 등 교통수단과 승객이 만나는 공간이다. 승객은 돈을 지불하고 운송수단은 승객을 원하는 장소에 데려다 준다. 승강장에는 신문이나 잡지, 먹거리 등을 판매하는 매점이나 자판기가 설치되어 있다.

또 승강장 근처에는 크고 작은 상가가 조성되어 있다. 심지어 승강장 주변 즉, 사람이 많이 몰리는 곳에서는 다양한 형태의 비즈니스 모델로 부가적인 수익 창출을 할 수가 있는 것이다.

이와 같이 교통수단과 승객을 만나게 하는 공간이라고만 여겨 왔던 승강장이 다양한 비즈니스 모델을 만들어 수익을 창출하게 한다는 사실은 매우 흥미로운 일이 아닐 수 없다. 주요 수익 모델인 승차 요금 외에도 부가적인 비즈니스 모델로 상당한 수익을 창출하고 있는 것이다. 특히 별도의 마케팅을 하지 않아도 승강장에 사람들이 몰려드는 이유는 승객이 필요로 하는 교통수단을 탈 수 있는 유일한 곳이기 때문이다. 승강장은 교통수단과 승객이 만날 수 있는 거점 역할을 하며, 교통과 물류의 중심이 된다. 그리고 그 안에서 무수히 많은 가치 교환이 일어나고 거래가 발생한다. 이것이 바로 '플랫폼'인 것이다.

다시 정리하면, 플랫폼이란 공급자와 수요자 등 복수 그룹이 참여해 각 그룹이 얻고자 하는 가치를 공정한 거래를 통해 교환할 수 있도록 구축된 환경이다. 플랫폼 참여자들의 연결과 상호작용을 통해 진화하며, 모두에게 새로운 가치와 혜택을 제공해 줄 수 있는 상생의 생태계라고 말할 수 있다. 오늘날 산업생태계에서 플랫폼은 기업 전략에 필수불가결한 요소이다.

》 전 세계 시가총액 Top 10 기업 중 플랫폼 기업 비중 변화

2009년

순위	기업명(국가)	업종
1	페트로차이나(중국)	석유
2	엑손모빌(미국)	석유
3	마이크로소프트(미국)	IT
4	중국공상은행(중국)	금융
5	월마트(미국)	유통
6	중국건설은행(중국)	금융
7	BHP그룹(호주)	자원
8	HSBC홀딩스(영국)	금융
9	페트로브라스(브라질)	석유
10	알파벳(미국)	IT

2019년

순위	기업명(국가)	시가총액 (억 달러)	사업 현황
1	마이크로소프트(미국)	10,616	PC용 OS(윈도), 클라우드 플랫폼
2	애플(미국)	10,122	스마트폰, 모바일 OS(iOS), 앱스토어
3	아마존(미국)	8,587	전자상거래, 클라우드 플랫폼
4	알파벳(미국)	8,459	검색엔진, 인터넷/모바일 광고, 모바일 OS(안드로이드)
5	버크셔헤서웨이(미국)	5,097	투자사, 다국적 지주회사(보험, 가구, 식품, 제조업체 등 계열사로 보유)
6	페이스북(미국)	5,081	소셜네트워크 서비스
7	알리바바(중국)	4,354	전자상거래, 전자결제(핀테크)
8	텐센트(중국)	4,024	인터넷포털, 게임, 메신저
9	JP모건(미국)	3,763	투자 및 상업은행
10	존슨&존슨(미국)	3,415	제약 및 미용, 위생 관련 제품 생산

Source : Bloomberg, 삼정KPMG 경제연구원

Note : 2009년 시가총액은 2009년 12월 31일 기준, 2019년 시가총액은 2019년 9월 30일 기준

[그림 1-4] 플랫폼 기업 비중 변화(2019)

연도별 한국-세계 성장률 (단위 : %)

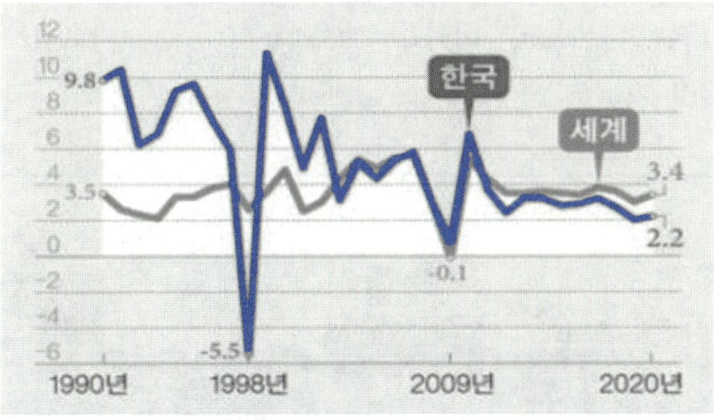

[그림 1-5] 세계 경제성장률 추이

2. 경제환경 변화

2.1 4차 산업혁명

4차 산업혁명은 인공지능, 사물인터넷, 빅데이터, 모바일 등 첨단 정보통신 기술이 경제·사회 전반에 융합되어 혁신적인 변화가 나타나는 차세대 산업혁명을 말한다.

인공지능(AI), 사물인터넷(IoT), 클라우드 컴퓨팅, 빅데이터, 모바일 등 지능 정보기술이 기존 산업과 서비스에 융합되거나 3D 프린팅, 로봇공학, 생명공학, 나노기술 등 여러 분야의 신기술과 결합되어 실세계 모든 제품·서비스를 네트워크로 연결하고 사물을 지능화한다.

제4차 산업혁명은 초연결(hyperconnectivity)과 초지능(superintelligence)을 특징으로 하기 때문에 기존 산업혁명에 비해 더 넓은 범위(scope)에 더 빠른 속도(velocity)로 크게 영향(impact)을 끼친다.

'제4차 산업혁명' 용어는 2016년 세계 경제 포럼(WEF: World Economic Forum)에서 언급되었으며, 정보통신기술(ICT) 기반의 새로운 산업 시대를 대표하는 용어가 되었다. 컴퓨터, 인터넷으로 대표되는 제3차 산업혁명(정보 혁명)에서 한 단계 더 진화한 혁명으로도 일컬어진다.

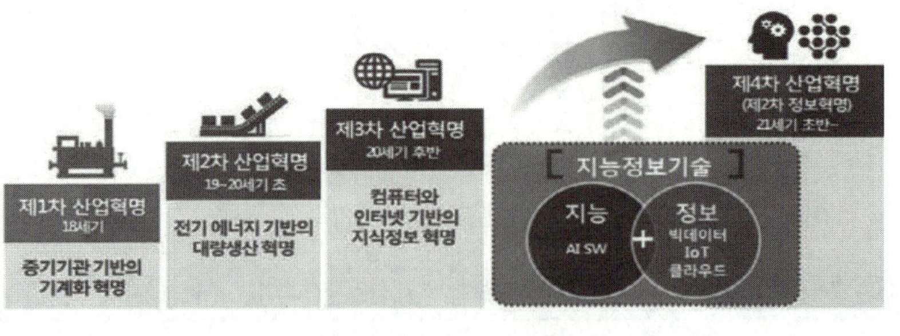

[그림 1-6] 제4차 산업혁명

출처 : 네이버 지식백과

2.2 뉴 노멀 시대

“인류는 코로나19 이전의 삶으로 결코 돌아갈 수 없다”. 팬데믹이 지구촌 삶의 방식을 통째로 바꿔놓고 있다. 화상회의 프로그램이 사무실과 교실, 강의실을 대신하고, 백화점, 대형마트와 레스토랑들은 모바일 앱 속으로 옮겨왔다. 넷플릭스 같은 OTT(Over The Top: 온라인 동영상 서비스) 세상에서는 24시간 불이 꺼지지 않는 극장과 쇼 무대가 펼쳐진다.

일과 휴식, 소비와 유흥 같은 일상의 모든 면에서 ‘비대면’을 새로운 표준으로 하는 ‘뉴 노멀(New Normal)’ 시대는 이미 시작됐다. 기업들의 맥박도 더없이 빨라지고 있다. 코로나19 바이러스가 불러온 거대한 격량에 맞서 포스트 코로나, 뉴 노멀 시대의 골든타임을 놓치지 않으려는 생존을 건 변화, 위기를 기회로 바꾸려는 숨 가쁜 도전에 나선 것이다.

프로야구를 즐기는 문화도 변하고 있다. 관중 입장이 제한된 요즘, 야구팬들은 현장 관람 대신 ‘페이지(PAIGE)’라는 이름의 AI(인공지능) 야구 정보 서비스 애플리케이션으로 갈증을 해소한다. 엔씨소프트가 서비스 중인 ‘페이지’ 앱은 AI가 야구 콘텐츠를 생성, 요약, 편집하고 이용자가 원하는 야구 정보를 제공한다. 응원 구단을 설정하면 구단과 선수에 대한 AI 콘텐츠는 물론 구단 뉴스와 경기 일정, 결과, 순위 등을 한눈에 볼 수 있다. 가장 인기 있는 콘텐츠는 AI가 편집한 영상이다. 3분 하이라이트, 홈런 모아보기, 선발투수 모아보기, 득점 모아보기 등 경기 종료 직후에 AI가 직접 편집한 다양한 하이라이트 영상을 감상할 수 있다. AI가 영상을 편집하는 데 걸리는 시간은 경기 종료 후 5분이면 충분하다. 페이지 앱에서는 AI와 대화를 나누는 것도 가능하다. ‘페이지톡(PAIGE TALK)’은 AI와의 상호작용을 통해 사용자가 원하는 영상, 뉴스, 정보, 대화 주제 추천 등 다양한 콘텐츠와 정보를 제공한다.

뉴노멀 시대 비즈니스는 기업의 규모를 가리지 않는다. 포스트 코로나 시대에는 비대면, 클라우드, 보안 등의 비대면 네트워크가 중요해지면서 중소기업 지원 정책이 보다 강화되고 기업 간 ‘상생이 곧 경쟁력’이 된다. 한국 암웨이는 중소기업, 스타트업과 손잡고 제품과 브랜드 개발 및 출시 과정에서 탄탄한 파트너십을 구축하였다.

한국 대표 게임업체 넷마블이 2018년 '지능형 AI' 전담 연구센터를 설립하고 마젤란 프로젝트와 콜럼버스 프로젝트를 선보이며 미래 게임산업을 위한 연구를 확대하고 있다. 콜럼버스 프로젝트는 넷마블의 방대한 글로벌 이용자 데이터를 기반으로 한 AI 프로젝트이다. 게임 내 이용자 생애기간(이용자 유입부터 이탈까지)에 대한 최적의 분석과 매니지먼트를 통해 게임 PLC(Product Life Cycle : 제품 수명 주기) 개선을 이끌어내는 것이 최종 목표이다. 콜롬버스 프로젝트를 통해 넷마블은 게임 내에서 발생하는 이상한 케이스를 신속하게 탐지하고, 해당 내역을 자동으로 리포팅 하는 이상 징후 탐지(게임 리스크 관리) 시스템을 선보였다. 넷마블은 이 시스템을 다양한 어뷰징(abusing: 게임 시스템을 악용해 불법적인 이익을 취하는 행위) 사례 및 핵툴확산방지, 게임 PLC의 안정적인 운영, 게임지표 왜곡 방지 등을 위해 활용 중이다. 마젤란 프로젝트는 지능형 게임을 만드는 데 중점을 둔 프로젝트이다. 넷마블 지능형 게임의 핵심은 AI 플레이어가 이용자 패턴을 학습해 지속적으로 재미를 느낄 수 있는 요인을 제공하는 것이다. 특히 콘텐츠 난이도 조정과 밸런싱 등에도 AI 기술을 활용하여 이용자들의 몰입도 향상에 기여하고 있다. 또한 넷마블은 강화학습 기반 AI 기술 개발을 통해 콘텐츠별 난이도를 측정하고, 이용자들이 각 콘텐츠를 클리어하는 데 필요한 캐릭터 스킬의 적절한 조합을 찾을 수 있도록 돕는다.

2.3 애프터 코로나(After Corona)

코로나로 인한 어려움이 지속되면서 어쩔 수 없이 노동 환경과 소비 습관이 바뀌게 되었다. 코로나 이전의 생활로 되돌아 갈 수 있을까? 아니면 새로운 혁신의 '뉴 노멀(New Normal)'이 자리를 잡아 코로나 이전으로 되돌아가진 못할 것이란 예측도 많다.

① 사무실이 사라진다.

코로나 영향으로 확실히 사라진 게 있다면 그건 '사무실'이라고 린다 그래턴 런던비즈니스스쿨 교수는 주장했다. 출근이 재택근무로 대체됐고, 이제 '어디서든 근무(work-from-anywhere)'로 진화하고 있다. 코로나로 어쩔 수 없이 시작된 재택근무였지만, 출퇴근 시간과 출장비용 절감, 업무 창의성 개선 등 긍정적인 효과가 나타났다.

② 기업도 '거리 두기'를 한다.

코로나로 원격근무가 보편화되면서 미국에선 본사를 지방 도시로 이전하는 기업이 늘었다. 휴렛패커드엔터프라이즈(HPE), 오라클이 캘리포니아 실리콘밸리에서 텍사스로 본사를 옮기고, 칼 아이컨, 데이비드 테퍼, 폴 튜더 존스 등 유명 헤지펀드 매니저들은 세계 금융 허브인 뉴욕을 떠났다.

③ 높아져가는 테크놀로지 의존

코로나 백신은 기존의 다른 백신보다 훨씬 빨리 개발됐다. 바이러스의 유전자 정보로 화학 합성한 유전정보 전달 물질 'mRNA(메신저 리보핵산)'로 만든 덕분이다. 가상현실・자율주행・인공지능・로봇 등 '4차 산업' 기술의 질주도 계속된다. 실험실 기술이 실생활로 확대 적용되면서, 다양한 제품・서비스가 쏟아지고 있다. 테슬라・애플 등 테크기업의 주가가 폭등했다. 기술변화에 적응하지 못한 기업은 쇠퇴할 것이며, 기술 격차로 인한 양극화는 더 가속화할 전망이다.

④ 디지털 경제의 가속화

니만 마커스, JC페니, 로드앤드테일러 등 100년 역사를 자랑하는 대형 소매업체들이 코로나 타격에 줄줄이 파산했다. 대면 소비는 극도로 제한됐지만 소비 자체가 사라지지는 않았다. 소비욕구를 충족시킬 새로운 방법을 찾았기 때문이다. 디지털 경제는 더 이상 거스를 수 없는 대세가 됐다. 오프라인 소매업의 몰락은 동시에 디지털 경제를 가속화했다. 전자상거래 증가세는 지속될 것이다.

⑤ 여성 일자리 감소

코로나로 세계 각국이 원격수업을 진행하면서 교육에 기술을 접목한 '에드테크(EdTech)'가 급격히 성장했다. 또한 여성들의 노동참여율도 떨어진다. 원격수업 장기화로 늘어난 양육 의무를 대부분 여성이 떠맡으면서 성별 간 고용 격차가 확대되었다.

⑥ '뉴 뉴 노멀'이 온다

기존과 다르지만 정상인 상태, 2010년대 이후 사람들은 그걸 '뉴 노멀'이라고 불렀다. 2021년 뉴 노멀에서 파생된 또 다른 '뉴 노멀'이 올 수 있다. 2021년 이후는 2020년과 다르고, 2019년과도 비슷하지 않아 결국 '뉴 뉴 노멀(New New Normal)'로 불릴 것이다. 그러기에 인류가 코로나 이전으로 되돌아가진 못할 것이라고 예측된다.

2.4 6G 이동통신 시대

우리는 초연결성, 초저지연의 5G시대를 살고 있다. 5G 통신이 상용화 되면서 영화에서만 보던 가상현실(VR)과 증강현실(AR), 자율주행, AI라는 단어들이 자주 등장하며 실생활에도 접목되기 시작하였다. 2021년 3월 초 삼성전자는 28GHz 대역 5G 기지국과 4G LTE 기지국을 함께 활용하는 이동통신 기술로 갤럭시 S20+ 스마트폰 등을 활용해 5.23Gbps 다운로드 속도 시연에 성공, 업계 최고 다운로드 속도를 기록했다. 5.23Gbps 다운로드 속도는 4GB 용량의 풀 HD 영화 1편을 약 6초 만에 다운로드 받을 수 있는 놀라운 속도로, 5G로 인해 우리 실생활에 많은 변화가 생기고 있다.

4G는 2010년, 5G는 2020년에 상용화되었듯이 새로운 이동통신 기술이 상용화 되는데 약 10년이 걸렸다. 6G 또한 2030년에 상용화 될 것으로 예상하며 관련업계에서는 벌써부터 차세대 이동통신 준비를 서두르고 있다.

5G는 최대 속도 20Gbps에 달하는 이동통신 기술로 초고화질 영상이나 3D 입체영상, 360도 동영상, 홀로그램 등 대용량 데이터 전송에 필수적인 5세대 무선기술이다. 5G는 스마트폰 통신기술을 넘어 4차 첨단산업과도 연결된다. 스마트팩토리, 스마트팜, 원격의료, 무인배달, 클라우드, 스트리밍 게임까지 다양한 분야에 사용되며 다운로드 속도 향상, 쇼셜미디어 버퍼링 감소, 4K 모바일 게임 플레이 구동 등 훨씬 빠르고 개선된 가상현실을 경험할 수 있다.

또한 교통, 의료, 농업, 공공서비스 등 다양한 분야에서 5G가 이용된다. 교통 분야에서는 5G의 실시간 연결성으로 접근하는 차량을 감지함으로써 교통 신호 등을 이용한 교차로 관리의 효율성을 높여 스스로 운전하면서 다른 차량과 통신하는 자율주행 차량도 현실화될 수 있다.

5G는 의료분야에서도 큰 발전을 가져온다. 의사는 가상현실을 이용해 다른 장소에 있는 환자를 치료할 수 있고, 의료진은 막대한 양의 의료 데이터에 즉각적으로 액세스할 수 있는 인공지능을 이용하여 더 빠르고 정확하게 진단하며 치료할 수 있다.

농업분야에서는 트랙터, 수확기 같은 자율형 농기구에 명령을 내려 효율성을 높이고, 드론을 활용하여 작물 상태, 토질 및 수분의 변화를 감지하며 살충제, 물 또는 비료를 필요한 양만 정확하게 투입할 수 있는 스마트팜 기술로도 이용된다.

삼성전자는 2021년 6월 미국 UC 샌타바버라대학교 교수진과 함께 6G(6세대 이동통신) 전송 실험을 성공적으로 마쳤다. 6G는 100GHz 이상 초고주파수 대역을 활용하여 5G보다 50배 빠른 전송속도와 10배 빠른 반응속도, 10배 많은 기기를 연결할 수 있는 차세대 이동통신을 말한다..

공중과 해상으로 통신 커버리지가 확장되고, 네트워크가 완전 지능화되는 것이 특징이며 5G 특성인 초고속, 초저지연, 초연결을 앞세워 실시간 원격수술, 자율주행차, 플라잉카 등을 안정적으로 운영할 기반이 되는 무선통신 기술이다. 6G 이동통신은 2021년부터 기술 표준화 작업을 시작으로 2030년부터 상용화를 시작할 것이며, 5천억 개 이상의 사물들이 6G 네트워크에 연결될 것으로 예상하고 있다.

6G의 6개 핵심서비스는 초성능, 초대역, 초공간, 초정밀, 초지능, 초신뢰로 시공간을 초월한 지능형서비스를 제공한다. 가상현실(VR)과 증강현실(AR)을 뛰어넘어 3D 홀로그램을 현실화할 수 있다.

6G 기술은 1Tbps급 전송속도, 저궤도 위성통신을 기반으로 공중 10km까지 통신영역 확대 등 5G를 뛰어넘는 기술적 진화를 통해 실시간 원격수술, 완전 자율주행차, 디지털 트윈 등 고도화된 융합서비스 대중화를 가능하게 할 예정이다.

6G 시대에는 모든 데이터가 클라우드에 저장되며, 소통의 차원이 직접 대면하는 것과 같은 수준으로 진화되어 스마트폰이 필요 없는 시대로 진화할 수도 있다. 현재까지 사람 위주의 서비스가 제공되고 있지만 6G 시대에서는 5G

보다 더 본격적으로 기계가 통신을 소비하는 시대가 될 것이다. 특히 6G를 통해 사람과 기계의 통신이 가능해지며 생각만으로 각종 기계장치를 조종하는 인간과 기계를 연결하는 기술(Human-Computer Interface: HCI)이 주목받을 전망이다.

2020년 우리나라는 전세계적으로 5G를 처음 상용화하면서 많은 나라에게 놀라움을 안겨주었다. 때문에 6G의 상용화가 2030년경 예정임에도 6G 이동통신 시장의 주도권 선점을 위해 각 나라에서는 국가 차원의 대규모 R&D 투자를 통한 원천기술 확보 경쟁에 나서는 중이다.

표 1-3 6G 시대의 미래상

1 초성능	홀로그램, 비대면 회의
2 초대역	인공지능 무인 팩토리
3 초공간	플라잉카, 드론택시, 기내 고속인터넷
4 초정밀	지구 반대편 실시간 원격 수술
5 초지능	인공지능 스마트시티
6 초신뢰	품질보장형 보안기술 내재화

[그림 1-7] 가상 현실

가상현실(VR: virtual reality)은 컴퓨터 등을 사용한 인공적인 기술로 만들어 낸 실제와 유사하지만 실제가 아닌 어떤 특정한 환경이나 상황 혹은 그 기술 자체를 의미한다. 이때, 만들어진 가상의(상상의) 환경이나 상황 등은 사용자의 오감을 자극하며 실제와 유사한 공간적, 시간적 체험을 하게 함으로써 현실과 상상의 경계를 자유롭게 드나들게 한다. 또한 사용자는 가상현실에 단순히 몰입할 뿐만 아니라 실재하는 디바이스를 이용해 조작이나 명령을 가하는 등 가상현실 속에 구현된 것들과 상호작용이 가능하다. 또 가상현실은 사용자와 상호작용이 가능하고 사용자의 경험을 창출한다는 점에서 일방적으로 구현된 시뮬레이션과는 구분된다. 쉽게 떠올릴 수 있는 가상현실 시스템의 예로는 비행 훈련시뮬레이션과 3D로 표현되었으며 사용자의 의지가 반영될 수 있는 세컨 드라이프와 같은 게임이 있다.

[그림 1-8] 증강 현실

증강현실(AR: augmented reality)은 가상현실(VR)의 한 분야로 실제로 존재하는 환경에 가상의 사물이나 정보를 합성하여 마치 원래의 환경에 존재하는 사물처럼 보이도록 하는 컴퓨터 그래픽 기법이다. 디지털 미디어에서 빈번하게 사용된다. 증강 현실을 이용해 마인크래프트 어스 같은 증강현실 게임을 제작하기도 한다. 세계 최초의 AR폰 '팹2 프로'는 구글의 AR 플랫폼이 적용된 스마트폰이다 메타버스(metaverse) 또는 확장 가상세계는 가상·초월(meta)과 세계·우주(universe)의 합성어로, 3차원 가상 세계를 뜻한다. 보다 구체적으로는, 정치·경제·사회·문화의 전반적 측면에서 현실과 비현실 모두 공존할 수 있는 생활형·게임형 가상세계라는 의미로 폭넓게 사용되고 있다.

[그림 1-9] 3D 홀로그램

미국전기전자학회(Institute of Electrical and Electronics Engineers)의 표준에 따르면 메타버스는 "지각되는 가상세계와 연결된 영구적인 3차원 가상공간들로 구성된 진보된 인터넷"이라는 의미를 지닌다고 했으며, 비영리 기술연구단체인 ASF(Acceleration Studies Foundation)은 메타버스를 "가상적으로 향상된 물리적 현실과 물리적으로 영구적인 가상공간의 융합"이라고 정의했다.

메타버스의 네 가지 유형이 있다.

① **증강현실**(Augmented Reality)

증강현실은 현실공간에 2D 또는 3D로 표현되는 가상의 물체를 겹쳐 보이게 하면서 상호작용하는 환경을 의미하며, 사람들에게서 적은 거부감으로 보다 높은 몰입감을 유도할 수 있는 특징이 있다. 사용자가 단말기의 카메라를 통해 전소된 남대문을 촬영하면 디지털로 구축된 남대문이 사용자의 단말기에 중첩되어 보이는 것이 증강현실의 한 예라고 할 수 있다.

② **라이프로깅(Lifelogging)**

라이프로깅(Lifelogging)는 사물과 사람에 대한 일상적인 경험과 정보를 캡처·저장하고 묘사하는 기술이다. 사용자는 일상생활에서 일어나는 모든 순간을 텍스트, 영상, 사운드 등으로 캡처하고 그 내용을 서버에 저장하여 이를 정리하고, 다른 사용자들과 공유할 수 있다. 센서가 부착된 스포츠 웨어를 네트워크 연결이 가능한 MP3 플레이어와 연동하여 사용함으로써 달린 거리, 소비 칼로리, 선곡 음악 등의 정보를 저장하고 공유하는 등의 행위가 라이프로깅의 예시가 될 수 있다.

③ **거울세계(Mirror Worlds)**

미러월드는 실제 세계를 가능한 한 사실적으로, 있는 그대로 반영하되 "정보적으로 확장된" 가상세계를 말한다. 대표적인 예로 구글 어스(Google Earth)를 들 수 있다. 구글 어스는 세계 전역의 위성사진을 모조리 수집하여 일정 주기로 사진을 업데이트하면서 시시각각 변화하는 현실세계의 모습을 그대로 반영하고 있다. 기술의 발전이 계속될수록 미러월드는 점점 현실세계에 근접해 갈 것이며, 이는 향후 가상현실의 커다란 몰입적 요소가 된다. 이같은 미러월드의 사용자는 가상세계를 열람함으로써 현실세계에 대한 정보를 얻게 된다.

④ **가상세계(Virtual Worlds)**

가상세계(Virtual World)는 현실과 유사하거나 혹은 완전히 다른 대안적 세계를 디지털 데이터로 구축한 것이다. 가상세계에서 사용자들은 아바타를 통해 현실세계의 경제적, 사회적인 활동과 유사한 활동을 한다는 특징이 있다. 가상세계는 우리에게 가장 친숙한 형태의 메타버스로서, 리니지와 같은 온라인 롤플레잉게임에서부터 린든 랩에서 개발된 세컨드 라이프와 같은 생활형 가상세계에 이르기까지 3차원 컴퓨터 그래픽 환경에서 구현되는 커뮤니티를 총칭하는 개념이다.

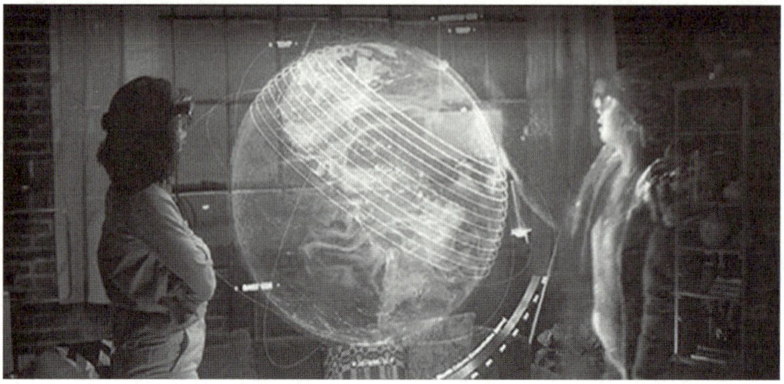

[그림 1-10] 메타버스

2.5 소프트웨어 2.0 시대

표 1-4 소프트웨어 1.0과 2.0

	소프트웨어 1.0	소프트웨어 2.0
개발 시기	1940년대부터 현재까지	2010년대 초반부터 본격화
실행방식	연역, 톱다운	귀납, 보텁업
특징	인간이 논리를 만들고, 조건을 달아주면 그 논리에 따라 결과 도출	데이터의 인공신경망 학습 통해 컴퓨터가 스스로 논리 개발
과제 해결의 한계	인간 프로그래머를 투입해 컴퓨터가 알아들을 수 있게 전달(코딩)해야 하기 때문에 리소스 제약	데이터와 고성능 컴퓨터만 있으면, 할 수 있는 일이 계속 확장됨
대표적 결과물	지금까지 우리가 쓰고 있는 대부분의 컴퓨터 프로그램, 각종 제어 장치들	테슬라의 자율주행 시스템, GPT-3, 네이버 하이퍼클로바 등 AI 언어 모델
한국에 주는 기회	소프트웨어를 사오거나 쉽게 참고 가능, 패스트팔로어 전략 구사 용이	데이터와 창의, 기획력만 확보되면 플랫폼 비즈니스나 AI 프로세스 개발에 도전 가능
한국에 주는 위기	프로그래밍 전문가 대량으로 필요했기 때문에 리소스 조달에서 밀릴 가능성	데이터 주권 중요, 외국에 뺏기면 미래사업의 기회 소멸

출처 : 조선일보, 2021.6.24.

소프트웨어 2.0 시대가 오고 있다. 소프트웨어 2.0 시대에는 소프트웨어 정의가 바뀐다. 기존 소프트웨어(1.0)는 연역법 기반, 사람이 컴퓨터에 논리구조(알고리즘)를 짜 넣은 뒤 조건을 주고 결과를 산출시킨다. 인간의 요구를 컴퓨터에 전달하는 수고(코딩)가 필요했다. 일이 복잡해질수록 인력 · 시간이 눈덩이처럼 불어났고 이 때문에 컴퓨터 능력도 제한될 수밖에 없었다.

소프트웨어 2.0 시대엔 인간이 직접 알고리즘을 짜지 않는다. 대신 컴퓨터에 시키려는 일에 맞는 데이터를 인공신경망(뉴럴넷)에 투입해 신경망이 스스로 뛰어난 알고리즘을 짠다. 소프트웨어 2.0은 테슬라 AI 총괄인 안드레이 카파시(Andrej Karpathy)가 2017년 처음으로 이 용어를 들고 나왔다.

소프트웨어 2.0 상업화의 최전선에 테슬라가 있다. 도로 주행의 모든 조건에 대응하는 자율주행 논리구조를 인간이 짜는 건 어렵기 때문에, 데이터를 학습시켜 AI가 스스로 논리구조를 짜고 개선하도록 하는 소프트웨어 2.0을 테슬라가 적극 활용하고 있다는 것이다. 최근 네이버가 개발한 AI 언어 모델 '하이퍼클로바'도 이런 주장을 뒷받침한다. 네이버는 50년치 네이버 뉴스와 9년치 블로그 데이터를 국내 최대 최고 성능의 수퍼컴으로 학습시켰다. 개발자들이 놀란 것은 문제 해결과 발전 속도다. 네이버 개발조직 클로바의 성낙호 개발총괄은 "기존의 AI 방법론에서는 수개월 걸릴 일을 소프트웨어 2.0 방식을 통해 불과 몇 분 만에 확인하는 등 예상을 뛰어넘는 능력을 보였다"고 했다.

이 방식이 무서운 건 더 많은 데이터를 더 높은 성능의 컴퓨터로 학습시킬수록, 컴퓨터가 계속 영리해진다는 것이다. 테슬라는 세계에 깔린 100만대 이상의 자사 차량에서 데이터를 끊임없이 수집한다. 대당 8개의 카메라에서 끊임없이 발전시킨다.

향후 기계적 코딩이 덜 중요해지는 대신, 문제를 파악하고 빅데이터를 어떻게 AI에 적용해 비즈니스 모델을 만들어 낼 것인가에 훨씬 많은 인력이 필요해질 것이다.

2.6 '퍼스트 무버(First Mover)'로 전환

'패스트 팔로우(fast follow)'로 달려온 대한민국 테크기업들은 이젠 '퍼스트 무버'로 세계 1위 주도권 경쟁을 하고 있다.

메모리 반도체, TV, 냉장고 · 세탁기 등 백색가전, 스마트폰, OLED(유기 발광 다이오드) 디스플레이, 모바일 인터넷 속도 등 모두 세계시장 1위를 하는 한국 제품이다. 한국의 테크놀로지는 지난 40~50년간 무섭게 발전했다. 기술을 기반으로 한 각종 IT(정보기술) 제품들은 세계시장에서 미국 · 독일 · 일본과 맞붙었고 최정상을 차지했다. 한국은 'IT 강국'이라는 별칭을 얻었다. 그 배경엔 삼성전자 · LG 전자 · SK텔레콤 · 네이버 등 한국 기업들의 끊임없는 연구 개발과 조직원들의 헌신이 있었다.

그러나 현재 상황은 여유롭지 못하다. 중국 기업들이 빠르게 성장하며 한국 IT 산업을 위협하고 있다. IT 업계 관계자는 "패스트 팔로우 전략으로 선진국을 제치고 명실상부한 IT 강국이 된 한국이 이제는 중국의 추격을 우려하고 있다"며, 이를 극복하기 위해 한국 기업들은 더욱 R&D에 매진하며 미래를 준비하고 있다.

1970~1980년대 선진국 추격에 나섰던 한국은 1990년대 들어 세계 1위 제품을 쏟아냈다. 1960년 39억 5000만 달러에 불과했던 한국의 GDP는 2020년 명목 GDP가 1933조 1500억원으로 450배 성장했다. 이러한 성장을 대표적으로 이끈 것이 바로 반도체이다.

삼성전자는 1983년 64K D램을, 1988년 4M D램을 개발하며 반도체 성공 신화를 시작했다. 1992년엔 64M D램을 세계 최초로 개발하며 업계 선두로 등극했다. 낸드플래시메모리에서도 매년 기존 제품 용량의 2배인 신제품을 내놓으며 시장을 선도했다. SK하이닉스도 2019년 세계 최초로 128단 낸드플래시 메모리 반도체를 개발하는 등 세계 최대용량 메모리칩을 연속적으로 출시하며 주도권을 이어가고 있다.

한국 디스플레이 산업도 세계를 주도한다. 브라운관(CRT) TV 시대 이후 삼성 · LG 등 한국 기업들은 LCD 패널을 집중 양산하며 일본 업체들을 역전했다. 2007년 삼성디스플레이가 세계 최초 AM OLED(능동형 유기 발광 다이오드)

를 대량 생산했고, LG디스플레이는 2013년 세계 최초로 OLED(유기 발광 다이오드) TV 패널 양산에 성공했다. 2018년엔 세계 최초로 화면이 돌돌 말리는 '롤로블 OLED' TV도 나왔다.

글로벌 통신 시장에서도 한국은 선두주자이다. 1996년 세계 최초 CDMA(코드 분할 다중 접속) 상용화에 성공했고, 1998년 세계 최초 초고속 인터넷 상용화를 이뤘다. 2019년 4월 세계 최초로 5G(5세대 이동통신) 상용화에 성공하며 통신 강국의 위상을 강화했다.

삼성전자의 스마트폰, LG전자의 세탁기와 냉장고 등 전자제품도 세계에 한국의 기술력을 뽐낸 대표적 품목이다. 삼성전자가 2010년 3월 내놓은 첫 스마트폰 '갤럭시 S'는 애플 아이폰 위주의 시장을 뒤흔들었으며, 불과 1년 후 삼성전자 스마트폰은 세계 판매 1위에 올랐다. 삼성전자는 2019년 화면이 좌우로 접히는 '갤럭시 폴드'를 출시했고 한 달 후 화면이 위아래로 접히는 '갤럭시 Z 플립'을 내놓으며 시장 지배력을 강화했다. 2019년 상반기 기준 LG전자는 '세탁기의 역사'로 불리는 미국의 월풀을 제치고 글로벌 1위 가전기업(매출액 기준)에 오르기도 했다.

네이버 · 카카오도 검색과 메신저 기술을 통해 생활 속 깊숙이 침투했다. 네이버는 창업 22년(2021년 기준), 카카오는 메신저 카카오톡을 내놓은 지 10년 만에 검색 능력, 한눈에 들어오는 인터페이스 등을 바탕으로 급성장했다.

그러나 IT 강국을 이룬 한국 기업들은 현재 상황이 녹록치 않다. 중국 업체들이 한국 제품과 서비스를 잇따라 베끼며 시장점유율을 잠식하고 있기 때문이다. 한국 기업들은 중국이 따라올 수 없는 초격차 기술을 준비하며 향후를 대비하고 있다.

삼성전자는 2030년까지 시스템 반도체 분야에서도 1위를 차지하겠다고 밝히고 빠르게 뛰고 있다. 이를 통해 반도체 시장의 패권을 거머쥐겠다는 것이다. EUV(극자외선) 공정을 적용한 파운드리 사업도 확장하고 인공지능 반도체인 NPU(신경망 처리 장치), D램의 처리 능력과 낸드플래시의 저장능력을 통합한 M램과 P램 개발에도 박차를 가하고 있다. SK하이닉스는 고대역 메모리(HBM)에 집중하며 지금보다 저장용량이 크게 개선된 차세대 메모리 반도체 개발을 진행 중이다.

가전업체들은 인공지능과 로보틱스를 적용한 다양한 제품을 개발하고 있다. LG전자는 2020년 초 미국 라스베이거스에서 열린 CES에서 음식을 만들고 서빙해주는 로봇을 선보였다. 말하지 않아도 사용자의 욕구를 파악해 다양한 서비스를 제공하고, 제품 고장 시기까지 예측해 알려주는 등 첨단 가전과 로봇 개발이 한국 가전업체들의 목표이다. 디스플레이 분야도 중국이 따라오지 못하는 차세대 기술 개발에 한창이다. LG디스플레이는 OLED 사업을 확장하고, 삼성디스플레이도 LCD를 넘어서는 QD(퀀텀닷) 디스플레이 개발에 집중하고 있다.

SK텔레콤·KT·LG유플러스 등 통신 3사는 5G를 활용한 혼합현실(MR: 가상현실과 증강현실을 합친 것) 구현을 위해 노력 중이다. 세계 최초로 5G를 상용화한 것과 마찬가지로 6G 등에서도 주도권을 놓치지 않기 위해서다. 네이버·카카오는 e커머스와 금융 등으로 사업 영역을 넓히며 AI 연구에도 박차를 가하고 있다.

[그림 1-11] 혼합현실

혼합현실(MR: mixed reality)은 가상세계와 현실세계를 합쳐서 새로운 환경이나 시각화 등 새로운 정보를 만들어 내는 것을 말한다. 특히, 실시간으로 현실과 가상에 존재하는 것 사이에서 실시간으로 상호작용할 수 있는 것을 말할 때 혼합현실이라는 개념을 사용한다.

2.7 탄소 제로 30년 전쟁

2021년 6월 21일 미 캘리포니아 마운틴뷰에 위치한 인터넷 구글의 캠퍼스에 들어서자 곳곳에 위치한 건물 옥상이 햇빛을 받아 반짝였다. 구글이 설치한 9200장의 태양광 패널 때문이다. 구글이 이 캠퍼스에서 태양광을 통해 얻는 전력은 1.6메가와트(MW), 1000가구가 쓸 수 있는 용량이다. 구글은 전 세계 사무실과 데이터센터, 각종 시설에서 사용하는 모든 전기를 신재생에너지로 채우겠다는 '탄소 제로 전략'을 추진하고 있다. 업무 시설을 전기를 사용하는 공간인 동시에 신재생에너지 발전소로 활용하고 있는 것이다.

RE100은 '재생에너지(Renewable Energy) 100%'의 약자로 기업이 사용하는 전력의 100%를 태양광이나 풍력으로 만든 재생에너지로 충당하겠다는 캠페인이다. 2014년 영국의 비영리기구 더 클라이밋 그룹이 시작한 것으로 현재 구글, 애플, SK 등 316개 기업이 참여하고 있다.

표 1-5 주요 글로벌 기업들의 탄소 중립 움직임

기업	내 용
애플	아이폰 등에 들어가는 희토류 등 부품 재활용 추진
페이스북	미국 18개 주에서 6기가와트 상당 풍력과 태양광 사업 계약 체결
아마존	배송 차량 10만대 전기차로 교체
마이크로소프트	탄소 제거 기술개발 위해 10억달러 기금 마련
구글	구글 본사 건물 지붕에 태양광 모듈 9200개 들어간 패널 설치
소니	일본 정부에 재생에너지 확대 요구 "수용 안되면 일본 떠난다"
샤넬	제품 설계, 제조, 운송을 탄소 저감 방식으로 전환

구글은 자사 전기 사용량의 30%를 직접 생산하고, 나머지는 스웨덴·네덜란드의 풍력발전 단지, 칠레의 태양광발전 단지 같은 신재생에너지 클러스터에서 구매한다. 순다르 피차이 구글 최고경영자(CEO)는 "구글의 탄소 제로는 양자컴퓨터와 자율주행차를 개발하는 것과 같은 수준의 프로젝트"라고 말했다.

글로벌 기업인들도 개인적으로 재단을 설립하거나 관련 기업 인수를 통해 '탄소 중립' 활동을 적극적으로 벌이고 있다. 아마존 CEO 제프 베이조스는 2020년 2월 100억 달러를 출자해 '어스(지구) 펀드'를 조성했고, 2020년 6월에는 20억 달러 규모의 '기후 서약 펀드'도 조성해 청정에너지 관련 기업에 투자하고 있다.

전 세계 기업들이 앞다투어 탄소 중립을 핵심가치로 선언하고 행동에 나서는 것은 탄소 중립이 단순한 환경문제가 아니기 때문이다. 탄소 중립에 앞장서지 않은 기업은 세계 각국의 높아지는 규제와 소비자들의 외면으로 도태될 수밖에 없다는 위기감 때문이다.

[그림 1-12] 지구 온난화

생각하기 토론 과제 – 코로나19

2019년 말 발생한 코로나19는 우리 일상에 많은 변화를 가져왔다. 코로나19 이후의 사회는 우선 △AI기반의 디지털 경제를 가속화시킬 것이다. 이를 바탕으로 △재택근무가 늘어나고 △무인시스템 도입과 사무자동화 확산 △핀테크 확대와 함께 △직접 민주주의에 관한 요구가 폭발할 것으로 보인다. 그러나 △빈부격차의 양극화와 함께 기본 소득세 도입도 시급한 문제로 등장할 것이다. 코로나19가 조기에 종식되면 변화의 속도가 다소 늦어지겠지만 장기화되면 그 속도는 급물살을 탈 것이다.

- 그렇다면 코로나19 이후 생존과 더 나은 미래전략을 어떻게 세워야 할까?
- 코로나19 이전의 경제 상황과 코로나19 이후의 경제 상황의 차이는 어떨까?
- 코로나19 이전의 사회로 돌아갈 수 있을까?

용어정리

6G 시대
HCI(Human-Computer Interface)
OTT(Over The Top)
가상현실(VR)
거울 세계(Mirror Worlds)
뉴 노멀(New Normal)
라이프로깅(Lifelogging)
메타버스(Metaverse)
사회적 자본
산업생태계 구성 요소
소프트웨어 2.0
스마트 시대
앱(App) 경제
어뷰징(abusing)
에드테크(EdTech)
웹(Web) 경제
융합(convergence)
증강현실
초연결(hyperconnectivity)
초지능(superintelligence)
탄소 제로
티핑 포인트(tipping point)
패스트 팔로우(fast follow)
퍼스트 무버(first mover)
플랫폼(Platform)
혼합현실(MR)
홀로그램

제2장

산업생태계 개념과 실리콘밸리

제 2 장
산업생태계 개념과 실리콘밸리

1. 산업생태계 개념

1.1 산업생태계의 개념

마이클 포터(Michael Porter)가 창안한 가치사슬 개념은 "한 기업이 원재료를 사서 가공하고 판매해 부가가치를 창출하는 일련의 과정"을 의미한다.

최근 새로운 정보통신기술이 가치사슬 내 생산, 유통, 소비 전 과정에 유기적으로 접목되면서 기존 산업 내 가치사슬이 각 요소들로 분리되는 현상이 나타나게 되었다. 다시 말해 각 산업 내에서 개별 기업들이 각각의 생산 활동을 전부 통제하고 경영하던 수직적이고 폐쇄적인 방식에서 벗어나 다양한 외부 참여자들과의 협력이 증가하는 개방적인 사업 환경으로 변화하고 있다는 것이다.

이러한 상황에서 기존의 가치사슬이라는 개념을 가지고는 더 이상 빠르게 변화하는 시장과 기업 환경을 설명하기 어려워졌다. 따라서 새로운 관점으로 이러한 변화를 설명하려는 시도가 나타나기 시작했으며, 이러한 과정을 통해 나온 개념들이 '가치 네트워크(value network)' 또는 '생태계(ecosystem)'이다.

생태계란 용어는 다양한 의미로 정의되어 왔다. 메리엄 웹스터 사전은 "생물이 공기, 물, 다른 자원 등과 함께 사는 공동체"라고 규정했고, 옥스퍼드 사전은 "생물이 서식지를 점유한 시스템 또는 상호의존하게 하는 물리적 환경"이라고 정의했다. 결국 생태계란 "공동체 내에서 유기체들 간의 상호작용과 결성이 이루어지는 물리적 공간"으로 정의할 수 있다.

이러한 생태계라는 관점은 다양한 영역에서 활용되고 있는데 해양 생태계, 사막 생태계, 삼림 생태계, 지구 생태계 등 생물학 영역에서부터 최근에는 미디어 생태계, 정보통신기술 생태계, 비즈니스 생태계 등 경제와 비즈니스 영역으로 확대되고 있다. 여기서 비즈니스 생태계는 생존과 진화를 위해 서로 의존하고 상호작용하는 느슨하게 연결된 다수 기업과 개인들의 공동체를 지칭한다. 따라서 비즈니스 생태계를 고안한 제임스 무어(James Moore)는 '산업(industry)'이라는 용어 대신 '생태계'라는 개념으로 시장을 재정의해야 한다고 주장했다.

산업생태계는 경제 산업이나 산업체를 제어하는 여러 가지 요인을 포함한 복합 체계로, 주로 산업을 자연의 생태계와 연결하거나 비교할 때 사용하는 말이다.

생태계 개념이 본격적으로 확산되기 시작한 계기는 무엇보다 스마트폰으로 상징되는 개방형 모바일 생태계가 형성되면서부터라고 할 수 있다.

즉, CPND[콘텐츠(content) – 플랫폼(platform) – 네트워크(network) – 디바이스(device)]에 기반을 둔 전통적인 산업의 가치사슬 구조가 모바일 운영체제(OS)를 탑재한 플랫폼(OS 플랫폼 또는 단말 플랫폼)의 영향력이 커지면서 개방적이고 상호 협력하는 시스템으로 전환되었기 때문이다. 플랫폼은 단순히 하드웨어를 제어하는 소프트웨어에 그치지 않고 서비스 구현을 위한 개발 환경 및 서비스와 콘텐츠를 이용하고 유통할 수 있는 관문(gateway) 역할을 한다. 스마트폰 시대가 주로 스마트폰 중심의 생태계였다면, 포스트스마트폰 시대는 다양한 스마트 기기가 늘어나면서 새로운 스마트 생태계가 개화하고 있음을 의미한다. 이러한 스마트 기기는 단순히 스마트 워치, 스마트 글라스, 스마트 패드 등에서 한걸음 더 나아가 전통적인 가전제품의 영역으로까지 확대되고 있는 상황이다.

스마트 기기의 혁신은 모바일 고유의 이용 경험 제고, 고도의 컴퓨팅 기술, 이용자 데이터를 기반으로 한 개인화된 서비스 제공이 성공의 관건이 될 것으로 보인다. 더욱이 이러한 포스트스마트폰 시대 전환은 단지 스마트 기기를 통한 단순 서비스 이용 단계에서 벗어나 전통적인 오프라인 산업의 비즈니스 체질마저 바꾸는 계기가 될 것으로 전망된다.

하나의 건축물이 견고하게 지탱되려면 중앙의 정수리 역할을 하는 쐐기돌(keystone)과 쐐기돌을 포함한 건축물을 받쳐 주는 주춧돌(corner-stone)이 기하학적으로 잘 결합되어야 한다. 이는 기업 간의 관계에서도 마찬가지이다.

쐐기돌 역할을 하는 주도기업이 전체 산업생태계의 교량 역할을 하는 중계자이자 허브가 되며 이 주도기업은 생태계에서 생태군집을 유지하는 데 결정적인 역할을 한다. 주도기업의 흥망성쇠는 다른 모든 종에 영향을 미친다. 예컨대 애플은 주도기업이자 애플 생태계의 정점으로 생태계 내 참여자 간의 협력과 시너지를 통해 애플 생태계를 끊임없이 확장시키고 있다. 그러나 크고 튼튼한 집은 자갈만으로 지을 수 없으며 모래도 필요하듯이, 주도기업을 지원하는 협력자들, 즉 튼튼한 주춧돌 기업(협력기업)들이 존재해야만 건강한 생태계를 유지할 수 있다. 이들이 많을수록 풍요로운 생태계가 되며 미래의 주도기업이 늘어날 수 있다. 때문에 주도기업은 전문 협력기업 개발 확충에 많은 노력을 기울여야 한다.

과거에는 기업이 자원을 확보하고 이를 소유하고 통제하여 가치를 창출하고 수익을 얻었다면, 스마트 시대의 플랫폼 경쟁체제에서는 개방하고 자원을 공유하여 이를 함께 활용할 방법을 고안하여야 더 큰 가치를 창출하고 수익의 기회를 얻을 수 있다. 과거 기업 간 관계는 정보와 자본의 격차로 인한 지시와 복종의 관계였다면, 네트워크의 발달로 이러한 격차가 줄어들면서 더 이상 기업은 상하관계가 아닌 강력한 협력관계 구축에 주력하게 되었다.

특히 디지털 컨버전스(digital convergence)의 가속화 및 HW, SW, 서비스, 인프라가 결합되는 콰드로버전스(quadro-vergence) 시대로 진입함에 따라 동종업종 간 경쟁뿐만 아니라 이종업종 간 경쟁과 협력이 빈번해지는 생태계 확장 효과가 심화되면서 기업 간 관계관리가 경쟁력의 큰 변수가 되고 있다.

산업생태계 형성의 초기 단계에서는 주도기업의 역할이 중요하나 생태계가 진화하기 위해서는 협력기업의 역량과 주도기업과 협력기업과의 관계가 더욱 중요해진다. 또한 역동적인 산업생태계가 만들어지기 위해서는 생태계 참여자가 늘어나 생태계 전체의 가치가 증가하는 네트워크 외부성(network externalities) 효과가 발생해야 한다.

네트워크 외부성이란 두 기업의 거래를 통해 상호 이익을 얻는 것뿐만 아니라 이러한 거래과정에서 새로운 고객이 창출되고 신지식, 신기술이 나타나는 효과로 이는 두 기업이 속한 생태계에 새로운 활력을 불어넣게 된다.

생태계 주도 경제로의 이행에 따라 생태계를 해석하는 방법도 대기업, 중소기업, 정부의 고정된 역할과 기준에서 벗어나 새로운 패러다임으로의 전환이 필요하다. 대기업은 더 이상 시장 지배자가 아닌 지휘자로 리더십을 가지고 생태계의 협력을 주도하며 상생철학을 확립시키는 주도기업이 되어야 하며, 중소기업은 생태계의 주춧돌로서 자생력을 강화시키기 위해 차별성과 전문성을 지닌 전문기업으로 성장하여 틈새시장에서 생태적 지위를 확립할 수 있어야 한다. 정부는 생태계의 조력자로서 생태계의 토양인 R&D 및 인재 양성 등의 기반을 조성하는 데 힘을 기울여야 한다. 또한 시장의 공정성을 확보하여 생태계가 무법자로 인해 황폐해지지 않는 환경을 만들어야 한다.

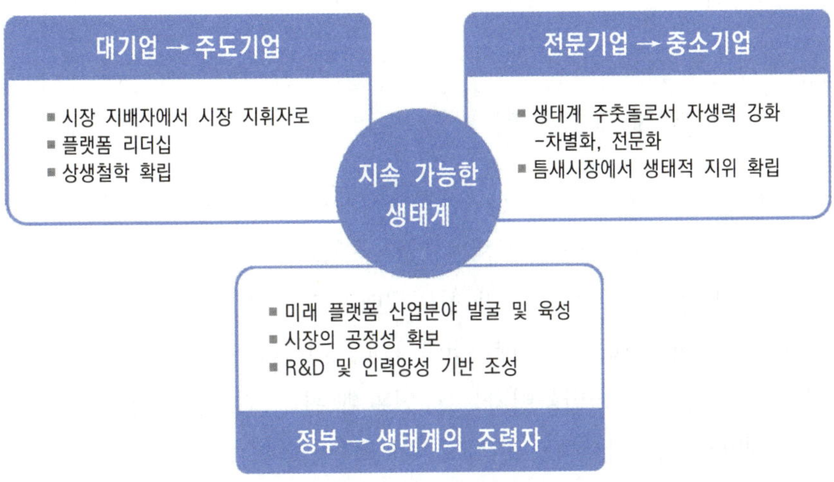

[그림 2-1] 산업생태계 구성원의 주요 역할

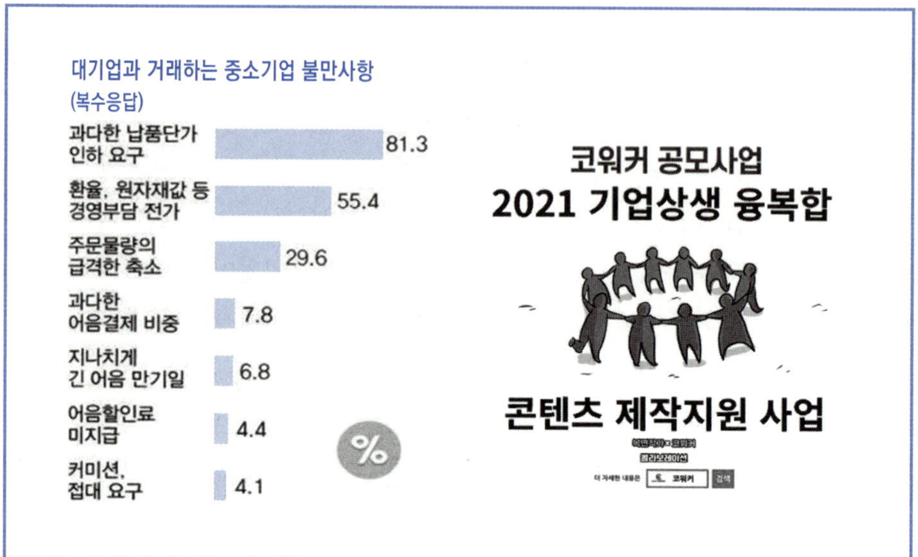

[그림 2-2] 상생 저해 요인과 상생 지원 사업

자료 : 산업연구원

1.2 산업생태계 주도 경제

산업생태계 전쟁을 이끌고 있는 애플(Apple), 구글(Google) 등의 직원에는 '에반젤리스트(evangelist)'라는 직책이 있다. 애플, 구글은 하드웨어 상품을 만들고 파는 디바이스 전투가 아니라 산업생태계를 키우는 플랫폼 전쟁 중이다. 에반젤리스트란 직역하면 전도자로 생태계 파트너들을 적극적으로 자사 플랫폼으로 끌어들여 생태계를 만들어가는 대외관계 관리 외교관을 말한다. 에반젤리스트는 개발자들을 파트너로 만들고, 이들이 만들어내는 보완재는 플랫폼의 경쟁력이 된다. 애플의 아이튠스(itunes), 앱스토어(App Store)가 대표적이다. 앱스토어가 만들어낸 산업생태계가 소비자들을 흥분시키고 있다. 애플 스스로 플랫폼이 되고 에반젤리스트들이 만들어내는 산업생태계 속에서 비즈니스가 저절로 일어나도록 하는 전략이다.

[그림 2-3] 애플의 시리 리모컨

애플은 대그 키틀로스(Dag Kittlaus)가 개발한 음성인식 기술업체 시리(Siri)를 통해 새로운 인터페이스 생태계를 만들었다. 가장 편리한 인터페이스 도구인 음성의 사용을 기술적으로 가능케 하는 생태계를 발견한 것이다. 이것은 애플에 시리를 보는 눈을 가진 플랫포머(platformer: 플랫폼을 구축하는 주재자)가 있었기 때문에 가능했다. 그 결과 TV 작동을 말로 할 수 있게 되었다. 플랫폼을 구축하는 주재자(맞선 클럽 경영자, 신용카드 사업자, 미팅의 총무 등)를 '플랫포머'라고 한다.

반대의 경우도 있다. 음악을 즐기려는 사람들에게 혁신적인 기술을 개발한 냅스터(소리바다)는 음원제공자들을 배제하고 디바이스 전투를 시도한 결과 MP3가 소리없이 사라지고 말았다. 이것은 플랫폼 전략과 대비되는 나홀로(Stand alone) 전략 때문이다. 반면 똑같은 기술을 가진 애플은 생태계를 구축하는 플랫폼 전략으로 전세계 시장을 장악하게 되었다. '음악을 훔치지 말라'라는 철학을 가진 그들은 아이튠스를 통해 음원제공자와 함께 산업생태계를 구축했기 때문이다. 이처럼 플랫폼 전략에서는 산업생태계 파트너들이 만들어 내는 보안재들이 경쟁력이 된다.

플랫폼의 반란으로 성공한 세계적인 공항이 있다. 바로 인천국제공항(인천공항)이다. 20년 전 한국의 공항을 생각해보라. 인천공항이 세계에서 주목하는 공항으로 성장한 힘은 어디에서 비롯됐을까. 플랫폼에서 답을 찾을 수 있다.

플랫폼이란 솔루션의 집합(Set of Solutions)이다.

경쟁력 있는 킬러콘텐츠를 통해 얼마나 다양한 해결책을 제시하고 있는지에 따라 사람들은 몰린다. 이 솔루션은 고객의 경험에서 뜻밖의 재미(serendipity)로 만들어질 수 있어야 한다. 그래야 승객들이 다시 이 플랫폼에 오고 싶어지기 때문이다. 솔루션(solution) 경쟁력을 플랫폼의 제1법칙(꿈관리)이라 하고, 뜻밖의 재미(serendipity)를 플랫폼의 제2법칙(흥관리)이라 한다. 정거장(Station, Terminal)은 사람이 지나가는 디바이스(device)의 관점이다. 이 개념에서 공항은 사람보단 기계들이 머무르는 곳이다. 터미널은 비행기, 버스나 열차가 일정하게 머무르도록 정한 장소다. 이에 비해 플랫폼이란 기계가 아닌 사람이 모이고 즐기는 곳으로 사람을 머무르게 하는 공간이다. 사람들이 이 공간에 와야 할 이유(꿈)가 있어야 하고, 머물러야 할 이유(흥)가 있어야 플랫폼은 존재한다. 정거장이 단순히 표를 사고 교통수단을 이용하는 곳이라면, 플랫폼은 표를 구매하는 이상의 흥분을 줄 수 있어야 한다. 흥분과 감동이 있는 공간에는 다양한 생태계가 함께 한다. 이들을 '기업생태계'라 부른다.

그렇다면 인천공항은 가야 할 이유, 머물러야 할 이유가 있는 플랫폼일까? 흥미로운 사례로 인천공항과 시카고의 오헤어 국제공항(Chicago O'Hare International Airport)이 있다. 두 공항은 규모와 시장성 면에서 압도적 우열관계에 놓여있지만, 하나는 플랫폼으로 성장하고 있고, 또 하나는 동물원에 머물고 있다. 인천공항은 콘텐츠공항이고, 오헤어공항은 컨테이너공항에 비교할 수 있다.

최근 영국 항공정보업체 OAG(Official Airline Guide)가 발표한 '2018 국제 메가허브 지수(IMI)' 평가에서 오헤어공항은 미국 내 최다 환승공항으로 꼽혔다. 전 세계공항을 대상으로 한 평가에서도 영국 런던의 히스로공항에 이어 최다 환승부문 2위를 기록했다. 같은 평가에서 인천공항은 아시아-태평양 지역 6위, 세계 15위권의 성적을 기록했다. 그러나 오헤어공항은 승객 1인당 소비금액이 6달러에 불과한 반면, 인천국제공항은 평균 49달러에 육박하고 있다. 인천공항은 2001년 개항해 59개국 188개 도시를 취항한다. 국제공항협회(Airport Council International, ACI)가 선정한 '세계 공항서비스 평가' 부문 12년 연속 1위를 기록할 만큼 성장세를 이어가고 있다. 그만큼 인천공항의 승객들이 플랫폼의 콘텐츠를 즐기고 있는 것이다. 올해부터 쿠웨이트공항의 4터미널을 위탁운영하기 시작했으며, 주요 정책사업인 '스마트공항'을 통해 진일보한 글로벌 경쟁력을 확보할 기반을 닦고 있다. 인천공항의 경쟁력 원천은 플랫폼과 생태계에 있다. 승객이 인천공항에 도착하면 570여개 6만여 명의 생태계 관계자들이 기다리고 있다. 이들이 힘을 합해 출입국 생태계를 만들고, 쇼핑생태계를 만들고, 환승생태계를 만든 결과 인천공항의 출입국 수속은 평균 15분 만에 끝난다. 반면 오헤어공항은 거의 1시간 이상 소요된다. 출입국 수속을 일찍 마친 인천공항 승객들은 남은 45분여를 쇼핑하고 식사하면서 소비한다. 인천공항은 쇼핑생태계가 발달돼 있어서 가능한 일이다. 쇼핑을 하면서 평균 49달러를 소비할 수 있게 된 것이다. 오헤어공항은 어떨까. 우선 출입국 수속에 긴 시간이 소요된다. 긴 시간을 출입국에 소비하고 나면 겨우 커피나 햄버거 정도를 먹고 비행기에 올라타야 한다. 이 때 '6달러' 정도를 소비하게 되는 것이다. 인천공항의 'SPICE 모형'처럼 생태계는 언제 진화할까. 해야 할 일을 내가 다하면 나홀로 모형이고, 다른 사람이 하면 생태계 모형이 된다. 생태계란 남의 능력을 자신의 능력으로 만드는 힘이기도 하다. 플랫폼은 생태계를

[그림 2-4] 인천국제공항

통해 그 힘을 발휘한다. 모든 것을 나 혼자 해가려는 경영모델을 차가운 'ICE(얼음) 모형'이라 한다. 이에 비해 플랫폼 경영은 생태계들을 통해 세상에 빛과 소금을 만들어가는 'SPICE(양념) 모델'을 지향한다. ICE 모형이 투자자(Investor), 고객(Customer), 종업원(Employee)들을 위한 경영모델이라면, SPICE 모형은 기업 외부의 주요 이해관계자인 파트너(Partner)와 사회(Society) 그리고 기업 내부의 이해관계자인 'ICE'가 서로 협력하면서 경쟁력을 만들어낸다.

인천공항은 이들 이해관계자가 서로 짝을 짓고 수분 활동을 통해 꽃을 피울 수 있도록 하는 '꿀벌'의 역할을 담당한다. 인천공항에는 국토해양부를 비롯해 법무부, 관세청, 외교통상부, 농림수산부, 문화부 등 20여 개 정부기관에서 2700여 명의 직원이 상주하고 있어 '작은 대한민국'이라고도 불린다. 여기에 항공사 직원, 보안요원, 안내요원 등 공항 운영과 관련한 인력, 그리고 면세점 직원, 커피숍 점원, 호텔 종사자 등 공항 내 상업시설 종사자 등이 인천공항이라는 무대에서 활동하고 있다. 그래서 인천공항은 출입국 수속이 신속하고, 쇼핑이 재밌어지고, 환승이 편리해지는 것이다. 이들이 인천공항의 3대 생태계인 출입국생태계, 쇼핑생태계, 환승생태계를 만든다. 생태계의 킬러콘텐츠로 인해 승객들의 흥분과 감동이 될수록 인천공항은 자기 진화하는 플랫폼이 될 것이다.

1.3 스마트 혁명과 산업생태계

스마트폰이 주도하는 스마트 혁명은 우리의 라이프스타일, 비즈니스 방식, 선거운동 등 사회·경제 시스템의 변혁을 가져왔다. 스마트폰과 스마트패드, 스마트 TV, 스마트 그리드, 스마트 자동차와 같은 스마트 제품, 표준화된 플랫폼, 앱스토아를 스마트 핵심으로 거론하지만, 진정한 스마트화의 주체는 기업이 아니라 소비자이다.

스마트 시대의 소비자는 제품이 아니라 그 제품이 속한 환경을 구매한다. 소비자의 니즈에 따라 스마트 환경에서 더 많은 스마트 기기와 연동하는 것이 건강하고 안정적인 생태계의 원천이다. 즉, 스마트 시대의 산업생태계는 독자적으로 사업을 영위하기보다는 자사의 제품과 연관되는 기업, 이해관계자들과 공생전략으로 승부할 수밖에 없는 상황이다. 스마트 시대를 주도하기 위해서는 기업들 또한 차별화나 이익과 같은 비즈니스 논리를 넘어서 스마트 환경에 동참한 동반자들과 함께 안정적이며 개발적인 생태계를 조성하는 동지의식, 즉 공생발전과 같은 새로운 자본주의 개념이 반드시 필요하다.

스마트 사회 구현의 원동력은 스마트 기술로 지속적으로 발전해 온 정보통신기술(ICT : Information Communication Technology)이다. 오늘날 문화혁명을 리더하는 스마트폰은 상대적으로 저렴한 가격(스마트 TV, 스마트북에 비해)과 높은 휴대성을 바탕으로 가장 먼저 시장 공략에 성공하였다. 스마트폰이 소비자의 마음을 사로잡을 수 있었던 이유는 간단하다. 첨단기술과 새로운 기능뿐만 아니라 '단순하고 편하고 재미있는 것을 원하는' 인간 본연의 욕구를 만족시켰기 때문이다.

스마트폰은 사용자가 언제(anytime) 어디서든(anywhere) 손쉽게 정보에 접근할 수 있게 해주었다. 스마트폰은 휴대폰의 가장 기본적인 의사소통뿐만 아니라 페이스북이나 트위터 등의 소셜네트워크서비스(SNS)를 활용하여 다수의 사람들에게 정보를 얻고 전파할 수 있게 하며, '카카오톡', '유튜브' 등으로 많은 정보를 다수와 공유할 수 있다.

스마트 기술은 인간의 행동패턴과 직관을 반영하여 더욱더 인간 중심으로 고기능화, 다기능화, 나아가 지능화하여 발전할 것이다. 이러한 스마트 기술과 융합하여 인류에게 제공하는 가치가 큰 제품과 서비스를 제공하는 기업주도의 산업생태계가 자연스럽게 조성될 것이다.

표 2-1 IT 산업의 발전 역사

구 분	제 1의 물결	제 2의 물결	제 3의 물결	제 4의 물결
명칭	PC/OS 혁명	인터넷/ 검색 소셜 혁명	스마트폰 혁명	클라우드 컴퓨팅과 미래 혁명
키워드	자동화	인터넷/네트워크	모바일	클라우드 컴퓨팅
핵심 경쟁력	하드웨어 경쟁력 하드웨어 간 호환성 자동화/전산화	네트워크 인프라 멀티미디어 구현 네트워크 중심 서비스	모바일 디바이스 플랫폼 생태계	동일한 사용자 환경 HW SW 서비스 융합

글로벌 기업들은 산업 주도권을 확보하기 위해 IT 산업의 각 영역별로 존재하던 경쟁관계뿐만 아니라 서로의 영역을 초월하는 새로운 경쟁 관계를 형성하고 자사 중심의 생태계 위에서 안정적이고 건강한 생태계를 조성하고자 치열한 생태계 간 경쟁을 하고 있다.

스마트 기술시대를 선도하는 애플, 구글, 마이크로소프트 등의 글로벌 IT 기업들은 하드웨어와 소프트웨어가 적절히 조합되어 협력 네트워크를 구성하기 위해 자사의 생태계 전략을 수정했으며, 이에 따라 이제는 기업 간의 경쟁이 아닌 생태계 간의 경쟁으로 산업의 구조가 진화하고 있다.

IT 산업의 발전 역사를 보면, IT 산업 진화의 '제 1의 물결'이라 할 수 있는 PC/OS 혁명의 초기 핵심 경쟁력은 IBM이 주도하는 하드웨어였다. 그러나 MS는 강력한 호환성을 갖는 윈도를 기반으로 하드웨어 주도권을 소프트웨어로 변화시켰고, 이어 구글, 야후 등의 기업이 인터넷을 활용하여 정보들을 집단 지식화하는 데 성공함으로써 '제 2의 물결'의 선도주자가 되었다. 뒤따라 2000년대 후반 애플의 스마트폰에 의한 '제 3의 물결'이 시작되었고, 다가오는 클라우드 컴퓨팅에 의한 미래 혁명까지 IT산업은 빠른 속도로 진화하고 있다.

스마트 기술이 고기능화, 다기능화, 지능화의 개념이라면, 정보의 접근 및 활용의 관점에서 IT 산업의 발전은 스마트 기술의 발전과 그 맥락을 같이한다. 스마트 기술의 발전은 과거 모바일 기기들을 더욱더 스마트하게 만들었고 이에 따라 산업생태계는 기업들의 새로운 가치사슬 기준으로 재편하게 되었다. 산업 내 경쟁 심화와 더불어 스마트 기기 확대는 소비자의 접점 수를 증가시키는 촉매제로 작용했고, 하드웨어와 결합된 서비스 부문의 매출 증가와 더불어 새로운 비즈니스가 창출되고 있다.

현재 IT 산업 발전을 리드하는 애플과 같이 소비자들에게 새로운 가치를 전달하는 매개체인 하드웨어와 자사의 철학이 반영된 소프트웨어(플랫폼), 콘텐츠를 제공하고 이를 바탕으로 서비스를 제공하는 수준으로 비즈니스 모델이 진화하고 있다.

[그림 2-5] 구글, 알파벳 구조도

대표적 글로벌 선도기업인 구글의 생태계를 보자. 구글의 스마트 기술시대를 선도하는 생태계 구조의 핵심 요소는 '운영체제(OS)'로 PC에서는 크롬을 제공하고 스마트폰과 태블릿 PC에서는 안드로이드를 공급한다. 구글의 산업생태계는 운영체제에서 끝나지 않고 이와 연동하여 웹 검색, 소셜네트워크 서비스인 구글플러스(g+), 유튜브를 이용한 동영상 서비스. 메일 서비스, 게임 등의 다양한 애플리케이션을 소비자에게 제공하며, 클라우드 컴퓨팅 환경에서 애플리케이션들을 서비스하고 있다.

구글 사례와 같이, 스마트 기술 시대를 선도하는 생태계의 특징은 강력한 플랫폼 리더십을 중심으로 관련 하드웨어 기기 및 애플리케이션이 하나의 산업생태계 군을 형성한다는 것이다. 구글은 운영체제를 무료로 배포해 손쉽게 시장을 장악하였고, 이에 따라 관련 기업들을 크롬 및 안드로이드 운영체제에 종속시켜 구글의 플랫폼에 다양한 서비스와 광고를 삽입함으로써 안정적 매출 구조를 구축하였다.

1.4 한국의 산업생태계

우리나라의 산업구조 변화 속도는 다른 국가와 비교할 때 상대적으로 낮은 수준이다. 1990년대까지 활발히 진행되던 업종 간 구조변화도 현저히 감소했다. 또한 2010년 이후 우리나라 산업의 상대적인 고착화는 심화되고 있다. 산업의 집중도는 다른 나라에 비해 높은 수준을 보인다. 2015년 LG 경제연구원 보고서에 따르면 "우리나라와 글로벌 산업의 성장성에 상관관계가 약해졌고 산업의 구성 비중 변화와 수익성의 상관관계도 찾기 어렵다"면서 "글로벌 경제에서 성장성이 높아진 분야에서 우리나라 비중이 커진 증거를 찾기 힘들고 수익성이 높은 곳으로 자원 배분이 이뤄지거나 수익성이 좋아졌다는 점도 찾기 어렵다"고 진단했다.

우리나라 산업 중 제조업의 비중은 지속적으로 증가해 왔다. 제조업 비중은 1970년대 평균 21.8%에서 계속 높아져 2010~2015년에는 30.6%로 상승했다. 서비스업 비중은 1970년대 44.5% 이후 2000년대까지 59.7% 증가세를 지속하다 2010년대 들어 소폭 감소했다.

우리나라 산업구조의 변화 정도는 다른 나라와 비교하면 매우 낮은 수준으로 고착화가 심화되고 있다. 2000년부터 2009년간 우리나라 제조업의 산업구조변화지수는 24개국 중 20번째로 낮았고, 2010년 이후에는 고착화 정도가 더욱 심해졌다. 14개 산업의 부가가치 비중의 변화를 기준으로 보면 산업구조 변화지수는 31개국 중 24번째로 낮았다. 그러나 산업구조 집중도는 다른 나라에 비해 높은 수준으로 나타났다. 14개 산업의 부가가치 비중으로 계산한 2014년 우리나라 산업의 허쉬만-허핀달 지수는 15.0으로, 분석대상 40개국 중 3번째로 높았다.

글로벌 금융위기 이후 우리나라 산업의 수익성은 대부분 악화된 것으로 나타났다. 글로벌 금융위기 기간을 제외한 2003~2007년과 2010~2014년 동안 부가가치 비중 및 수익성 변화를 살펴보면, 부가가치 비중이 증가한 산업의 수익성이 하락한 경우가 많았다. 제조업의 부가가치 비중이 2.9%(27.9%→30.8%) 증가했지만 영업이익률은 1.0%(6.4%→5.4%) 하락했다. 부가가치 비중이 1.1%(6.2%→7.3%) 증가한 서비스사업의 영업이익률은 1.2%(5.0%→3.8%)

하락했다.

미국의 경우 우리나라와 달리 부가가치 비중이 높으면서 증가 폭이 큰 업종의 수익성이 크게 개선됐다. 미국 제조업에서 차지하는 부가가치 비중이 3.4% 증가한 화학제약 업종의 영업이익률은 2.1% 상승했다. 또 부가가치 비중이 높은 전기전자 업종의 영업이익률이 5.0%, 운수장비 4.6%, 음식료품 1.1% 상승했다.

글로벌 금융위기 이후 수익성이 개선된 업종은 우리나라가 5개인 반면 미국은 9개로 집계됐다. 미국의 경우 글로벌 금융위기를 거치면서 구조조정이 진행되고 혁신역량이 더해지면서 수익성이 나아졌다. 이는 부가가치 창출능력 강화로 연결되는 선순환이 형성된 것으로 해석된다. 우리나라 산업생태계는 비중이 높은 특정 산업이 부진해질 경우 국가 전체의 경기가 악화되는 집중화 위험이 높은 구조이다.

우리나라의 중견기업과 대기업의 비율은 2%에 불구하며 중소기업의 비율이 98%에 이른다. 중소기업이 많으면 좋은 점도 있는데 1차 공급자가 충분해지는 점이다. 그러나 이를 바탕으로 중소기업이 중견기업, 대기업으로 성장해야 하지만 그 과정에서 과당경쟁이 일어난다.

대기업과 중소기업의 양극화 현상은 우리나라 경제의 문제점이다. 대기업과 중소기업의 양극화 원인은 동반성장 문화의 부재로, 첫 번째로는 국내 중소기업의 경쟁 저하는 '갑을 문화'로 대표되는 대기업 하도급 구조에 기인한다. 두 번째는 납품단가 문제이다. 2010년 원자재가 상승분을 넘겨 납품가격에 모두 반영하는 중소기업은 100곳 중 4곳에 불과했다. 세 번째는 거래의 불공정, 제도의 불합리, 시장 불균형으로 인한 대기업 위주의 정책이다. 네 번째는 국민의 이중적 인식으로 대기업을 선호하고 중소기업은 부정적으로 인식하는 경향으로 나타나는 문제점이다.

표 2-2 우리나라 기업 분류 (2020년 현재)

	대기업(계열사 포함)	중견기업	중소기업
개수 (개)	60(4,375)	3,558	580,518
비율 (%)	0.1	0.1	99

대기업과 중소기업의 구조적인 차이로부터 발생되는 기업 간 규모 차이는 중소기업의 경쟁력을 약화시킨다. 대부분 생산요소의 절대 우위를 대기업이 가지는 점이다. 우리나라에서 대기업의 경제적인 규모와 무역 비중이 막대하여 함부로 다루기 힘든 구조이다. 최근 대기업 규제로 이 문제를 해결하고자 노력 중이다. 국가 경쟁력을 위해서는 대기업 억제 정책보다는 구조적인 정책을 통하여 중소기업과의 이익분배의 공정성, 동반성장을 새로운 패러다임이 필요하다. 최근 10년 사이 중소기업과 대기업, 정규직과 비정규직 간의 임금 격차가 더욱 벌어진 것으로 나타났다.

표 2-3 최근 3년간('17~'19) 중소기업 기술유출 · 탈취 현황 (단위 : 개사, %, 건, 억원)

구분	조사기업 (a)	피해기업수 (b)	피해 경험률 (b÷a×100)	총 건수 (c)	총 피해금액 (d)	평균 피해금액 (d÷c)
중소기업	2,095	35	1.7	50	290	5.8

출처 : 중소벤처기업부, 2020년 중소기업 기술보호수준 실태조사

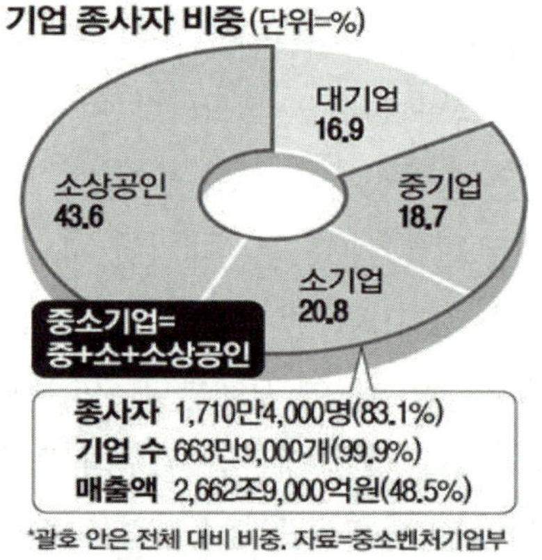

[그림 2-6] 기업 종사자 수

우리나라 기업들의 산업생태계를 경쟁력 측면에서 분석하면 세계적인 경쟁력을 가지는 산업으로는 반도체, 의료서비스, 게임, 문화 관광산업을 들 수 있다. 경쟁력이 낮은 산업생태계로는 금융 서비스산업, 교육, 농축산물, 조선, 보석 산업 등을 들 수 있다.

우리나라 산업생태계는 대기업의 나홀로 전략에 의해 주도된다. 따라서 중소기업을 기반으로 하는 생태계의 건강성이 악화되었다. 구조적인 측면에서 기업들의 폐쇄성으로 인한 오픈 플랫폼 설계의 부재가 나타났다.

삼성과 LG는 애플의 아이폰 등장으로 고전하였다. 결국 LG는 2021년 스마트폰 사업을 접기로 결정했다. 삼성은 이후 안드로이드라는 오픈 플랫폼과 결합하여 경쟁력 회복하였다. 하드웨어 디바이스 중심으로 성장해온 대기업에는 콘텐츠가 부족하다. 개별 제품이 가진 가치보다 플랫폼의 일부로서 그 제품과 함께 다른 즐거움을 체험할 수 있는 가치가 더 중요한 현실이다. 행위적인 측면에서 국내 기업들의 협력의 실패가 보인다. 국내 산업생태계는 소수가 지배하는 왜곡된 구조의 닫힌 생태계(walled garden)로 '하도급 동물원'이라 불리며, 중소기업들은 야성의 부재로 대기업이 주는 최소한의 먹이로 연명하다 끝내 절명할 수밖에 없는 구조이다.

대기업의 적하효과가 나타나지 않고 오히려 양극화 주범이 되었다. 적하효과(trickle-down effect)는 대기업의 성장이나 고소득층 소비 증가가 궁극적으로 중소기업이나 저소득층과 같은 낙후 부문에도 혜택이 돌아가 총체적으로 경기가 활성화되는 효과(하방침투효과)이다.

마이크로소프트는 전문대학에 소프트웨어와 기술지원을 포함하여 1천만 달러 이상을 기부하여 수업과정의 표준화 및 체계화를 위한 지원을 제공함과 동시에 교수개발센터를 설립하고 자사에서 개발된 소프트웨어를 제공하는 등 현장 수요형 IT 인력양성에 기여하고 있다. 이는 IT 인력부족 문제를 해결하며, 산업 경쟁력 향상으로 이어졌다.

한국의 벤처생태계는 최근 나아지고 있지만 아직 개선되고, 변화되어야 할 부분이 많다. 건강한 산업생태계를 위해서는 벤처생태계가 활성화되어 사업영역을 확장하고 신기술과 신제품의 수가 증가해야 한다. 그러나 우리나라는 한 번 실패하면 다시 재기하기가 어려운 제도들이 있으며 창업을 두려워하는 문화가 있어 벤처생태계가 어려움을 겪고 있다.

실리콘밸리의 경우 99번의 실패 끝에 천 배의 성공을 가능하게 하는 시스템이 있으며, 실패해도 재기할 수 있는 다양한 면책 혜택이 존재한다.

우리나라도 실패 경험을 사회적 자산으로 활용할 수 있는 사회적 여건 조성 및 창업의 질적 수준 향상을 위해 제도를 정비해야 한다. 예를 들어 대표이사 연대보증제도나 파산법, 2차 납세의무 등은 창업 리스크를 높이고 기업가 정신을 위축시켜 좀비기업(회생할 가능성이 없음에도 정부 또는 채권단의 지원을 받아 간신히 파산을 면하고 있는 기업)을 양산할 수 있으므로 개선되어야 한다. 창업 리스크를 개인이 모두 떠안는 대신 사회가 공유하며 창업자본조달 시장이 융자가 아닌 투자가 되도록 시스템을 정비할 필요가 있다.

우리나라 벤처생태계가 활성화되지 못하는 또 다른 이유 중 하나는 벤처 캐피탈 시장이다. 취약한 회수시장으로 인해 투자가 활성화되지 못하고, 이로 인해 벤처기업들은 창업자본 확보에 어려움을 겪는다. 이를 해결하기 위해 모태펀드가 조성되었으나 이는 언 발에 오줌 누기식의 미봉책으로, 주로 정책자금 수령이나 대출, 대기업의 SI 사업 수주를 통해 창업하는 실정이다. 엔젤 투자 또한 미비한 현실이다.

실리콘밸리의 경우는 우리나라 벤처기업들이 상장을 통해 투자금을 회수(투자액 회수기간이 평균 12년으로 길다)하는 것이 아닌, 기업 매각, 대기업에 의한 인수·합병이 빈번히 일어나 투자액 회수기간이 짧고 투자결정을 내리기가 용이해 연속적 창업가가 많다.

우리나라의 경우 대기업들이 우월적인 위치를 이용해 적절한 가치를 지불하지 않고 기술을 탈취하여 벤처기업을 망하게 하는 경우도 있어 대기업에 인수·합병되는 것에 부정적이다. 벤처 캐피탈의 선진화를 위해 더 이상 기술 탈취가 아닌 기술과 시장이 결합되는 M&A가 원활히 이뤄지도록 벤처기업을 보호하는 제도 정비와 인식의 전환이 필요하다. 또한 엔젤투자를 활성화하는 방안을 강구해야 한다. 엔젤투자는 단순한 투자가 아니라 큰 위험을 부담하고 기업의 장래성을 바라보고 투자하는 것으로, 투자대상 기업의 멘토 역할까지 할 수 있는 안목을 갖춘 전문투자자 육성을 위한 정부의 지원이 필요하다.

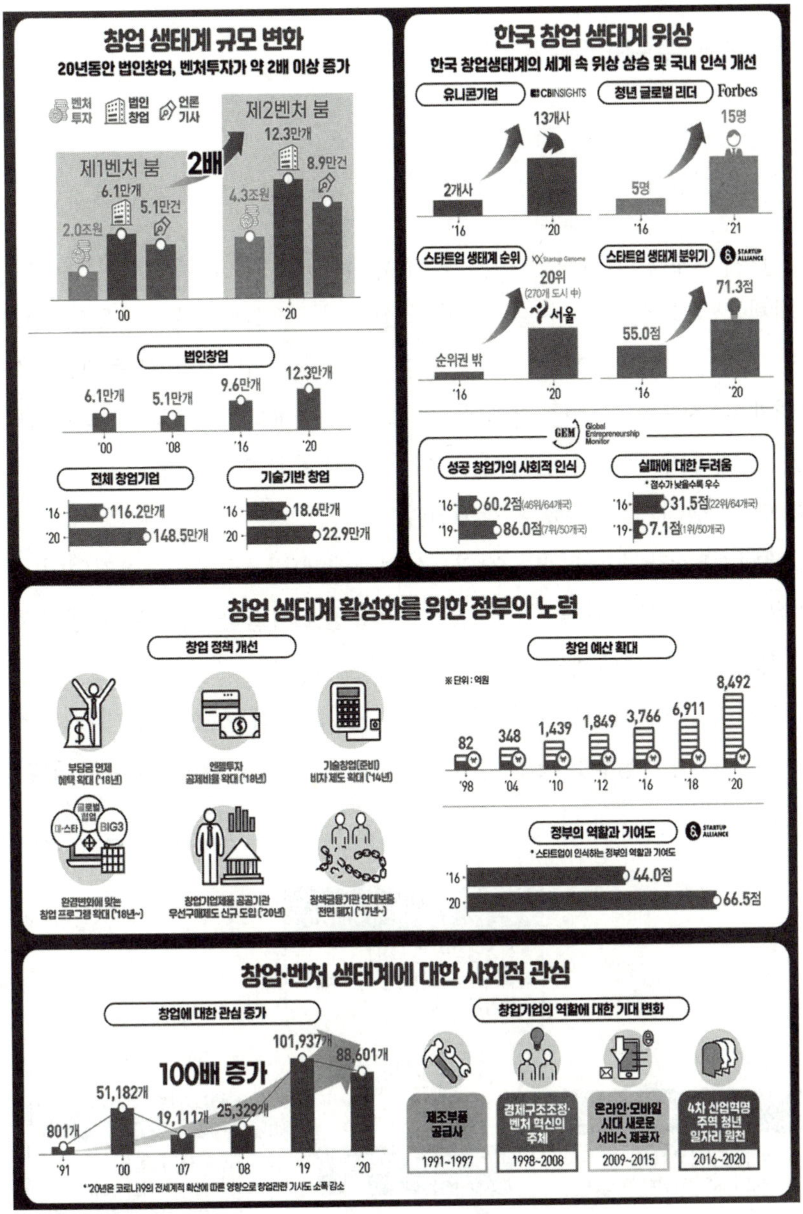

[그림 2-7] 2021년 우리나라 창업 생태계

출처 : 중소벤처기업부

2. 실리콘밸리 산업생태계

2.1 산업생태계 건강성 평가요소

꿀벌이 지구에서 사라지면 4년 후 인류는 멸망한다고 한다. 번성하는 생태계는 개체들의 짝짓기와 수분활동이 핵심인데, 꿀벌은 바로 식물의 수분활동을 담당하고 있기 때문이다. 수분활동은 열매를 맺고 꽃을 만들고 다음 세대의 생태계로 진화하는 원동력이다. 생태계란 전체의 질서와 조직에 관한 사고이고, 생태계의 핵심은 흐름에 있다. 꽃 주변에 벌이 많을수록 꽃은 많은 열매를 맺고 생태계는 더욱 건강해진다.

산업생태계도 자연생태계와 같다. 산업생태계의 꿀벌인 중소기업이 있어야 대기업은 열매를 만들어낼 수 있다. 이처럼 중소기업과 대기업의 생산적 교환관계가 있어야 그 생태계는 진화할 수 있는 것이다.

이안시티(Iansiti, M) 교수 등은 중소기업이 건강한 산업생태계는 생산성(productivity), 강건성(robustness), 혁신성(niche creation)을 지니고 있어야 한

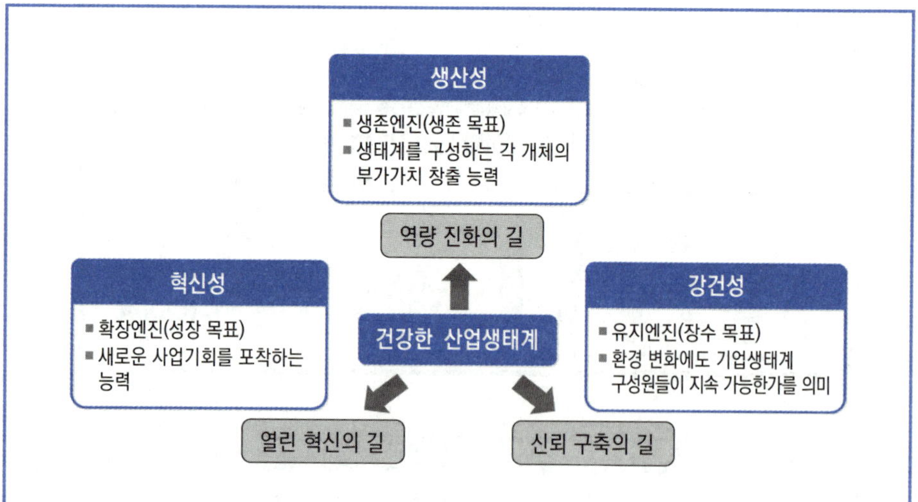

[그림 2-8] 산업생태계 건강성 평가 3요소

다고 주장했다. 생산성은 생존엔진으로 기업의 현재 생존력을 의미한다. 이는 생태계에서 개체 스스로의 생존 능력을 나타내며 투입을 산출로 전환하는 능력으로, 기업은 생산성 향상과 이익창출 능력에 의해 생존이 결정되는데 만약 한 구성원의 생산성이 낮아지면 생태계 전체의 건강성도 낮아진다. 강건성은 유지엔진으로 환경변화에도 불구하고 생태계 구성원들이 지속가능한가를 의미한다. 신제품 개발이 활발하고 경쟁력이 유지된다면 기업은 지속가능한 능력을 지닌 것으로, 협력업체와 건강한 관계가 유지된다면 생태계는 높은 안정성을 지닌 것이 된다. 혁신성이란 성장엔진으로 틈새를 창조하는 능력, 즉 새로운 사업 기회를 포착하는 능력을 말한다. 혁신성을 높이기 위해서는 결합을 통해 새로운 분야를 창조하여 생태계 범위를 확장해야 한다. 생태계에서는 나가는 종보다 들어오는 종이 많아야 혁신성이 높으며 이를 위해서는 융합에 의한 끊임없는 세포 분열, 즉 변종을 수용할 수 있는 개방성이 필요하다.

2.2 세계 IT산업의 원동력

스마트 기술 시대의 산업생태계를 주도하는 국가는 미국이다. IT 기업을 중심으로 미국 글로벌 기업들은 고속성장을 이어가고 있다. 과잉 투자로 인한 IT 버블의 붕괴, 서브프라임 금융 위기 등의 충격, 최근의 코로나19의 영향에도 불구하고, 테슬라 기업의 견인과 주가 상승이 이어지고 있다.

미국 IT 산업생태계의 원동력은 '보이지 않는 미래에 대한 도전적인 문화'와 '자유분방하고 개방적인 개발 환경'에 의해 구축된 벤처생태계가 세계 경제를 주도하고 있다. 특히 실리콘밸리는 풍부한 유동성을 바탕으로 소프트웨어와 신기술 분야에서 수많은 글로벌 선도기업을 창출하고 있다. 실리콘밸리는 반도체 재료인 실리콘(Silicon)과 산타클라라 인근 계곡(Valley)을 합친 단어이다. 원래는 양질의 포도주 생산 지대였는데, 전자산업의 기반인 반도체 칩을 생산하는 기업들이 대거 진출하면서 실리콘밸리로 불리게 된 벤처기업 밀집 지역이다. 미국 실리콘밸리에 속한 캘리포니아주의 소프트웨어 기업 수는 미국 전체 소프트웨어 기업의 15%가 넘는 3만 개에 육박한다. 실리콘밸리의 소프트웨어 엔지니어 고용 및 평균 연봉은 세계 최고의 수준으로 전 세계 개발자들의 집합소가 된다.

실리콘밸리 생태계에서는 기업 간 협력 네트워크가 매우 긴밀하여 관련 업종 간 클러스터를 형성해 SNS, 휴대폰, 클린테크(Clean Tech) 등의 분야에서 기술 선점을 위해 협력하고, 중소기업끼리 기술완성도를 높이기 위해 상호금융지원 등 네트워크 연계가 강화되고 있다. 미래 산업의 생태계 조성을 위한 벤치마킹에 실리콘밸리 생태계를 이해하는 것만큼 비교될 곳이 없다. 인도의 실리콘밸리라 불리는 벵갈루루가 그나마 비교가 된다. 많은 나라에서 자국의 실리콘밸리를 만들기 위해 노력하고 있다. 우리나라는 판교 테크노밸리를 비롯한 각 지자체에서 벤처생태계 조성에 노력 중이다.

신생 기업이 생겨나고 여기에 투자하는 벤처 캐피탈도 생태계 조성에 중요하지만 그 이상으로 역사 속에 묻어나는 실리콘밸리 특유의 문화가 존재한다. 이 문화를 이해하지 못하고 일부 시스템과 정책, 제도만을 흉내 내어 생태계를 조성한다면 실패할 가능성이 높다.

실리콘밸리는 초창기 스탠포드 대학을 중심으로 주변의 라디오와 TV, 군대에 납품하던 다수의 전자부품 회사들을 중심으로 성장하였다. 1940~50년대 스탠포드 대학의 공대 학장을 지낸 프레데릭 터만(Frederick Terman)은 교수들과 학생들의 창업을 장려하였다. 이에 따라 성장한 대표적인 회사가 HP(Hewlett-Packard)이며, HP를 실리콘밸리를 대표하는 첫 번째 벤처기업으로 본다.

또 다른 시각은 1910년 진공관과 관련된 기업들과 이를 테스트 하는 장비와 마이크로웨이브 관련 회사들이 등장한 시기 이전에 1840년대 골드러시와 함께 나타났던 수많은 기계 도구 회사들의 등장과 이후 부동산과 농업이 결합된 독특한 산업의 탄생을 포함하여 서부 개척시대의 탐험정신이 오늘날의 실리콘밸리로 이어진 것이라고 주장한다.

일반적으로 인정하는 실리콘밸리 최초의 벤처기업인 HP의 뒤를 이어 수많은 반도체와 전기/전자 하이테크 회사들이 나타나면서 오늘날 실리콘밸리는 세계를 대표하는 첨단기술의 중심이 되었다. 그 중에서도 1953년 벨 연구소를 떠난 쇼클리(William Shockley)는 트랜지스터를 게르마늄보다 실리콘으로 만드는 것이 낫다는 확신 속에 1956년 쇼클리 반도체 연구소를 창업하여 여러 연구를 시행하였다 이 회사의 엔지니어 8명이 창업한 페어차일드 반도체

(Fairchild Semiconductor), 그리고 그 중에서 로버트 노이스와 고든 무어가 창업한 인텔로 그 뿌리가 이어지면서 실리콘밸리 신화는 가속화되었다.

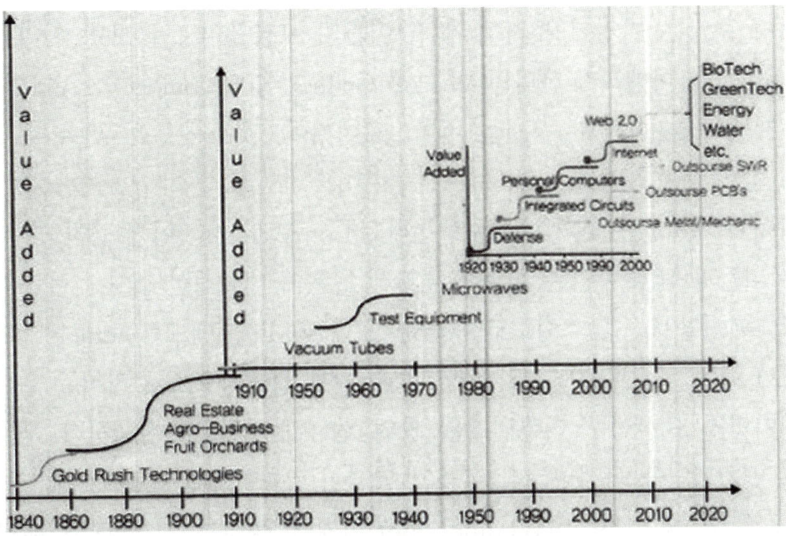

[그림 2-9] 실리콘밸리의 역사

자료 : UCSF 카롤로스 바라델로 교수의 강연 슬라이드 재구성

2.3 벤처 캐피탈

실리콘밸리 성공에는 탐험정신을 바탕으로 다양한 IT 기반의 신생 기업들이 생겨나는 것도 중요하지만, 이들에게 자금을 지원하여 성장을 도와준 벤처 캐피탈의 역할도 매우 중요하다.

미국의 벤처 캐피탈의 역사는 오래되었지만, 실질적으로 실리콘밸리에서 벤처 캐피탈이 유명해진 것은 오늘날까지 성공한 2개의 라이벌 벤처 캐피탈로 꼽히는 KPCB와 세콰이어 캐피탈(Sequoia Capital)이 설립된 1972년부터이다. 실리콘밸리 샌드 힐 로드(Sand Hill Road)에 자리를 잡은 이들은 1978년 약 7억 5천만 달러에 이르는 자금이 유입되면서 본격적인 활동을 시작한다.

KPCB는 4명의 설립자인 유진 클라이너(Eugene Kleiner), 톰 퍼킨스(Tom Perkins), 프랑크 코필드(Frank J. Caufield), 브룩 마이어스(Brook Byers)의 이름 첫 글자를 모아서 만든 이름이다. KPCB의 설립자들은 각 산업의 경험자들로 구성되었다. 톰 퍼킨스는 HP의 컴퓨터 하드웨어 부분 리더였다. KPCB는 현재까지 수많은 기업에 투자해 왔고 이들의 포트폴리오를 보면 아마존닷컴(Amazon.com), 아메리카 온라인(America Online), 컴팩(Compaq), EA(Electronic Arts), 제넨텍(Genentech), 구글, 마이크로미디어, 넷스케이프, 썬 마이크로시스템스 등이 대표적이다.

세콰이어 캐피탈은 1972년 돈 밸런타인(Don Valentine)이 설립하였다. 이들도 파트너들과 함께 수많은 회사에 투자해 왔는데 대표적인 회사로 애플, 구글, 유튜브, 페이팔(Paypal), 시스코(Sysco), 오라클, EA, 애드몹(Admob), 자포스(Zappos) 등이 있다. KPCB에 비해 IT 분야에 집중적으로 투자하는 편이다.

벤처기업의 요람인 실리콘밸리는 창업 인큐베이터로도 유명하다. 첫 발을 내미는 벤처기업을 육성하는데 이들의 역할이 컸다. 창업 인큐베이터 중 대표적인 곳은 Y-콤비네이터(Y-comninator)이지만 플러그 앤 플레이 테크센터(Plug and Play Tech Center) 역시 이에 못지않게 큰 규모를 자랑한다.

Y-콤비네이터가 자국의 창업기업에 집중하는 반면 플러그 앤 플레이 테크센터는 전 세계를 대상으로 창업기업을 지원하는 것이 특징이다. 플레이 앤 플레이 테크센터는 2006년 설립되어 300개가 넘는 회사가 거쳐 갔다. 170여 개의 투자사와 파트너십을 통해 입주기업의 창업 및 성장을 지원하고 대학, 기업과도 파트너십을 구축하여 투자유치를 적극적으로 돕고 있다. DFJ, 세콰이어, 케이넌(Canaan) 등의 세계적인 벤처 캐피탈이 협력하고 있으며, 아미자드(Amidzad)라는 별도의 내부 캐피탈을 통해 영리사업을 진행하고 있다.

플레이 앤 플레이 테크센터는 입주기업들이 실리콘밸리의 벤처캐피탈과 연계되도록 다양한 이벤트를 거의 매일 진행하고, 투자자 및 업계 관계자에게 자신의 아이디어를 발표할 수 있는 'Plug and Play Expo'와 창업기업이 서로 네트워킹하면서 강의를 듣는 '창업 캠프' 등이 대표적이다.

이미 세계적으로 성장한 페리팔, 데인저(Danger), 빅스(Bix), 파워셋(Powerset), 센도리(Sendori), 미도미(Midomi), 주스크(Zoosk) 등 많은 성공 사례를 갖고 있다.

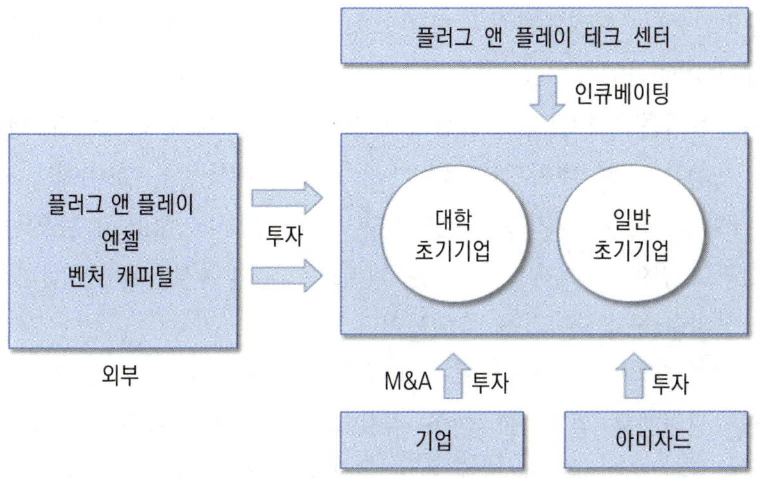

[그림 2-10] 플러그 앤 플레이 테크센터 구조

2.4 실리콘밸리 문화코드

버닝맨

실리콘밸리를 이해하기 위해서는 역사와 신생 기업과 벤처캐피탈의 관계도 알아야 하지만 문화적인 코드를 반드시 이해할 필요가 있다. 그 중 실리콘밸리 문화를 가장 잘 나타내는 행사가 바로 버닝맨(Burning Man)이다.

네바다 리노 도시에서 2시간 거리의 블랙락 사막에서 버닝맨 행사가 열린다. 1주일 동안 사막은 커다란 도시가 된다. 사람들의 창의성과 머릿속이 들어 있던 야망을 불태우는 것이다. 일주일 동안 몇 개의 신문사와 수십 개의 라디오 방송국이 생기며, 테마 캠프 수백 개가 즉석에서 만들어지는데, 원하는 곳에 참여해서 다양한 경험을 해 볼 수 있다. 이곳에는 실리콘밸리의 무수한 회사들의 직원들이 참가해서 새로운 세상을 만드는 작업을 같이하며, 이곳에서 새로운 문화를 몸속 깊이 체험한다. 버닝맨 문화는 개방(openness), 창조성(creativity), 자기조직(self-organization), 공유(sharing), 그리고 혁신(innovation)

이라는 실리콘밸리의 가장 중요한 문화와 그 맥이 닿아 있으며, 서로에게 큰 영향을 주고받는다. 실리콘밸리의 오픈소스 운동의 아이디어는 버닝맨의 개방형 협업에서 기원하였다고 한다.

버닝맨은 실리콘밸리 신화의 가장 중요한 숨겨진 요체의 하나이다. 에릭 슈미트(구글 회장)가 래리 페이지와 세르게이 브린(구글 창업자, CEO)에게 낙점을 받게 된 가장 큰 연결고리가 버닝맨이였다. 거대한 플라야(playa : 광장)는 방대한 인터넷과도 같이 느껴지는데, 다른 의미로는 엄청나게 커다란 캠퍼스이자 사람들의 창의력을 발산시키는 플랫폼이다.

실리콘밸리를 벤치마킹할 때 이런 문화를 이해하는 것이 중요하다. 우리가 미래의 산업생태계를 설계하고 이를 추진할 때에도 버닝맨과 같지 않더라도 새로운 창의성을 주입하고 모두가 같이 공유하고 개방하며 나누는 어떤 문화적인 이벤트가 필요하다.

[그림 2-11] 버닝맨 축제

실리콘밸리의 문화와 함께 이런 문화 속에서 성공한 기업인들의 사회에 대한 시각도 다른 나라, 다른 지역의 성공한 기업인들과는 차이가 있다. 이들은 전통적인 사람들의 성공방정식을 받아들이지 않는다.

마크 주커버그(Mark Zuckerberg)와 함께 페이스북을 창업한 더스틴 모스코

비츠(Dustin Moskovitz)는 젊은 억만장자이다. 그는 멋진 집에 살 수 있겠지만 허름한 콘도에 산다. 많은 돈을 자선단체에 기부하였으며, 모든 재산을 기부할 것이라고 마크 주커버그와 함께 공언하였다. 이들은 사회적 지위에 전혀 관심이 없는 것이 아니라, 과거와는 다른 방식으로 사회적 지위를 찾는다. 그들은 좋은 물건이나 눈에 보이는 부의 상징들과 훌륭한 몸과 같이 물질적인 부를 기준으로 지위를 결정하는 것들에 관심을 가지기 보다는 인큐베이터에 펀드를 주거나, 다양한 나라들을 여행하면서 사회적 문제를 해결하는 것에 더욱 높은 가치를 부여한다. 실리콘밸리에서는 성취를 그들이 쌓아 올린 것으로 평가하지, 그들이 사는 것으로 평가하지 않는다. 그보다는 어떻게 자유를 누리면서 독립적으로 많은 사람들에게 줄 수 있는 가치를 쌓을 것인지에 대해서 고민한다.

연쇄창업 문화

연쇄적 창업이 실리콘밸리 원동력이다. 구글·애플·페이스북 같은 빅테크 기업과 수많은 스타트업이 공존하고 있는 미국 실리콘밸리에선 창업에 성공해 회사를 매각하고 다시 새 회사를 차리는 연쇄 창업이 이곳 산업생태계를 지탱하는 동력 중 하나다. 실현 가능한 좋은 아이디어만 있다면 투자해주는 벤처캐피털이 넘쳐나고, 기존 창업을 통해 얻은 경험과 인력을 바탕으로 더 나은 서비스를 개발하기 용이하기 때문이다. 연쇄 창업가들은 실리콘밸리에 스타트업이 생겨나 성공적으로 매각(엑시트)되고 다시 새로운 스타트업이 생기는 선순환의 핵심 고리다.

실리콘밸리의 연쇄 창업문화를 상징적으로 보여주는 것이 '페이팔(Paypal) 마피아'다. 1998년 설립된 전자결제 기업 페이팔은 2002년 이베이에 15억 달러(1조 7,000억 원)에 매각됐다. 당시 페이팔 창업 멤버들은 매각에 따른 막대한 돈을 손에 쥐고 투자자로 변신하거나 각 분야에서 새로운 회사를 차렸다.

페이팔 공동창업자 피터 틸은 페이팔 매각 후 1000만 달러를 투자해 헤지펀드 클래리움캐피털을 세웠고, 2004년 빅데이터 분석 플랫폼 회사인 팰런티어 테크놀로지스를 설립했다. 페이팔 공동 CEO였던 일론 머스크는 전기차 메이커 테슬라, 우주개발업체 스페이스X 등을 창업하며 세계 2위의 갑부가 됐다.

엔지니어였던 스티브 첸과 채드 헐리는 유튜브를 만들었고, 초기 멤버 리드 호프먼은 2002년 링크드인을 공동 창업해 2016년 270억 달러(30조 6,000억 원)를 받고 마이크로소프트에 매각했다.

CTO(최고기술책임자)였던 맥스 레브친은 소셜 앱 회사 슬라이드를 창업해 2010년 구글에 1억8200만 달러에 매각했고, 2012년 온라인 신용거래 핀테크 업체 어펌을 창업했다. 지역기반 리뷰 서비스 옐프를 창업한 제러미 스토플맨도 페이팔 출신이다. 한번 성공을 이룬 페이팔 출신들이 테슬라 · 유튜브 · 링크드인 · 옐프 등 거대 유니콘 기업을 다시 만든 것이다.

앞선 세대 연쇄 창업가로는 1982년 선마이크로시스템즈를 창업한 앤디 벡톨샤임이 있다. 그는 선마이크로시스템즈를 상장해 막대한 재산을 일군 뒤 1995년 회사를 나와 그레나이트시스템을 창업했고, 이 회사를 시스코에 판 후 키알리아라는 회사를 세웠다. 이후에도 회사를 세웠다가 매각하고 다시 세우며 총 5개 회사를 창업해 모두 성공시켰다.

음성 SNS인 클럽하우스의 공동창업자 폴 데이비슨도 2012년에 위치 공유 앱 하이라이트를 창업해 소셜미디어 기업 핀터레스트에 매각한 연쇄 창업가다. 구글이나 애플 · 페이스북에 다니다가 여러 차례 창업에 나서는 경우는 실리콘밸리에서 너무나 흔한 일이다.

2.5 실리콘밸리 벤치마킹

많은 국가와 지역에서 실리콘밸리와 같은 생태계를 구축하기 위해 노력하고 있다. 테크노파크와 같은 곳들도 만들고 대규모 투자를 하지만 실리콘밸리와 같은 생태계 구축이 쉽지 않다. 대부분의 정부지원 클러스터 사업들은 부지와 건물, 대학을 연계하고 벤처캐피탈을 들여오고, 사무행정이나 법률 등의 인큐베이팅 서비스를 우대해서 진행하는 경우가 많다. 문제는 가장 우수한 기업가들과 혁신적인 생각을 가지고 있는 젊은 친구들이 들어오지 않는 것이다.

똑똑하고 창의적인 젊은이들이 모이게 만들고, 이들의 네트워크를 결성하는 것에서 실리콘밸리와 같은 유사한 문화가 만들어지는 시작이 된다. 최근 칠레에서 만들어진 '스타트업 칠레(Start-Up Chile)' 프로젝트는 성공적이라 할 수 있다. 칠레에서는 부지를 만들고 건물을 만드는 하드웨어보다는, 일단 혁신적인 아이디어와 기업가 정신을 가진 전 세계 젊은이들을 불러들이는 것으로 먼저 시작했다. 이들에게 4만 달러를 지원하면서 비자와 공짜로 일할 수 있는 사무공간, 맨토링을 지원하면서 서로가 네트워크를 형성할 수 있도록 도와주고 동시에 고객과 파트너를 찾아준다. 전 세계 지원자들의 지원을 받기 위해 프로그램을 유튜브로 공개 25개 팀을 골랐고 이들 중에 17개 팀은 공식적인 지원이 시작되기도 전인 2010년 말 칠레의 수도인 산티아고로 이사 왔다. 산티아고 창업자들은 싼 물가, 혁신적인 젊은이들 네트워크, 좋은 날씨와 경치로 만족했다. 선정회사들은 에너지 특화 기업, 전자상거래, 소셜 웹 관련회사, 디자인 회사 등으로 다양하다. 칠레 정부의 국가 위상은 높아졌고, 자연스럽게 선순환 사이클이 형성되었다. 우리나라 칠레보다 좋은 환경이지만 성공적인 생태계 구축이 보이지 않는다. 단순한 재정 지원 이상의 혁신 문화를 일으킬 수 있는 공간, 그리고 이들을 잘 이끌어 줄 상시적인 멘토링 네트워크 등 전략이 요구된다.

칠레 정부에서 이 프로그램을 진행하기 위해 실리콘밸리 출신의 전문가들과 칠레의 전문가들이 합심하여 다양한 심사기준을 확립하였다. 이들이 가장 중점적으로 본 것은 의외로 기술이 아니다. 무엇보다 글로벌 사고방식을 가지고 있는가, 그리고 세계를 향해 나아가는 데 충분한 가능성이 있는가에 초점을 맞추었다.

제2의 실리콘밸리를 만들기 위한 전략으로 다음을 제시한다.

① 네트워크 창출이 핵심

스타트업 기업이 상장하려면 다양한 요소(연구, 투자, 성장, 운영 등) 네트워킹이 가장 중요하다. "승용차로 30분 이내에 회사 경영진을 만날 수 없는 스타트업에는 투자하지 않는다"는 게 벤처캐피탈의 불문율이다.

② 물리적 클러스터(Cluster)는 잊어라

모바일 광고 서비스기업 1위인 인모비(InMobi)의 창업자 겸 CEO인 나빈 타와리는 "적어도 소프트웨어 창업에서 장소는 중요하지 않다"고 하면서 인도 뱅갈루루에서 창업했다. 스마트폰을 통해 전 세계를 상대로 응용프로그램(앱)을 팔 수 있는 시장이 열렸기 때문에 창업 장소에 구애받을 필요가 없다.

③ 불확실성에 투자하라

'500스타트업'의 데이브 맥클루어(McClure) 대표의 투자방식은 흩뿌리고 기도하기(spray and pray)이다. 농부가 큰 밭을 일굴 때 씨앗 한 톨씩 골라서 심지 않는 것처럼 밭 전체에 씨를 흩뿌려놓고 싹이 나는지를 지켜본다는 것이다 투자 방식도 매 회사를 면밀히 살펴보면서 거액보다는 상대적으로 소액을 투자해야 한다는 것이다.

④ 낯선 사람을 포용하라

실리콘밸리 인구 절반이 아시아계이다. 혁신이 활성화되려면 전혀 다른 사람들과 아이디어를 교환해야 하는데 이민자가 많은 곳에서 이런 교류가 일어날 확률이 높아진다.

⑤ 효율 중심의 제조업 문화를 버려라

혁신을 일으키려면 적절한 '혼돈'이 필요하다. 제조업은 항상 모든 종류의 낭비를 최소화한다. 그러나 모든 것이 최대로 효율적인 환경에서는 혁신이 생겨나지 않는다. 3M은 2001년 GE 출신 제임스 맥너니 CEO가 취임해 '6시그마' 등 효율성을 극대화하는 정책을 썼다가 혁신 동력이 약화되었다. 3M은 맥너니 퇴임 후 다시 연구원들의 자율권을 보장하자 혁신이 되살아났다. 건전한 '혼돈'이 혁신의 필수 요소이다.

표 2-4 실리콘밸리 생태계와 우리나라 벤처생태계의 비교

구 분	실리콘밸리 생태계	한국의 벤처생태계
사회적 여건	• 실패를 자산으로 인식 • 실패의 경험을 우대하는 문화 • 창업가에 대한 사회적 존경심이 높음 • 엔지니어의 높은 보수 수준	• 실패에 대한 관용이 부족 • 실패에 가혹한 문화 • 실패한 벤처가 재기하기 힘든 제도적 장벽 • 창업가보다는 안정적인 일자리를 찾는 사회적 분위기(높은 청년실업률) • 엔지니어에 대한 대우 및 보수가 낮음
투자 인프라	• 벤처 캐피탈 생태계 : 자금만 지원하는 것이 아니라 VC의 경험과 노하우를 바탕으로 경영지원까지 병행 • 전문성을 갖춘 엔젤투자자 층이 두꺼움 • 인사 재무 법률 등 창업에 필요한 지원들의 아웃소싱 용이	• 창업 자본 확보 어려움 : 벤처캐피탈에 대한 접근성이 낮고 엔젤투자도 극히 소수 (벤처 캐피탈 투자 시 담보 요구) • 주로 정책 자금, 대출, 대기업의 SI 사업 수주 등을 통해 창업

구 분	실리콘밸리 생태계	한국의 벤처생태계
출구 (exit) 전략	• 대기업들에 인수/합병되는 기업 매각이 빈번하게 일어나 투자액 회수기간이 짧고 투자 결정을 내리기 용이함 • 상장보다 기업매각이 더 보편적	• 기업 매각이 활발하지 않고 대기업들이 적절한 가치를 지불하지 않고 기술을 탈취한 후 중소기업을 망가뜨림 • 기업 매각보다 상장이 더 보편적, 투자액 회수기간이 길고 수익률도 낮음
생태계적 관점	• 연속적 창업가가 많음 • 창업가와 투자자를 연결해주는 행사 다수 • 학교와 기업의 연계로 창업	• 대기업 의존도가 높은 국가경제구조 • 대기업의 고압적 자세 : 벤처기업의 창업 능력과 혁신역량이 지나치게 대기업에 의해 결정

생각하기 토론 과제 - 2021 테크놀로지 10대 뉴스

1. 세상 속 또 다른 세상 메타버스 · NFT 열풍

2021년 초 디지털 아트 작가 비플의 NFT(대체불가토큰) 작품 '매일 첫 500일'이 미국 뉴욕 크리스티 경매에서 785억원에 낙찰됐다. NFT 열풍은 미술계뿐만 아니라 패션 브랜드, 게임업체까지 번졌다. 2021년 12월 19일까지 한 해 NFT 총거래액은 115억달러 3487만 달러(약 13조)에 달한다. NFT 열풍의 동력은 메타버스였다. 페이스북은 메타버스에 집중하겠다며 회사명을 '메타'로 바꿨고, 기업, 관공서, 학교도 메타버스 세계를 구축했다. 가상 세계 속에서 디지털 자산을 거래하는 시대가 왔다.

2. 확산되는 빅테크 규제

미국과 중국 정부가 자국 빅테크 기업을 상대로 칼을 빼들었다. 호주와 유럽에서는 언론사들이 페이스북, 구글과 같은 거대 플랫폼과 뉴스 저적권료 협상에 공동으로 대응할 수 있도록 하는 규제가 도입됐고, 빅테크는 막대한 저작권료를 지불하게 됐다. 내부 고발로 궁지에 몰린 메타(페이스북)는 미국 주 검찰의 조사를 받게 됐고, 자회사 CEO는 의회에 불려갔다. 시진핑 중국 국가주석이 '공동부유' 계획을 내세우며 알리바바, 텐센트, 바이두와 같은 자국 IT 기업을 압박하자 CEO들이 잇따라 경영일선에서 물러나 몸을 피했다.

3. IT 업계 강타한 반도체 · 물류 대란

코로나 특수를 누리던 IT 업계에 시스템 반도체 공급 부족과 물류 대란 악재가 발생했다. 삼성전자는 비메모리 반도체 공급 부족으로 21년 하반기 예정이었던 스마트폰 신제품 갤럭시S21 FE출시를 22년으로 미뤘고, 애플은 아이폰13의 생산 목표량을 당초 9000만 대에서 1000만 대 가량 줄인 것으로 알려졌다. LG 경제연구원의 '2022년 국내와 경제전망' 보고서에 따르면 공급차질이 여러 영역으로 확산되고 있기 때문에 22년 중 공급망 문제가 지속될 것으로 보았다.

4. 제2의 벤처붐 투자액 역대 최대치

세계 곳곳에서 일어난 제2의 벤처붐에서 한국도 예외는 아니었다. 2014년 국내1호 유니콘(기업가치 10억달러 이상 비상장 스타트업)이었던 쿠팡이 2021년 3월 미국 뉴욕 증시에 상장했다. 직방, 두나무, 컬리, 당근마켓 등 새로운 유니콘도 속속 등장했다. 제2의 쿠팡을 찾기 위한 돈이 스타트업으로 몰리면서 벤처투자액도 역대 최대치를 기록했다. 2021년 말 국내 스타트업들이 투자받은 금액이 약 12조원으로 처음으로 벤처투자액이 10조원을 넘었다.

5. 플랫폼 기업과 전문직 단체 잇단 충돌

플랫폼 기업들이 산업계 각 분야에 진출하면서 주도권을 둘러싼 갈등이 벌어졌다. 변호사, 세무사, 의사, 감정평가사 같은 전문 직능단체들이 전문가 영역을 공략하고 나선 플랫폼 기업을 상대로 공세를 펼쳤다. 서울시 의사회는 강남언니와 바비톡에 광고를 게재하는 개인병원들에 불이익을 주겠다고 통보했고, 서울변호사회는 소속 회원들에게 변호사 광고 규정 개정을 이유로 로톡 탈퇴를 권고했다. 문어발 확장으로 골목 상권을 침해한단 비판을 받은 카카오는 꽃 · 간식 · 샐러드 배달 사업에서 철수하고 택시 유로 호출도 폐지했다.

6. 억만장자들의 우주 경쟁 시대 본격화

2021년 7월 리처드 브랜슨 버진 그룹 회장이 우주여행 기업 버진갤럭틱을 통해 자신을 포함한 6명의 민간인을 태운 우주여행에 성공했다. 9일 뒤 제프 베이조스 아마존 창업자도 블루오리진의 우주 로켓 '뉴 세퍼드'에 탑승해 민간 우주여행에 성공했다. 9월엔 테슬라 창업자 일론 머스크가 세운 우주개발 기업 스페이스X가 우주 비행사 없이 민간인들만 탑승한 우주선 발사에 최초로 성공했다. '빌리어네드(억만장자)'로 불리는 세계 부호들의 자존심 경쟁이 본격적인 우주 시대를 열었다.

7. "접었더니 통했다" 폴더블폰 속속 출시

접었더니 통했다. 접었다 펼 수 있는 폴더블폰이 흥행하면서 다양한 형태의 스마트폰 시장이 열렸다. 21년 3분기 갤러시Z 플립3와 갤럭시Z 폴드3 두 모델의 합산 판매량은 100만대 이상으로 집계됐다. 2021년 11월 미국의 삼성전자 스마트폰 전체 판매량 중 폴더블폰 비율이 12%까지 올랐다. 2020년 같은 기간 0.6%에 그친 것에 비하면 폭발적인 상승세다. 화웨이, 샤오미도 출시를 예고하면서 경쟁이 격화될 전망이다.

8. 맞춤형 가전으로 '집콕족' 공략

코로나 집콕 시대, 집에 대한 관심이 늘어나면서 취향대로 색상을 조합하는 맞춤형 가전이 대중화됐다. LG전자에 따르면 출시한 지 1년 된 맞춤형 가전 오브제 컬렉션의 인기에 힘입어 LG전자 생활가전 부문의 3분기 누적 매출이 지난해 동기보다 20%이상 늘었다. LG전자보다 앞서 맞춤형 가전 비스포크를 선보인 삼성전자는 올해 조리기기 비스포크 큐커와 비스포크 슈드레서를 내놓으며 제품군을 늘려나갔다.

9. 한층 격화된 미·중 테크 전쟁

바이든 행정부는 인텔의 중국 공장 증설을 막은 데 이어 지난달 중국 화웨이와 ZTE를 겨냥한 보안장비법에 서명했다. 전임 트럼프 행정부 시절 시작된 중국 테크 기업들에 대한 미국의 제재는 바이든 행정부에서 더욱 강화되고 있다. 중국도 미국의 강도 높은 압박에 맞서 자국 기업들의 미국 증시 상장을 사실상 금지했다. 중국은 독자 기술 개발에 박차를 가하고 있다. '반도체굴기'를 내세우며 자국을 대표하는 파운드리업체 SMIC에 2조원을 추가 투자하기로 했다.

10. 확률형 아이템 논란

엔씨소프트가 2021년 2월말 당첨 확률을 공개하지 않은 채 최상급 무기 '신화 무기'를 새로 선보였는데, 게임 이용자들 사이에 아무리 돈을 써도 뽑히지 않는다는 불만이 나오면서 '확률형 아이템' 논란이 촉발됐다. 확률형 아이템은 강한 캐릭터나 무기 같은 게임 아이템을 정가에 파는 대신 뽑기 형식으로 판매하는 방식을 일컫는 말이다. '노(NO) 엔씨'불매운동이 일어나고 본사 앞 시위까지 벌어졌다. 확률형 아이템 논란이 게임업계 전반으로 번지면서, 대형 게임사 대부분이 주가 하락과 실적 부진을 겪었다.

– 매년 발표되는 IT 10대 뉴스 변화에 대해서 알아보자.

(출처 : 조선일보, 2021.12.23.)

용어정리

CPND(content-platform-network-device)
ICE(얼음) 모형
serendipity
SPICE(양념) 모형
Y-콤비네이터(Y-comninator)
가치 네트워크(value network)
나홀로(Stand alone) 전략
네트워크 외부성(network externalities)
디지털 컨버전스(Digital convergence)
버닝맨(burning man)
벤처 캐피탈
산업생태계
생태계(ecosystem)
스마트 기술
스마트 사회
스마트 혁명
실리콘밸리 생태계
에반젤리스트(evangelist)
유니콘 기업
적하효과(trickle-down effect)
좀비기업
콰트로버전스(quadro-vergence)
페이팔(Paypal)
플랫포머(platformer)
플러그 앤 플레이 테크센터(Plug and Play Center)
하방침투효과

제3장 플랫폼 기능과 전략

제3장
플랫폼 기능과 전략

1. 플랫폼 기능

1.1 플랫폼의 개념

플랫폼의 원래 기차나 전철에서 승객들이 타고 내리는 승강장을 의미한다. 플랫폼의 비즈니스 정의는 다양한 상품이나 서비스를 생산하고 판매하는 유·무형의 기본 구조이다. 다양한 종류의 시스템이나 서비스를 제공하기 위해 공통적이고 반복적으로 사용하는 기반 모듈이 플랫폼이다.

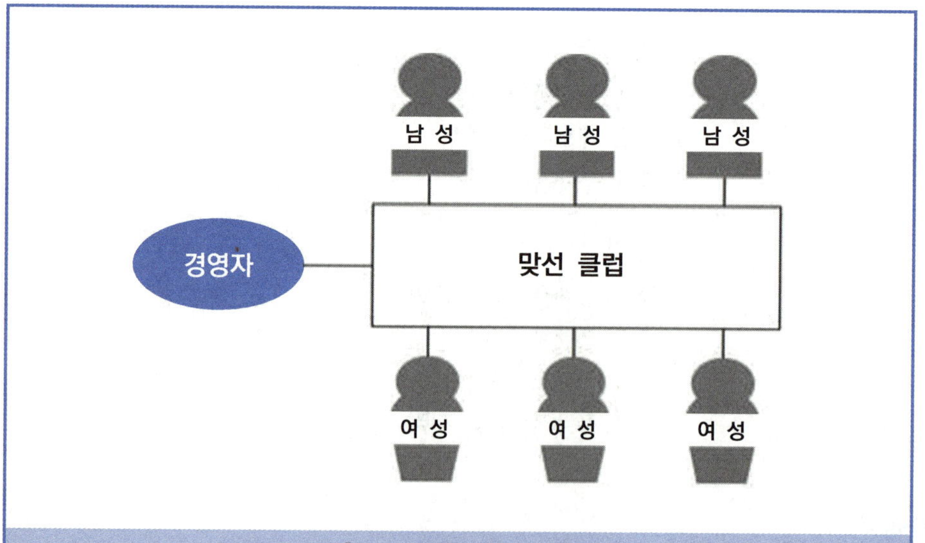

[그림 3-1] 맞선 클럽

맞선 클럽은 플랫폼의 기본 구조이다. 만남을 원하는 남녀에게 근사한 장소를 제공하고 쌍방향으로부터 참가 모집을 받으면 이 비즈니스는 성립된다. 남성에게는 연회비와 참가비를 받지만, 여성에게는 돈을 받지 않는다. 남성과 여성이라는 서로의 흥미를 자극하는 두 그룹의 관계를 형성할 수 있도록 '장'을 제공하고 이와 더불어 '장'에서 쌍방이 직-간접적으로 교류할 수 있도록 돕는 비즈니스 모델이다. 복수의 그룹을 연결하여 부가가치를 창출하는 것이 플랫폼 전략의 본질이다.

가장 오래된 신용카드 회사는 '다이너스 클럽'이라는 회사이다. 1949년 프랭크 맥나마는 미국 맨해튼 식당에서 식사 후 지갑이 없음을 알게 되고, 돈 없이 식사할 방법으로, 레스토랑 주변 주민들에게 카드 발급을 시작했다. 신용카드는 훌륭한 플랫폼이다. 플랫폼 비즈니스란 '레스토랑의 고객'과 '레스토랑(의 오너)'이라는 두 개의 그룹을 중재하여 양쪽 그룹 모두에게 이익이 되는 윈-윈 모델을 구축하고 그것으로 수익을 올리는 비즈니스를 의미한다.

플랫폼을 구축하는 주재자(맞선 클럽 경영자, 신용카드 사업자, 미팅의 총무 등)를 '플랫포머'라고 한다. 맞선 클럽처럼 두 개의 그룹을 연결하는 플랫폼을 투 사이드 플랫폼(Two-sided platform, 양면 시장)이라 하고, 여러 사업자와 수많은 사용자들을 연결하는 플랫폼을 멀티 사이드 플랫폼(Multi-sided platform, 다면 시장)이라 한다.

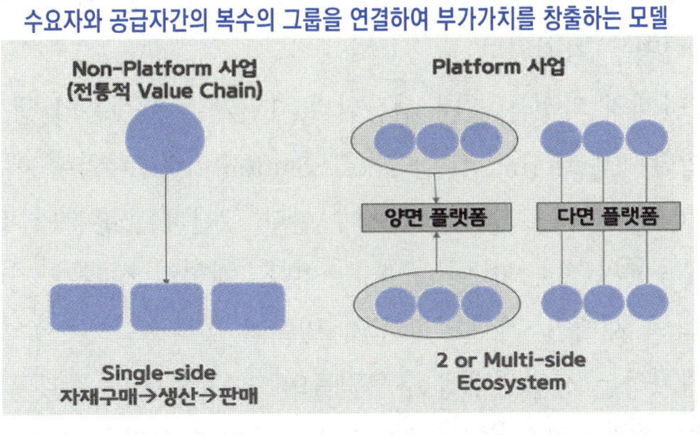

[그림 3-2] 플랫폼 비즈니스 모델

플랫폼이란 장, 사람들이 오고 가는 운동장, 콘텐츠를 담는 그릇으로 사람들이 모일 수 있는 공간이다. 공간 속에 수많은 인터페이스들이 존재한다. 인터페이스는 사회와 관계 형성의 최소 단위로 생태계의 출발점이다. 플랫폼이 형성되기 위해서는 인터페이스가 일어날 확실한 이유가 있어야 하는데 이것이 바로 킬러 콘텐츠다. 킬러 콘텐츠란 플랫폼의 보이지 않는 엔진으로, 아이팟은 음원이라는 킬러 콘텐츠가 있어 성공할 수 있었다. 플랫폼이 진화하기 위해서는 인터페이스가 번창할 이유가 있어야 한다. 이것이 흥분과 재미 즉 세렌디피티(serendipity)이다. 아이폰은 보완재들이 발달하면서 사용자들에게 뜻밖의 재미를 지속적으로 제공해 성공한 것이다.

▸ 플랫폼 성공함수 ◂

유익		유쾌		플랫폼
solution	+	serendipity	=	존재의 이유

서울역은 철도산업이며, 훌륭한 플랫폼 산업이다. 철도산업은 기차와 철도라는 하드웨어와 디바이스를 통해 기차표를 파는 비즈니스이며, 플랫폼 산업은 여행자의 접점에서 여행자들에게 '흥분'을 파는 곳이다. 서울역 플랫폼은 신속하고 안전한 이동이라는 킬러 콘텐츠와, 뜻밖의 재미(소프트웨어 공간, 문화공간)를 제공한다. 애플은 아이폰이라는 디바이스를 통해 아이튠즈라는 플랫폼을 만들어 콘텐츠와 서비스의 상권을 형성했으며 이러한 변화가 애플이 주도하는 스마트 혁명을 가져왔다.

플랫폼은 2단계의 과정을 거쳐 성장한다. 1단계는 플랫폼의 생성 단계이다. 해결책의 집합단계(Platform As a Set of Solution)이다. 다양한 해결책을 제공해야 하며 킬러 콘텐츠를 가지고 있어야 한다. 2단계는 흥분의 집합으로서의 플랫폼(Platform As a Set of Serendipity)이다. 체험의 성과가 기대보다 커야 한다. 즉, 뜻밖의 재미인 '세렌티피티'가 있어야 한다.

플랫폼에 참가하는 산업생태계 구성원들의 역할을 보자. 플랫폼에는 지배자가 아닌 지휘자로의 역할을 하는 플랫포머가 있어야 하며, 전도사의 역할을 하는 에반젤리스트와 보완자가 있어 다음 세대를 창출해나가는 수분 활동이 일어나야 한다.

산업생태계에서는 플랫폼을 보유한 기업이 플랫폼 총무가 되어 생태계를 조직하고 중소기업들이 에반젤리스트가 된다. 플랫폼이 번창하기 위해서는 많은 중소기업들이 모여야 하며, 플랫폼의 매력을 높이는 보완자들(애플리케이션 개발자나 벤처기업 등)의 유입, 연구개발 등 기술혁신이 지속되어야 한다.

플랫포머는 총무로서 봉사하고 지휘하는 역할이다. 지휘자로 어떤 사람을 참가시킬 것인지 고민하고 킬러 콘텐츠를 만들어내기 위해 노력해야 하며 그렇게 만들어진 장이 번창하도록 뜻밖의 재미를 줄 수 있게 가꾸어야 한다. 참가자들을 얼마나 흥분시키는가가 그 생태계가 번창할 수 있는 척도가 된다.

플랫폼 내의 다양한 생태계 참여자들이 함께 만든 다양한 해결책들을 통해 참여자들에게 흥분이 일어나면, 감동이 많아지고 플랫폼은 진화한다. 플랫폼 구성원 각자의 역할이 중요하다. 플랫폼 전략이 진화할 때 대체로 비즈니스의 형태는 쌍방향, 다방향으로 점차 진화한다. 일방향 비즈니스는 전통적인 생산과 판매의 비즈니스를 의미하며, 이것이 쌍방향으로 발전하면서 플랫폼이 등장하게 되었다. 모바일 생태계를 살펴보면 모바일 플랫폼인 OS는 검색비용을 줄여주고 콘텐츠를 만드는 개발자와 사용자를 연결시켜줌으로써 모바일 생태계를 발전시킨다.

쌍방향이 더욱 발전하면 다방향이 된다. 하버드 비즈니스 스쿨은 성공한 다방향 교육 플랫폼이다. 최고의 교수들과 최고의 학생들이 만들어낸 플랫폼에서 기업들은 연구의 파트너로서, 인재 수요의 파트너로서 상호 유기적인 협력과 경쟁을 하여 커뮤니티형 플랫폼이 만들어졌고, 이것이 하버드 비즈니스 스쿨의 생태계를 만들어 교육의 질과 연구의 질을 높여가고 있다.

표 3-1 플랫폼 구성원의 역할

역 할	자연생태계	산업생태계
platform(핵심기업: keystone)	꽃	플랫폼
platformer(총무)	꽃집주인	플랫폼 총무(생태계조직자)
evangelist(전도사)	꿀벌	플랫폼 전도사
complementor(보완자)	양봉업, 과수원	앱 기업(program provide/벤처)
pollination(2세 만들기)	수분활동, 짝짓기	R&D 연구개발

1.2 네트워크 효과

네트워크 효과란 어느 특정 상품에 대한 수요가 다른 사람들에게 영향을 주는 효과를 말한다. 네트워크 외부성이라고도 하며, 플랫폼의 중요한 원천이다. 네트워크 외부성(network externalities)은 두 기업의 거래를 통해 상호 이익을 얻는 것뿐만 아니라 이러한 거래 과정에서 새로운 고객이 창출되고 신지식, 신기술이 나타나는 효과를 말한다. 밴드왜건 효과(Bandwagon effect)로 지칭되는 긍정적인 네트워크 효과는 플랫폼 비즈니스에 가치 창출과 경쟁력의 주요 원천이다. 네트워크 효과란 여러 플랫폼 사용자들이 각 사용자를 위해 창출한 가치에 미치는 영향력이다. 긍정적인 네트워크 효과(positive network effects)란 잘 관리되고 있는 대형 플랫폼 커뮤니티가 각 플랫폼 사용자를 위해 상당한 가치를 생산해 내는 능력이다. 반면 부정적인 네트워크 효과(negative network effect)란 형편없이 관리되는 플랫폼 커뮤니티가 각 플랫폼 사용자를 위해 창출하는 가치를 떨어뜨릴 가능성을 말한다.

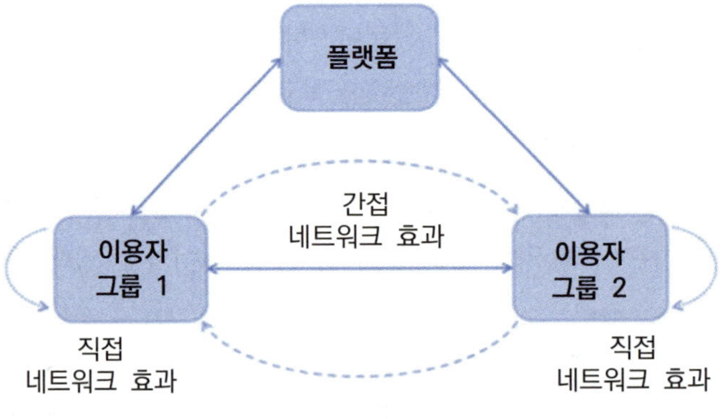

[그림 3-3] 네트워크 효과

양면 네트워크(생산자와 소비자가 모두 있는 것)에는 4가지 유형의 네트워크 효과가 있다. 플랫폼을 설계하고 관리할 때 이들을 모두 이해하고 고려하는 것이 매우 중요하다.

양면 시장에서 '동일면 네트워크 효과(same-side effects)'는 시장의 한쪽 면에 있는 사용자가 같은 쪽 사용자에게 영향을 주면서 생긴 네트워크 효과를 말한다. 소비자가 다른 소비자에게 영향을 끼치고, 생산자가 다른 생산자에게 영향을 끼치는 것이다. 반대로 '교차 네트워크 효과(cross-side effects)'는 시장의 한쪽 면에 있는 사용자가 다른 쪽에 있는 사용자에게 영향을 미치면서 생긴 네트워크 효과를 말한다. 즉 소비자가 생산자에게, 생산자가 소비자에게 미치는 효과이다. 동일면 네트워크 효과와 교차 네트워크 효과 모두 긍정적이거나 부정적일 수 있다. 이는 시스템의 구조와 적용 규칙에 따라 달라진다.

표 3-2 네트워크 효과의 유형

	긍정적(Positive)	부정적(Negative)
직접 (Direct/Same Side)	More buyers for buyers (신뢰할 수 있는 구매 정보)	More sellers for sellers (경쟁심화)
교차 (Cross Side)	More sellers for buyers (다양하고 저렴한 제품)	Too many sellers for buyers (선택의 어려움)

첫 번째 범주인 '긍정적인 동일면 네트워크 효과(positive same-side effects)'에는 동일한 사용자 수가 늘어날 때 사용자들에게 돌아가는 긍정적인 혜택이 포함된다. 벨 전화회사 네트워크의 가입자 수가 늘어나면서 유발된 효과가 예이다. 벨 전화로 연락할 수 있는 사람이 늘어나면 늘어날수록 벨 전화 가입자로서 얻는 가치는 더 늘어난다. 오늘날 이와 비슷하게 소비자와 소비자 간(C2C)의 긍정적인 네트워크 효과를 볼 수 있는 것이 X박스 다중접속온라인게임(MMOG) 같은 게임 플랫폼이다. 플랫폼에 게이머들이 많으면 많을수록 더 재미있게 게임을 할 수 있다.

긍정적인 동일면 네트워크 효과는 생산자 측면에서도 볼 수 있다. 예를 들면 어도비(Adobe)의 보편화된 이미지 제작 및 공유 플랫폼을 생각해 보라. PDF 플랫폼을 사용하여 이미지를 만들고 공유하는 사람들이 많으면 많을수록 사용자가 동일한 플랫폼에서 이미지를 제작함으로써 얻게 되는 이점도 더 커진다.

그러나 동일면 네트워크 효과 모두 긍정적인 것은 아니다. 플랫폼 한쪽 면의 수적 성장이 단점이 될 때도 있다. 이것을 '부정적인 동일면 네트워크 효과(negative same-side effects)'라 한다. 예를 들어 정보기술 플랫폼 코비신트(Covisint)를 생각해 보자. 이 회사는 클라우드 기반 네트워킹 도구를 개발하는 데 관심이 있는 기업들과 서비스 제공업체들을 연결해준다. 코비신트 플랫폼을 이용하는 경쟁 공급업체들의 수가 증가하면서 고객들이 플랫폼을 찾아왔고, 공급업체들은 이를 반겼다. 그러나 공급업체들이 너무 많아지자 서로에게 적절한 공급업체와 고객들을 찾기가 점점 더 어려워졌다.

트위터에서는 어마어마하게 많은 사람들이 트윗을 읽는 반면 소수만이 트윗을 전송한다. 쿼라(Quora)와 같은 질의응답 네트워크에서는 엄청나게 많은 사람들이 질문을 올리는 반면 소수만이 질문에 답을 한다.

그러나 여기에도 고려해야 할 어두운 면이 있다. 즉 '부정적인 교차 네트워크 효과(negative cross-side effects)'가 발생하는 상황이다. 음악, 텍스트, 이미지, 동영상과 같은 디지털 미디어 공유를 촉진하는 플랫폼을 생각해 보자. 대부분의 경우 생산자(예를 들면 음반사)의 수가 증가하면 소비자들에게 긍정적인 혜택이 돌아간다. 그러나 한편으로는 복잡성과 비용이 늘어나기도 한다. 예를 들어 읽고 수락해야 할 디지털 저작권 관리 양식이 지나치게 많아질 수 있다. 이런 경우에 플랫폼을 떠나거나 사용빈도를 줄이게 된다. 마찬가지로 플랫폼상의 경쟁 판매자들이 보내는 메시지가 급증하게 되면 불쾌한 광고로 어수선해지며, 생산자 선택의 폭을 확대하여 했던 긍정적인 파급력이 부정적이 교차 네트워크 효과로 바뀌어 소비자로부터 외면을 받게 되고 플랫폼의 가치도 훼손된다.

부정적인 교차 네트워크 효과의 증가로 우버가 겪게 될 고통이 늘어나는 상황을 예측해 볼 수 있다. 만일 우버 탑승객의 수에 비해 지나치게 운전자가 많아지면 운전자의 운전 중단 시간이 늘어날 것이다. 반대로 우버 운전자 수에 비해 지나치게 탑승객이 많아지면 탑승객들의 대기시간이 길어질 것이다.

플랫폼을 잘 성장시키기 위해서는 긍정적인 네트워크 효과를 늘려야 하며, 가능하면 긍정적인 피드백 고리를 많이 만들고 강화시켜야 한다.

1.3 플랫폼의 기능

플랫폼은 오늘날 시장을 지배하는 기반이다. 플랫폼을 이해하지 못하는 기업은 생존이 어렵다. 플랫폼 비즈니스가 경쟁력의 원천이 된 이유는 플랫폼의 주요 기능에 있다.

(1) 연결 기능

결혼정보회사(남성 · 여성), 증권거래소(매도자 · 매수자), 옥션(판매자 · 구매자), 상점가(점포 · 고객)와 같이 복수 그룹의 교류를 촉진시키는 '장'을 제공하고 서로를 연결시킨다. 이 경우 그룹과 그룹 사이에 흥미를 끌 만한 요인이 존재해야 하며 플랫포머는 그룹을 위한 장소, 시스템, 결제, 문제 해결 등의 인프라를 제공한다.

백화점을 예로 들자면, 다른 매장에 가려고 백화점에 왔던 고객이 당신의 매장에 들를 수도 있고 홍보나 광고도 백화점이라는 플랫폼이 알아서 해준다. 각 그룹이 단독으로 실시하는 것도 가능하지만 장이라는 존재를 통해 더욱 쉽게 관계를 맺을 수 있는 것이다.

(2) 비용 감소 기능

각 그룹이 개별적으로 처리할 경우 시간과 비용이 많이 드는 기능을 플랫폼이 대신 제공한다.

- 신용카드 회사가 실시하고 있는 카드 발행 업무, 단말기 설치, 심사, 결제 업무 기능
- 백화점이 담당하고 있는 화장실 설치, 주차장 운영, 고객 관리, 마케팅 등의 기능
- 게임기 제조회사인 소니나 닌텐도가 실시하고 있는 복사방지 기능, 소프트웨어 갱신 기능

이러한 일들의 비용은 각 그룹이 단독으로 실시하는 것보다 플랫포머가 전부 맡아서 하는 편이 훨씬 저렴하다. 여기에 플랫폼 비즈니스의 이점이 있다.

(3) 검색 비용 절약 기능

플랫폼이 제공하는 브랜드는 사용자에게 일종의 안심감과 신뢰를 부여함으로써 서비스에 대한 일정 수준의 질을 보장하는 기능이다.

예를 들어, 쇼핑이라면 동대문 시장, 경매라면 옥션 등 'OO라면 △△'라는 식으로 브랜드를 창조하면 각 점포나 개인이 개별적으로 홍보를 전개하는 것보다 훨씬 더 많은 사람이 그 플랫폼에 모이게 된다.

플랫폼이 만들어낸 신뢰나 브랜드는 거기에 참가하는 각 그룹에 큰 이점을 부여한다. 예를 들어 지방에 있는 소규모 달걀 가게의 홈페이지에서 달걀을 사는 사람은 많지 않겠지만 이마트라는 믿을 만한 브랜드 속에 포함되어 있으면 어디 한번 사볼까 하고 생각 든다.

그 결과 사용자가 늘어나고, 사용자가 늘어나기 때문에 콘텐츠 공급자가 늘어나며, 좋은 콘텐츠가 많다는 안심감 때문에 사용자가 더 늘어나는 선순환이 시작된다.

(4) 커뮤니티 형성에 의한 네트워크 효과

바이러스처럼 입소문이 퍼진다는 의미의 바이럴 효과에 의해 참가 그룹 간에 신뢰의 분위기가 형성되고 정보의 상호 교류가 일어나며 플랫폼에 대한 '애착'이 늘어나게 된다.

이는 좋은 상품을 가족이나 친구, 이웃에게 권하게 되는 일종의 '빨래터 효과'로, 기존의 오프라인에도 존재하던 것이다. 옥션 사이트를 보면 상품을 낙찰 받은 후 구매자가 판매자에 대해 '좋다' '나쁘다' 등의 평가를 하도록 되어 있는데 이것이 입소문 형성 기능을 더욱 강화시키는 역할을 한다.

만약 구매자가 당신을 좋은 판매자라고 평가했다면 그 구매자는 더 많은 사람에게 그 플랫폼을 알릴 것이고 이후에도 이 사이트를 이용할 것이다. 즉 플랫폼의 네트워크 효과를 높일 뿐 아니라 플랫폼에 대한 애착도도 높이기 때문에 다른 경쟁 플랫폼으로 이동하는 것을 망설이게 된다.

플랫폼이 성공하느냐 마느냐는 플랫폼 참가 그룹 간의 귀속 정도를 나타내는 '애착도'를 어떻게 높이느냐 하는 것에 달려 있다. 최근 플랫폼 전략이 주목을 받는 이유 중 하나는 IT 인프라가 정비되면서 이 기능이 전보다 훨씬 빠른 속도로 광범위하게 실현되고 있기 때문이다.

(5) 삼각 프리즘 기능

삼각 프리즘 기능이란 빛의 반사 방향을 바꾸는 프리즘처럼 언뜻 보면 직접적인 상호작용이 일어나지 않을 것 같은 두 개 이상의 그룹을 연결해 주는 기능이다.

예를 들어 잡지나 TV, 신문 등은 광고주와 구독자(혹은 시청자)라는 두 개의 그룹을 연결하기 위해 제3의 그룹, 즉 구독자가 원하는 기사나 프로그램을 제작하여 미디어라는 플랫폼을 만들고 있다.

또한 직접적인 상호작용이 이루어지고 있는 두 그룹이라 하더라도 그 상호작용을 더욱 촉진시키기 위해 제3의 그룹을 끼워놓는 경우가 많다. 젊은이들에게 인기 있는 SNS에서는 게임이나 가사의 애완동물 기르기 등의 콘텐츠를 도입하여 서로의 커뮤니케이션을 촉진시키고 있다.

잡지는 삼각 프리즘 기능의 좋은 예이다. 한 광고주가 20대 여성을 타깃으로 하고 있다. 타깃이 되는 20대 여성은 일반적으로 광고를 보고 싶어 하지 않는다. 즉 광고주라는 그룹과 20대 여성이라는 그룹은 서로의 흥미를 자극할 만한 매력을 주지 못하는 관계이다. 그래서 타깃이 되는 20대 여성이 보고 싶어 하는 기사(콘텐츠)를 제3자로부터 제공받거나, 플랫포머가 스스로 제작하여 이 두 그룹을 연결시킨다. 독자는 광고가 아니라 기사가 읽고 싶어 잡지를 구입하지만 광고주의 타깃이 되는 독자는 결국 광고를 보게 된다.

이처럼 서로의 불만이나 요구가 직접적으로 해결되지 않는 것처럼 보이는 그룹끼리도 '타깃의 타깃은 타깃'이듯이, 타깃의 요구를 제3의 그룹에서 받아들이면 그룹 사이의 거래가 활성화된다.

하지만 플랫폼이 실패하는 원인의 대부분은 타깃이 원하는 것을 제공하지 않고 돈을 지불하는 광고주 그룹을 우선시하기 때문이다. 일시적으로 판매액이 오를 수 있겠지만 가장 중요한 독자라는 그룹의 지지를 잃게 되면 결국에는 독자수가 감소하게 되고 광고도 점점 더 줄어드는 악순환에 빠지게 된다.

2. 플랫폼 전략

2.1 플랫폼 추진 요인

지난 30년 동안 디지털 플랫폼 기업들은 비교적 단기간에 독점적 시장점유율을 기록했다. 마이크로소프트의 윈도우 운영체제와 오피스 프로그램, 인텔의 PC 및 스마트폰용 ARM 마이크로프로세스, 구글의 인터넷 검색 기술과 안드로이드 모바일 운영체제, 우버의 차량 공유 서비스가 대표적인 사례다. 소셜 네트워크 분야의 페이스북, 온라인 경매의 이베이, 숙소 공유 분야의 에어비앤비처럼 세계적 위상이 커진 기업도 여기에 속한다.

중국에서는 알리바바가 온라인 쇼핑을 장악하고 있고, 텐센트(Tencent)의 위챗(Wechat)은 10억 명의 사용자를 통해 소셜 네트워크뿐 아니라 문자 메시지 부문까지 지배하고 있다. 시나 웨이보는 중국 최대의 마이크로블로그용 플랫폼이며 디디추징은 차량 공유 서비스 부문에서 대부분의 경쟁사를 제거하거나 흡수했다.

이들 기업을 포함 다른 플랫폼 기업들도 네트워크 효과를 통해 엄청난 이득을 누리고 있다. 플랫폼의 영향은 네트워크 효과에서 시작된다. 그러나 네트워크 효과만으로는 이들 시장 장악력을 모두 설명할 수 없다. (1) 상이한 유형의 네트워크 효과가 지니는 중요성, (2) 멀티호밍 극복, (3) 틈새 경쟁과 공급 부문의 진입장벽 구축, (4) 디지털 기술 혁신 등이 네트워크 효과와 다른 시장 추진 요인에 영향을 미친다.

(1) 상이한 유형의 네트워크 효과

플랫폼 기업을 이용하는 사람이 늘거나 소프트웨어 앱이나 디지털 콘텐츠 상점 같은 보완 혁신재가 늘어나면, 네트워크 효과 같은 긍정적 피드백 루프가 발생해 이용자나 보완재의 숫자가 늘어나면서 피드백 루프가 더욱 강력해진다. 네트워크 효과는 증가하는 이용자와 보완업체들을 끌어들임으로써 해당

기업의 가치를 증대시킨다.

1970년대 초 이더넷이라는 로컬 네트워크의 중요 발명가 로버트 멧커프의 이름을 딴 멧커버의 법칙(Metcalfe's Law)이 네트워크 역학을 설명한다. 멧커프는 소통 네트워크의 가치는 접점(node) 사이의 연결 수와 같다고 주장했다. 그는 이 관계를 간단한 방정식으로 표현했다. n개의 접점이 있는 네트워크의 가치는 n(n-1)/2라는 것이다. 네트워크상에 5명은 10개의 연결 가능성을, 100명이 이용하는 네트워크는 4950개의 연결 가능성을 발생시킨다.

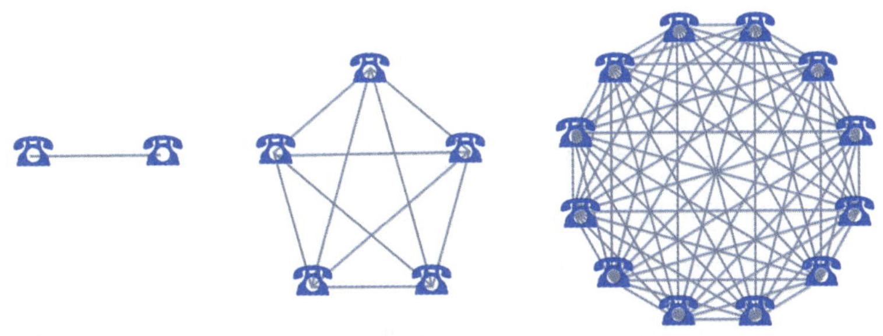

[그림 3-4] 네트워크의 연결점

네트워크 사업의 성장 잠재력은 선형적이지 않고 기하급수적이다. 네트워크 효과로 인한 폭발적 성장 덕에 플랫폼 기업들은 규모와 유용성과 경제적 가치 면에서 아주 급속히 팽창하거나 쇠퇴할 수 있다.

전화번호부를 무료로 배포하여 광고주와 가입자를 급속히 늘려나간 전통적 전화 사업은 오늘날 디지털 형태로 변화하여 네트워크 효과가 적용되고 있다. 전화번호부와 유사한 비즈니스 모델은 다양한 형태로 존재한다. 어떤 기업이 제품이나 서비스 일부를 무료나 아주 저렴하게 제공하여 고객의 선택을 받은 다음, 제품이나 서비스 중 꼭 필요한 일부에 요금을 매기거나, 시장의 다른 부분에 요금을 매기는 형태의 비즈니스 모델이다.

개인과 단체들은 전화 요금을 낸 대가로 전화번호부를 무료로 받았고, 기업은 전화번호부에 광고를 싣는 대가로 돈을 냈다. 최근에는 마이크로소프트가 PC 제조업체에게 운영체제 라이선스를 낮은 가격에 주고, 무료 소프트웨어 키트로 앱 생산업체들을 끌어들인 사례가 있다.

어도비(Adobe)는 애크로뱃 리더(Acrobat Reader)를 개인 사용자들에게 무료로 푼 다음, 기업용 서버 소프트웨어와 편집 툴을 중심으로 수십억 달러짜리 사업을 구축했다. 구글, 페이스북, 트위터는 무료 접근을 통해 사용자 수를 늘린 다음 광고를 팔았다.

(2) 멀티호밍 극복

전통 기업이든 플랫폼 업종이든 자사의 고객이 경쟁사의 제품과 서비스를 이용하는 것을 반기는 기업은 없다. 경제학자 마이크 포터는 경쟁사가 많을수록 경쟁도 심해진다고 했다. 극심한 경쟁은 대개 가격경쟁으로 이어지고 결국 모든 기업이 이윤 하락에 시달릴 수 있다.

전통 기업들과 달리 옐로페이지, 구글 서치, 빙 서치, 안드로이드 운영체제, 페이스북, 위챗 같은 플랫폼 기업들은 사용자에게 돈을 직접 청구하지 않는다. 이런 플랫폼 기업의 경우 사용자들이 멀티호밍(Multihoming: 이용자들이 동시에 여러 개의 플랫폼을 사용하는 현상, 네트워크 효과를 반감시킨다)을 한다고 해서 매출이 바로 떨어진 적은 없다. 하지만 멀티호밍은 네트워크 효과를 약화시키기 때문에 이 플랫폼 기업들은 다른 시장 부문을 끌어들이기 위해 광고주나 보완혁신재 생산자들에게 의지하게 된다. 사용자들의 멀티호밍은 강력한 동일면(직접) 네트워크 효과를 가진 플랫폼 기업들이 교차면(간접) 네트워크 효과로부터는 온전히 수익을 창출하지 못하도록 할 수 있다.

트위터의 경우 많은 트위터 사용자가 멀티호밍을 하고 있다. 트위터 사용자들은 페이스북, 인스타그램, 스냅챗, 와츠앱에서 시간을 보내고 소통한다. 트위터의 강력한 직접 네트워크 효과에도 불구하고 플랫폼 충성도가 다양한 탓에 수익이 낮을 수밖에 없다.

멀티호밍은 네트워크 효과에 영향을 끼치며 결국 플랫폼 기업의 잠재적 수익과 이윤에도 간접적으로 영향을 끼친다. 그러므로 모든 플랫폼 기업에게 중요한 목표는 멀티호밍을 제약하는 방안을 마련하는 것이다. 일부 혁신 플랫폼 기업들은 마이크로소프트 윈도나 애플 iOS처럼 특허 표준을 마련하거나, 구글 안드로이드와 구글 플레이스토어를 스마트폰 기본 앱으로 연동시키는 것처럼 보완 서비스를 연동시키기도 한다. 익스피디아 같은 상거래 플랫폼 기업들은 항공사와 신용카드 회사의 선례를 따라 로열티 프로그램(포인트나 마일리지 보상 제도를 통해 소비자가 특정 상품이나 브랜드를 지속적으로 이용하게 만드는 마케팅 전략)을 만든다.

일반적으로 멀티호밍 극복이 쉬운 기업의 특징은 ① 독보적인 기술력/편의성 보유 ② 큰 멀티호밍 비용 ③ 작은 틈새시장 ④ 어려운 시장 진입의 특성을 보인다.

기업들은 상품의 질을 개선하거나 특정 유형 고객의 필요에 부응함으로써 더 나은 서비스를 제공해 두각을 드러내는 경쟁업체를 두려워한다. 상품이나 서비스를 직접 팔지 않는 플랫폼 기업들도 차별화된 틈새 경쟁사들에 대한 불안에서 자유롭지 못하다.

(3) 플랫폼 충성도, 차별화, 진입장벽 구축

멀티호밍이 초래하는 난관들과 마찬가지로, 틈새 주자들이 있는 파편화된 시장에서는 네트워크 효과와 승자 독식 가능성이 줄어든다. 시장의 동질성이 클수록 강력한 네트워크 효과가 다수의 사용자를 끌어들일 가능성이 높아지고, 시장은 특정 플랫폼 기업 쪽으로 기울어질 수 있다.

2018년 프리랜서 취업시장을 지배한 업워크(Upwork)는 이랜스(Elance)와 오데스크(Odesk)의 합병으로 만들어진 전형적인 상거래 플랫폼이다. 다른 많은 상거래 플랫폼과 마찬가지로 업워크는 강력한 교차면 네트워크 효과를 경험했다. 이 플랫폼에 가입한 프리랜서가 많을수록 기업들은 업워크를 이용함으로써 더 많은 가치를 실현했고, 기업이 프리랜서 인력을 더 찾을수록 업워크에서 일자리를 구하는 전 세계 프리랜서들이 보는 업워크의 가치도 높아졌다. 2018년 초 업워크는 총 40억 달러에 달하는 일자리 계약이 자사 플랫폼을 통해 완료되었고, 연간 서비스 규모는 15억 달러에 도달한다고 발표했다.

그러나 업워크 최고경영자 스테판 카스리얼(Stephane Kasriel)은 업워크의 어려움을 개괄하면서 "이 플랫폼 업계에서는 최소한 500개의 경쟁사가 있으며 대부분 작은 틈새시장에 주력한다"라고 추산했다. 네트워크 효과의 힘이 확실하고 업워크의 강력한 브랜드 가치와 플랫폼 성장세에도 불구하고 틈새 업체들은 특정 업종과 직업 유형, 그리고 지역과 전 세계라는 지리적 특성에 주력함으로써 세를 불렸다. 업워크의 수평 설계 플랫폼은, 지역 전문성이 더 크고 기업 고객들과 특정 분야에 특화된 프리랜서들을 빨아들일 수 있는 수직형 전문 설계 플랫폼 기업들과 경쟁해야 했다. 20년 이상의 영업 경험과 성장세에도 불구하고 업워크는 시장이 분할되는 바람에 시장의 방향을 확실히 꺾어 놓지 못했고 수익조차 내지 못했다.

기업이라면 신흥 경쟁업체가 시장으로 들어오는 것을 막고 싶어 한다. 전환비용이 낮아 진입이 쉬운 시장은 대체로 수익성도 낮은 경향을 보인다. 진입장벽이 낮은 경우 경쟁이 심해지고 가격이 하락해 시장에 속한 모든 기업의 수익이 낮아지는 것이다. 진입 장벽이 낮을 경우, 기업들이 강력한 네트워크 효과 덕에 안전하다고 느끼는 시장이라 해도 신규 기업들이 공급 부문을 통해 시장으로 진입해 사용자 기반을 나눠 먹기 때문에 시장의 독식 구조가 나타나지 않게 된다. 많은 플랫폼 기업이 당면한 독특한 딜레마는 디지털 기술의 진보 덕에 시장에 진입할 때 들어가는 초기 비용이 매우 낮다는 점이다.

진입 장벽이 높은 시장에서는 산업의 집중도가 높아 시장이 한 곳 또는 소수의 기업 쪽으로 기울어질 확률이 높다. 새로운 클라우드 서비스와 관련된 혁신 플랫폼을 개발하는 일처럼 자본 집약적 사업에서는 주로 아마존, 마이크로소프트, 구글과 그 외에 IBM, 알리바바 같은 비교적 소수의 기업이 시장을 지배한다. 우버 같은 차량 공유 업체처럼 지원금 집약적인 사업체의 경우에도 진입 비용이 매우 높다. 그뿐 아니라 퀄컴 같은 기업들이 특허, 고유한 기술 노하우, 정부 규제와 그 외에 다른 진입 장벽을 통해 시장에서 자사의 지위를 안정적으로 보호해 온 경우에도 시장은 특정 플랫폼 기업 쪽으로 기울어질 가능성이 높다.

(4) 디지털 기술 혁신

① 디지털 기술과 네트워크 효과

어느 시장에서건 플랫폼 사업에서 승자 독식이라는 결과가 나올 가능성은 네트워크 효과, 멀티호밍을 막는 장애물, 경쟁사의 차별화 및 틈새 경쟁 기회의 박탈, 진입 장벽의 힘에 달려 있다. 하지만 현실은 디지털 기술이 시장의 역학을 급속도로 바꾸어 놓기도 한다.

무어의 법칙(Moore's Law)은 시장에 가장 근원적인 혁명을 몰고 왔다. 18~24개월마다 컴퓨터 처리 용량이 2배가 된 것이다. 디지털 상품의 한계비용은 기본적으로 제로(zero)이기 때문에 플랫폼 기업들의 경제적 변화는 영원히 지속될 것이다.

디지털 기술은 네트워크 효과를 강화한다. 사실 오늘날 세계의 네트워크 효과에 내재된 잠재력은 디지털 이전 시대와 비교할 수 없을 만큼 크다. 네트워크의 채택률은 신기술을 따라 가속화되었고 디지털 플랫폼 또한 예외가 아니다. 디지털 기술 덕에 플랫폼 기업들은 더 많은 개인과 단체를 전보다 더 신속하게 연결시키고 서로 접속할 수 있게 해 준다.

영리한 기업들은 디지털 기술을 이용하여 완전히 새로운 무대에서 네트워크 효과를 강화하기도 한다. 웨이즈는 2008년 만들어진 이스라엘의 내비게이션 앱으로 2013년에 구글이 사들였다. 웨이즈 이용자들은 데이터를 소비할 뿐 아니라 실시간으로, 지속적으로 생성했다. 이 앱은 원래 운전자 정보를 분석하는 단면 플랫폼에서 유래했지만 훗날 광고 판매를 시작했다. 그런 다음 텔레비전과 라디오 방송국, 시 교통 당국에 무료로 교통정보를 제공하기 시작해 브랜드 인지도를 높였고 더 많은 이용자와 광고주를 끌어들였다. 소셜미디어 요소까지 추가해 웨이즈에 등록한 인근 이용자들이 서로 접속하여 운전 정보를 구글 맵에 통합해 자사 교통정보의 정확도를 높였다.

사용자들은 웨이즈 앱을 열고 운전을 하면서 자동으로 자기위치와 속도에 대한 정보를 내놓았고 그동안 이용자들은 사고나 다른 정체 요인에 대한 정보를 추가했다. 웨이즈 컴퓨터는 이 데이터들을 포착해 분석했고 이용자들에게 교통체증이나 사고 다발지역을 피할 수 있는 다른 경로를 제안했다. 이용자 수와 서비스 기여도에 따라 서비스도 지속적으로 개선되었다.

② 디지털 기술과 멀티호밍 관계

디지털 기술은 전반적으로 더욱 강력한 네트워크 효과를 낳을 수 있는 기회를 증대시켜 왔지만 동시에 이 기술 때문에 멀티호밍이 줄거나 촉진될 수도 있다. 관건은 기업이 자사의 디지털 기술을 계획하고 실행하는 역량이다.

오늘날의 상거래 플랫폼의 경우 멀티호밍에 들어가는 비용은 거의 들지 않는다. 과거 대부분의 이용자들은 플랫폼을 하나만 선택해 사용했지만, 오늘날은 많은 앱을 다양한 유형의 기기와 플랫폼에서 쓸 수 있다.

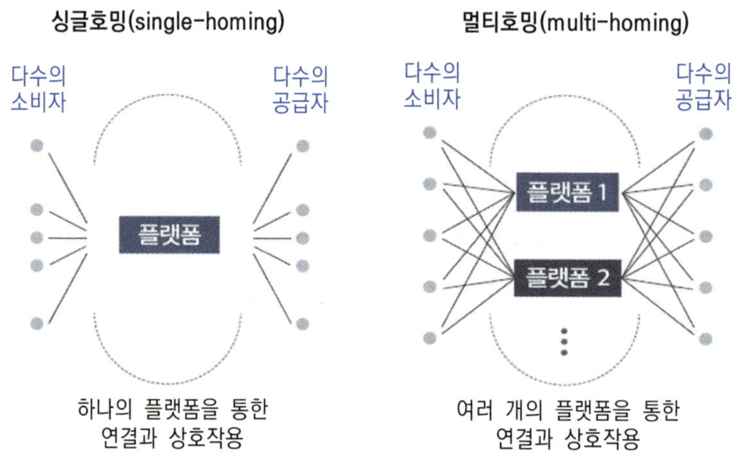

[그림 3-5] 디지털 기술과 멀티호밍

페이스북 이용자들은 굳이 수고스럽게 다른 소셜네트워크를 쓰지 않아도 트위터, 링크드인, 스냅챗, 핀터레스트, 그리고 다른 플랫폼에서 쉽게 시간을 보낼 수 있다. 2012년 저커버그가 10억 달러를 들여 인스타그램을 인수해 훗날 스냅챗과 경쟁시킨 이유 중 하나는 이렇듯 멀티호밍과 관련한 수익을 차지하기 위해서였다. 2014년 저커버그는 훨씬 더 큰 액수를 들여 와츠앱을 인수했다. 와츠앱을 사들인 것은 메시지 시장의 멀티호밍을 방지하려는 조치인 동시에 대부분의 이용자와 새로운 수익원을 얻으려는 공세적 조치였다.

데이터와 정교한 인공지능 도구를 영리하게 이용할 경우 더 나은 서비스를 통해 멀티호밍을 좌절시킬 수 있다. 일부 디지털 플랫폼은 기술적 전문성과 규모를 이용하여 매우 강력한 서비스와 가격을 제공하게 되므로 대개의 소비자들은 굳이 멀티호밍을 하는 수고를 들이지 않게 된다. 미국 온라인 구매자들 중 거의 50%는 아마존에 들어가서 쇼핑을 마친다.

디지털 기술은 또한 기업 간 상거래 세계의 전환과 멀티호밍도 좌절시킨다. 소프트웨어, 클라우드 데이터, 앱 사용에는 이식성 기준이 있기 때문에 이식이 용이하더라도 경쟁사의 플랫폼을 채택하는 데 드는 비용은 높아진다. 기업은 특정 기술에 발을 들여놓게 되면 대개 상당한 자원을 써서 임직원들에게 그 플랫폼에 관해 교육하고 전문화된 앱과 인터페이스를 구축하거나 맞춤형 사양을 보태게 되는 것이다.

③ 디지털 기술과 차별화, 틈새시장 경쟁

기업은 디지털 기술을 이용하여 자사 제품과 서비스 품질을 향상시키고, 틈새 고객에게 더 나은 서비스를 제고하여 고객 충성도를 높인다. 그러나 디지털 혁명 때문에 틈새를 새로 개척하기가 용이해졌을 뿐 아니라 경쟁사들이 다른 기업의 제품과 서비스를 모방하기도 더 쉬워졌다.

스냅챗(Snapchat)은 밀레니엄 세대가 널리 쓰는 메시지 앱이다. 스냅챗의 창립자 에번 스피걸의 착상은 간단했다. 젊은 스마트폰 사용자들은 자기 메시지가 영구적으로 남는 것을 싫어한다. 밀레니엄 세대는 부모가 메시지를 검사하거나 여자 친구나 남자 친구가 지난 메시지를 보는 일을 피해 사생활을 보호하고자 한다. 또한 이들은 채팅 메시지를 이용하여 사적이 이야기를 전하고 싶어 하는 세대이며, 채팅 메시지를 원할 때 삭제할 수 있어야 한다. 이러한 문제를 해결하는 디지털 기술은 전혀 복잡한 것이 아니었다. 스피걸은 사용자가 설정한 시간이 지나면 메시지가 사라지도록 만드는 사양을 넣어 앱으로 붐비는 시장에서 새로운 메시지 앱을 개발해 냈다. 결국 스냅챗은 페이스북이나 트위터, 다른 메시지 플랫폼과 상당히 차별화하는 데 성공했고 사용자는 순식간에 폭발적으로 증가했다.

틈새 경쟁 촉진 문제는 광범위하게 특화된 온라인 쇼핑 사이트의 경우에도 마찬가지이다. 디지털 기술 때문에 아마존(전 세계), 알리바바(중국), 라쿠텐(일본)의 거대 온라인 상점과 시장이 자국에서조차 인터넷쇼핑 시장을 100% 장악하지 못하고 있다. 기존의 기업들도 디지털 기술을 활용하고, 틈새시장을 장악한 중소기업과 디지털 상점들과의 경쟁이 치열하기 때문이다. 차별화와 틈새 경쟁 기회를 촉진시키는 디지털 기술 이면에는, 신흥 기업과 마찬가지로 기존 기업도 이를 모방하기가 쉽다는 특징이 있다. 시장에 진입하는 신흥 기업이든 기존 기업이든 전문적 디지털 기술을 활용하면 틈새 전략을 신속히 모방하고 그렇게 해서 습득한 것들을 통합할 수 있다.

④ **디지털 기술과 시장 진입 장벽**

디지털 기술은 특히 네트워크 효과를 강화하거나 촉진시켜 많은 업종으로의 진입 장벽을 높이거나 낮추었다. 클라우딩 컴퓨팅과 어디서나 사용 가능한 인터넷 접근성 덕에 새로운 디지털 플랫폼을 만드는 일은 전보다 쉬워졌다.

디지털 혁신으로 새로운 규모와 범위의 경제 체제가 가능해졌고, 그 때문에 디지털이 없던 과거에는 상상할 수 없는 방식으로 시장에 진입하는 기업과 못하는 기업으로 나뉘어진다. 1994년 제프 베이조스가 설립한 아마존이 온라인 서점으로 출발한 후 전자제품을 비롯하여 온갖 잡화를 망라하는 상점으로, 그 중 일부 상품은 당일 배송까지 해 주는 상점으로 성장했다. 아마존은 창업 초기에도 디지털 기술을 이용하여 온라인 판매를 홍보했고 추천 엔진을 구축했으며 사용자 평가 데이터를 수집했다. 오늘날 아마존 매출의 40%는 이 추천 엔진에서 비롯된다. 1990년대 말 베이조스는 전 세계 상거래 플랫폼인 아마존 마켓플레이스를 추가하여 구매자와 제3자 판매업체들을 연계시켰다. 아마존은 아마존 마켓플레이스에 자체 온라인 상점 및 결제와 배송 같은 일괄 주문 처리 서비스(Fulfillment Service)를 추가해, 거대한 물류 창고망과 결합시켰다. 아마존의 경쟁은 규모의 게임이 되었고, 이 시장에 세계 최대 수익 규모를 자랑하는 월마트마저도 아마존과 사투를 벌이는 현실이 되었다.

2.2 플랫폼 전략

플랫폼 비즈니스란 '레스토랑의 고객'과 '레스토랑(의 오너)'이라는 두 개의 그룹을 중재하여 양쪽 그룹 모두에게 이익이 되는 윈-윈 모델을 구축하고 그것으로 수익을 올리는 비즈니스를 의미한다고 하였다.

플랫폼은 복수의 기업과 제휴하므로 프로젝트 전체를 지배할 수 있는 탈조직적 전략이 필요하다. 기존의 경영전략과 크게 다르다. 플랫폼 비즈니스에서는 기업의 전략, 수익관리 방법, 인재 육성과 평가, 고객과의 관계 등 비즈니스 전반에 획기적인 변화가 필요하다. 돈이 아닌 수많은 기업과의 인맥, 지혜, 노하우, 고객 등을 끌어들여, 시작은 미미하더라도 머지않아 거대한 성공을 가져오는 비즈니스를 유도해야 한다. 참가한 모든 그룹이 윈-윈 관계를 구축하게 되기 때문에 금전관계로 얽히는 레버리지 보다 훨씬 더 굳건한 비즈니스가 형성된다.

세계경제 위기를 불러온 리먼 사태 이후 새로운 전략이 강구되어 플랫폼 기업에 본격적으로 적용되었다.

플랫폼 전략이 주목받는 4가지 이유는 다음과 같다.

① **급속도로 발전하는 기술**→하나의 기업에서 모든 서비스를 제공받기보다는 기술력을 갖춘 기업과 제휴를 하는 편이 더 효율적이며 신속하게 대응 가능

② **고객 요구의 다양화**→ 한 회사의 능력만으로 다양한 요구에 부응하기 어려움

③ **IT 발전으로 인한 네트워크 효과의 신속하면서도 광범위한 확대**→ 인터넷 보급, 정액제, 요금 인하, 브로드밴드에 의한 쌍방향 커뮤니케이션의 확대, 서버 비용 감소, 디지털 가전제품 등으로 인해 거래비용이 현저하게 줄어들면서 네트워크 효과의 작용과 영향력이 확대

④ **디지털 컨버전스의 진화**→산업의 경계가 무너지고 새로운 산업으로 다시 수렴(convergence)됨

플랫포머의 전략은 기업 차원에서 경제적 가치를 공유하고 위험을 관리하는 것이다. 이보다 중요한 것은 경쟁력 유지를 위해 핵심 사업을 혁신하고 수익구조를 지속적으로 개발하는 것이다. 플랫폼 기업은 비즈니스 파트너, 플랫폼 참여자들의 가치사슬과 연결되어 구성원들에게 필요한 가치를 공유하고 동기화시키는 이점이 있다.

플랫폼 비즈니스를 효과적으로 실행하려면 다음의 4단계를 거쳐야 한다.

① 1단계는 모든 고객과 정보를 교환하는 것이다.

많은 기업의 경우, 데이터를 확보하기가 어렵다. 그러나 실시간 데이터는 기계학습의 기초가 되는 피드백을 만드는데 필수적이다. 데이터 중심화를 추구하는 대부분의 기업은 인과 모델을 만들기 위해 정보를 수집하고 분석한다. 이후 실질적인 플랫폼 사업을 운영하면서 네트워크 구성원들과의 상호작용을 통해 생성된 모든 정보를 확보하고 알고리즘이 어떤 데이터와 관련되는지 파악한다.

② 2단계는 모든 활동에 소프트웨어를 활용하는 것이다.

플랫폼 비즈니스에서는 지식 관리 및 고객 관계, 의사결정뿐만 아니라 모든 활동이 소프트웨어로 구성되고 자동화되어야 한다. 그리고 자동화된 프로세스의 소프트웨어끼리 연결되어 하나의 시스템으로 기능하고 통제하며 조정하도록 한다. 소프트웨어를 활용하면 신속하게 오류에 대응하고 효과적으로 보안요소를 강화할 수 있다.

③ 3단계는 데이터를 상호 연결하는 것이다.

다수의 참여자들이 연결되어 있는 플랫폼에서는 다소 복잡한 조정이 필요하다. 예를 들어, 쇼핑 추천 엔진을 활용하는 플랫폼은 판매자의 재고관리 시스템과 다양한 소셜 미디어의 소비자들과 협력할 필요가 있다. 또한 거래 시스템은 할인 혜택과 물류 네트워크와 실시간으로 연동되어야 한다. 이러한 복잡함을 간소화하는 것이 애플리케이션 프로그래밍 인터페이스(API)이다. API는 플랫폼 전반에 걸쳐 데이터에 접근하고 전송하는 기능을 담당하며 외부 데이터를 끌어올 수 있다. 서로 다른 소프트웨어 시스템을 온라인상에서 조율할 수 있게 해주는 도구로, 모든 데이터를 확보하고 이를 알고리즘으로 연결하고 다루어야 하는 기술적 부담을 해소해준다

④ 4단계는 알고리즘을 적용하는 것이다.

한 기업이 온라인에서 모든 업무를 수행하게 되면, 엄청난 양의 데이터를 처리하게 된다. 데이터를 해석하고 이용하기 위해서는 최종적으로 기업이 목표로 하는 서비스 모델을 명확하게 구현하는 알고리즘을 만들어야 한다.

2.3 플랫폼 디자인(Platform Design)

사용자들에게 큰 가치를 제공하여 생산자와 소비자들이 모두 득이 되는 플랫폼을 어떻게 구축할 것인가? 산업계에서 주도적이며 긍정적인 네트워크 효과를 늘리는 기술 인프라를 어떻게 설계할 것인가? 보통 새로운 플랫폼 사업을 시작하려는 이들은 비슷한 사례를 조사한 다음, 이를 모방하려는 경향이 있다. 그러나 모든 시장이 똑같이 않기 때문에 이러한 전략은 자주 실패한다. 제대로 설계되지 않은 플랫폼은 사용자들을 위한 가치를 거의 제공하지 못하며, 네트워크 효과 역시 미비하거나 아예 창출하지 못하고 실패한다. 새로운 플랫폼 설계는 어디서부터 어떻게 해야 하는지 살펴보자.

(1) 플랫폼 본질에 집중

플랫폼의 이상적인 설계의 기본 원칙은 본질에 초점을 맞추는 것이다. 플랫폼이 정확히 무엇을 수행하며, 어떻게 작용하는가를 묻는 질문에서 출발해야 한다. 일부 플랫폼은 소셜 네트워크에서 볼 수 있듯이 사용자들끼리 직접 관계 맺는 것을 허용하기도 한다. 이러한 관계 맺기는 사용자들 간의 가치교환으로 이어진다. 어떤 플랫폼은 사용자들끼리 직접 관계를 맺게 하진 않지만 다른 메카니즘을 이용해 가치를 교환할 수 있게 해 준다.

모든 플랫폼 비즈니스는 반드시 정보의 교환이 용이하게끔 설계되어야 한다. 플랫폼 주된 목적이 물리적인 상품이나 서비스를 교환하는 데 있다 하여도 정보는 반드시 교환할 수 있어야 한다. 우버는 탑승객의 요청에 따라 운전 서비스 이용 가능 여부와 운전자 위치 정보를 제공한다. 업워크는 회사와 프리랜서들이 함께 일할 것인지 신속하게 결정할 수 있도록 각자에 대한 정보를 교환하게 한다. 어떤 경우든 정보 교환은 플랫폼에서 일어난다는 사실이다. 실제로 정보 교환은 플랫폼 비즈니스의 기본 특징 중 하나이다.

어떤 경우에는 플랫폼을 통해서 상품이나 서비스의 교환이 일어나기도 한다. 페이스북에서는 사진이나 링크, 개인적인 소식이나 기타 뉴스를 주고받지만, 유튜브에서는 동영상을 주고받는다. 플랫폼 사용자들이 주고받는 각 아이템을 '가치 단위(value unit)'라고 부른다. 플랫폼 설계 시 상품, 서비스 교환이 사용자가 편리하게 이용할 수 있도록 해야 한다.

상품이나 서비스가 플랫폼 참여자들 사이에서 교환될 때, 보통 특정 화폐의 형태로 대금이 지불된다. 대부분 전통적인 통화가 사용된다. 돈은 신용카드 데이터, 페이팔이나 비트코인, 물리적인 현금 등 다양한 방식으로 지불된다. 이외에도 다양한 다른 형태의 가치가 존재한다. 트립 어드바이저(Trip Advisor), 드리블(Dribbble), 500피엑스(500px)와 같은 사이트의 커뮤니티 회원들은 자기들이 좋아하는 생산자의 평판을 높여주는 형태로 가치를 제공한다. 따라서 관심, 명성, 영향력, 평판, 기타 무형의 가치가 플랫폼에서 거래될 수 있도록 설계되어야 한다.

(2) 핵심 상호작용의 디자인

참여자 + 가치 단위 + 필터 => 핵심 상호작용

플랫폼은 동시에 하나의 상호작용이 일어날 수 있도록 설계되어 있다. 따라서 플랫폼을 설계할 때는 가장 먼저 생산자와 소비자 사이의 '핵심 상호작용(core interaction)'을 설계하는 것부터 시작해야 한다. 핵심 상호작용은 플랫폼에서 일어나는 가장 중요한 활동이다. 핵심 상호작용에는 참여자(participants), 가치 단위(value unit), 필터(filter) 등 세 가지 핵심 요소가 수반된다. 이 세 가지 요소는 반드시 명확하게 정의해야 하며, 사용자들이 핵심 상호작용을 최대한 간편하고 매력적이며 가치 있게 느낄 수 있도록 신중하게 설계해야 한다. 핵심 상호 작용이 최우선이라는 기본 규칙은 항상 적용된다. 우리가 알고 있는 링크드인은 다면 플랫폼으로, 처음에는 전문가들을 서로 연결한다는 단일 핵심 상호작용을 중심에 두고 설계되었다.

기본적으로 모든 핵심 상호작용의 참여자는 둘이다. 하나는 가치를 창출하는 생산자, 다른 하나는 가치를 소비하는 소비자이다. 핵심 상호작용을 설계할 때 두 참여자의 역할은 명확하게 기술하고 파악되어야 한다.

플랫폼을 설계할 때 고려해야 할 사항은 바로 같은 사용자가 다른 상호작용에서는 다른 역할을 할 수 있다는 것이다. 같은 사람이 에어비앤비에서 호스트이면서 게스트일 수 있다. 물론 그 사람은 대개 특정 상호작용에서 둘 중 하나의 역할만 수행할 것이다. 유튜브에서 사용자들은 동영상을 올리기도 하고 시청하기도 한다. 잘 설계된 플랫폼에서 사용자들은 한 역할에서 다른 역할로 쉽게 전환할 수 있다.

모든 상호작용은 정보의 교환에서 시작되며 이 때 정보는 참여자에게 가치 있는 것이어야 한다. 대부분의 경우 핵심 상호작용은 생산자에 의해 가치 단위가 만들어지는 것에서 시작된다. 유튜브의 동영상, 트위터의 트윗, 링크드인의 전문가 프로필, 우버의 이용 가능한 차량 목록도 모두 가치 단위이다.

가치 단위는 필터를 바탕으로 선별된 고객들에게 제공된다. 필터는 플랫폼이 사용하는 알고리즘 형태의 소프트웨어 기반 도구로, 사용자들이 적절한 가치 단위를 교환할 수 있게 해 준다. 필터가 잘 설계되어 있을 경우 플랫폼 사용자들은 자신과 관련이 있으면서도 유용한 가치 단위만을 제공받을 수 있다. 필터가 제대로 설계되지 않으면 자신들과 무관한 데다 쓸모없는 가치 단위가 쇄도하게 되어 사용자들이 플랫폼을 떠날 수 있다. 검색어는 필터의 한 예이다. 어떤 방식이든 모든 플랫폼은 필터를 이용하여 정보 교환을 관리한다.

(3) 끌어오기, 촉진, 매칭의 핵심 기능 수행

핵심 상호작용은 플랫폼을 설계하는 이유이다. 플랫폼의 목적은 전적으로 핵심 상호작용을 가능하게 하는 데 있다. 가치 있는 핵심 상호작용이 많이 일어나게 하려면 플랫폼은 세 가지 핵심 기능을 수행해야 한다. 바로 끌어오기(pull), 촉진하기(facilitate), 매칭하기(match)이다. 플랫폼은 반드시 생산자와 소비자를 플랫폼으로 데려와야 한다. 그래야 생산자와 소비자들이 상호작용할 수 있다. 플랫폼은 생산자와 소비자의 상호작용을 촉진해야 한다. 그러려면 이들이 쉽게 만나서 가치를 교환할 수 있도록 도구와 규칙을 제시해야 한다. 그리고 플랫폼은 효과적으로 생산자와 소비자들을 짝지워 줘야 한다. 이 때 서로에 대한 정보를 이용하여 각자 원하는 것들을 얻는 방향으로 맺어 줘야 한다.

① 끌어오기(Pull)

사용자들은 플랫폼을 방문할 가치가 없으면 찾아오지 않을 것이고, 사용자가 찾지 않는 플랫폼은 가치가 없다. 플랫폼에 방문하거나 가입하는 사용자들이 계속해서 흥미를 느끼도록 하는 것이 중요하다. 사용자들이 계속 플랫폼으로 돌아오게 만드는 강력한 도구 중 하나가 피드백 고리이다.

피드 백 고리의 유형 중에 '단일 사용자 피드백 고리(single-user feedback loop)'가 있다. 이 피드백 고리는 플랫폼 인프라에 내장된 알고리즘으로 사용자 활동을 분석하고 사용자의 관심, 선호도, 요구로부터 결론을 도출하여, 새로운 가치 단위와 사용자들이 가치 있다고 여길 만한 관계를 추천해 준다. 이 알고리즘이 제대로 설계되고 프로그래밍 되기만 하면, 단일 사용자 피드백 고리는 더욱 활발한 활동을 불러오는 강력한 도구가 될 수 있다.

'다중 사용자 피드백 고리(multi-user feedback loop)'에서는 생산자의 활동이 관련 소비자에게 전달되면 다시 소비자의 활동이 생산자에게 전달된다. 효과적인 다중 사용자 피드백 고리는 선순환 주기를 생성하여 생산자와 소비자 양쪽의 활동이 활발해지게 만들고, 나아가 더 강력한 네트워크 효과를 불러온다. 페이스북의 뉴스 피드는 대표적인 다중 사용자 피드백 고리이다. 생산자가 상태를 업데이트하면 소비자는 '좋아요' 표시를 누르고 댓글을 남김으로써 생산자에게 피드백을 제공한다. 이러한 가치 단위 흐름이 지속적으로 이어지면 더 많은 활동이 일어나고, 참여자들은 플랫폼이 더 가치 있다고 여기게 된다.

② **촉진하기(facilitate)**

상호작용을 촉진한다는 것은 생산자가 플랫폼에서 가치 있는 상품과 서비스를 만들어 교환하는 일을 최대한 쉽게 해 준다는 것이다.

상호작용을 촉진하기 위해 사용을 가로막는 장벽을 없애기도 한다. 얼마 전만 해도 페이스북 사용자가 친구들과 사진을 공유하려면 일단 카메라로 사진을 찍고 나서 그 사진을 컴퓨터로 전송한 다음, 컴퓨터에서 포토샵이나 다른 소프트웨어로 사진을 편집한 후에야 페이스북에 올릴 수 있었다. 반면에 인스타그램은 사용자가 한 기기에서 사진을 찍고 수정하고 공유하는 데 클릭 세 번만 하면 되게끔 만들었다. 사용 장벽을 낮추면 상호작용이 활발해져 플랫폼에서의 활동이 늘어나는 데 도움이 된다

어떤 경우에는 장벽을 높이는 것이 사용에 긍정적인 효과를 가져 온다. 시터시티(Sittercity)는 부모들이 베이비시터 구하는 것을 도와주는 플랫폼이다.

사용자들(부모) 간에 신뢰를 얻기 위해 시터니티는 아무나 생산자(베이버시터)로 가입할 수 없게끔 엄격한 규칙을 적용한다. 바람직한 상호작용은 촉진하고 그렇지 않은 것은 억제하는 설계가 되어야 한다.

③ **매칭하기**(match)

성공적안 플랫폼은 사용자들을 제대로 매칭해 주고 가장 관련성이 높은 상품과 서비스를 거래할 수 있게 보장함으로써 효율을 창출한다. 이를 위해 생산자와 소비자, 만들어지는 가치 단위, 거래되는 상품과 서비스에 대한 정보를 이용해야 한다. 플랫폼이 처리할 수 있는 데이터가 많을수록(데이터를 수집, 분류, 분석하는 데 사용할 알고리즘이 잘 설계되어 있을수록) 더 정확하게 필터링할 수 있고, 연관성과 유용성이 더 높은 정보를 주고받을 수 있으며, 생산자와 소비자 모두 최종적인 매칭에 더욱 만족하게 된다.

최적의 매칭에 필요한 데이터는 매우 다양하다. 상대적으로 정적인 정보라 할 수 있는 신원, 성별, 국적과 같은 것에서부터 동적인 정보라 할 수 있는 위치, 관계 상태, 연령, 특정 시점의 관심사에 이르기까지 그 범위가 넓다. 페이스북 뉴스 피드처럼 정교한 데이터 모델은 필터를 만들 때 이 모든 요인들뿐 아니라 참여자의 이전 활동까지도 고려한다. 어떤 플랫폼은 사용자들로부터 데이터를 수집하기 위해 게임의 요소를 차용하기도 한다. 링크드인은 잘 알려져 있듯이 진행 표시 막대를 사용해 사용자들이 점진적으로 자신의 정보를 제공하게끔 유도해서 개인 프로필을 완성하게 한다.

성공적인 플랫폼들은 서로에게 도움이 되는 매칭을 일관되게 제공한다. 따라서 플랫폼을 구축해서 유지하고자 하는 조직이라면 데이터 수집과 분석 방법을 꾸준히 개선하는 것이 중요하다.

(4) 새로운 상호작용의 창출

플랫폼 설계는 핵심 상호작용에서 시작한다. 그러나 성공적인 플랫폼은 계속적으로 핵심 상호작용 위에 새로운 상호작용을 쌓아 확장되도록 해야 한다.

링크드인은 전문 직업인들이 서로 인맥을 쌓을 수 있게 해 주는 것으로 시작했다. 초기 링크드인에서는 오직 핵심 상호작용만 가능했다. 시간이 흐르면서 링크드인 팀은 자사 플랫폼이 페이스북을 비롯한 다른 플랫폼과 달리 일상에서 사용자들의 참여를 이끌어 내지 못했다는 사실을 발견했다. 이 문제를 해결하기 위해 링크드인의 핵심 상호작용 위에 다른 상호작용을 추가했다. 바로 사용자들이 자기들끼리 그룹을 만들어 토론을 할 수 있게 한 것이다. 추가된 상호작용이 인기를 얻지 못하자, 새로운 상호작용을 또 다시 추가했다. 채용 전문가들이 링크드인을 통해 후보자들을 물색할 수 있게 해 주고, 광고업체들은 관련 직종 대상 광고를 할 수 있게 해 준 것이다.

새로운 상호작용이 기존의 핵심 상호작용 위에 쌓이는 여러 가지 방식이 있다.

- 기존 사용자들 사이에서 교환되는 가치 단위를 바꾼다. – 링크드인이 정보 교환 기반을 프로필에서 토론 포스팅으로 전환했던 것
- 생산자든 소비자든 새로운 범주의 사용자들을 끌어들인다. – 링크드인이 채용 전문가와 광고업체들을 플랫폼 생산자로 참여하도록 끌어들인 것
- 사용자들이 새로운 유형의 가치 단위를 교환할 수 있게 했다. – 우버와 리프트가 운전자들이 단독 탑승객들을 태울 수 있을 뿐 아니라 합승할 수도 있게 했던 것
- 새로운 범주의 사용자들을 만들기 위해 기존 사용자 그룹의 회원들을 추려 냈다. – 링크드인이 특정 참여자들을 '업계 리더'로 지정하고 이들을 정보 생산자로 끌어 들인 것

그러나 새로운 기능과 상호작용을 추가하는 혁신은 과도한 복잡성으로 플랫폼을 이용하기 어렵게 만들기도 한다. 새로운 상호작용을 추가할 때는 말단부분 부터 긍정적인 변화를 조금씩 허용하면서 핵심 플랫폼을 천천히 바꾸는 전략이 요구된다. 이를 단대단 원칙(end-to-end priciple)이라 한다.

2.4 플랫폼 구축 전략

성공적인 플랫폼을 구축하기 위해서는 고려해야 할 사항들이 많이 있다. 플랫폼의 설계, 론칭(launching), 수익 구조, 확장 정책 등 많은 전략적 접근이

필요하다. 단계별로 구분하여 살펴본다.

1단계 - 사업 도메인을 결정한다. 사회의 변화, 라이프 스타일의 변화라는 큰 흐름을 파악한다.
2단계 - 타깃이 되는 그룹을 결정한다.
3단계 - 플랫폼 내의 그룹이 활발하게 교류할 수 있는 시스템을 만든다.
4단계 - 킬러 콘텐츠, 번들링 서비스를 준비한다.
5단계 - 가격 전략, 비즈니스 모델을 구축한다.
6단계 - 가격 이외의 매력을 그룹에 제공한다.
7단계 - 플랫폼의 규칙을 제정하고 관리한다.
8단계 - 독점금지법 등 정부의 규제 및 지도, 특허권 침해 등에 주의한다.
9단계 - 항상 '진화'하기 전략을 만든다.

① 1단계 : 사업 도메인 결정

플랫폼을 구축할 때 가장 먼저 고려해야 하는 것은 어떤 업계, 어떤 업종에서 어떤 가치를 제공할 것인가를 결정하는 일이다. 대부분의 성공하는 플랫폼들은 사회의 변화나 라이프 스타일의 변화 등 어떤 변화가 일어나는 순간에 등장하는 경우가 많다. 이 경우 아직 경쟁 플랫폼이 나타나지 않기 때문이다. 이처럼 사회적 변화의 큰 흐름을 파악하는 것, 정보통신기술의 동향을 파악하는 것, 변화의 시기를 잡는 것은 성공하는 플랫폼을 만들고자 할 때 매우 중요한 관점이다. 새로운 라이프 스타일이 생겨나는 시기에는 플랫포머가 아직 없든가, 아니면 있더라도 성공한 사례가 적기 때문이다.

이미 존재하고 있는 플랫폼의 실패를 통해 '왜 성공하지 못하는가? 불평 불만이 무엇인가?'를 철저히 분석하고 익히면, 성공의 힌트로 활용되기도 한다.

② 2단계 : 목표 그룹 결정

사업 도메인이 결정되면 다음으로 어떤 그룹을 타깃으로 할 것인가를 결정해야 한다. 어떤 그룹과 어떤 그룹을 연결하는 플랫폼을 만들 것인가에 대한 검토 단계이다. 서로에게 매력은 느끼지만 장애물이 있는 그룹, 직접적인 관련은 없지만 제3의 그룹을 통하면 형성되는 그룹 등을 찾아내는 작업이다.

가장 중요한 것은 두 개 이상의 그룹이 직간접으로 상대방을 필요로 하고 서로에게 매력을 느끼는 관계여야 한다는 점이다. 물론 특별한 플랫폼이 없더라도 각 그룹의 구성원은 직접 자신이 상대를 찾아 나설 수 있다. 하지만 개별적으로 찾는 것보다 플랫폼을 통해 더 편하게 찾을 수 있다면 플랫폼은 존재의미를 갖게 된다.

중국에서는 결혼 적령기의 자녀를 둔 부모들이 사윗감이나 며느릿감을 찾기 위해 매일 아침 공원으로 모여들어 자녀들의 이력서를 들고 상대방을 찾는다. 많은 사람이 모이고 정보교환이 효율적으로 이루어진다면 이 공원은 하나의 플랫폼이 된다. 개인적으로 찾는 것보다 효율적으로 적합한 인물을 찾을 수 있고 검색 비용과 거래 비용이 줄어들 수 있기 때문이다.

③ 3단계 : 활발하게 교류할 수 있는 시스템 구축

플랫폼 구축의 세 번째 단계는 플랫폼이 존재하기 전보다 더 활발하게 그룹 간의 교류가 일어나게 하는 것이다. '네트워크 효과'라 불리는 연쇄적으로 발생시킬 수 있는 구조가 성공적인 플랫폼의 특징이다. 이 구조가 구축되어야 선순환이 시작되면서 자가증식을 하듯 플랫폼이 확장된다.

자주 언급되는 것이 '닭과 달걀의 비유'다. 닭이 있기 때문에 달걀이 태어나는지 달걀이 있었기 때문에 닭이 태어나는지에 관한 비유로, 좋은 콘텐츠가 있어서 사람이 모이는지, 사람이 있어서 좋은 콘텐츠가 모이는지에 관한 문제다.

최근 기업들이 무료(free)를 전면에 내세워 많은 사용자를 모은 후 일부 사용자를 위한 유료 서비스(premium)로 수익을 창출하는 비즈니스 모델, 즉 프리미엄(free-mium)이 주목을 받고 있다. 이는 무료 서비스를 통해 좋은 평판을 얻고 입소문을 활용하여 지명도를 높인 후 플랫폼을 성공으로 이끄는 전략이다.

플랫폼을 구축할 때 그룹 간의 교류는 어떻게 촉진시킬 것인가를 중요하게 고려해야 한다.

④ 4단계 : 킬러 컨텐츠, 번들링 서비스

킬러 콘텐츠(killer contents)는 어떤 미디어를 단시간에 대량 보급시키는 역할을 하는 콘텐츠를 의미한다. 성공한 플랫폼이라면 반드시 가지고 있는 것이 바로 킬러 콘텐츠라 불리는 인기 콘텐츠나 서비스다. 플랫폼 프레임워크 중 가장 중요한 요인이다.

애플의 운영체제가 인기를 얻은 것은 비지칼크(VisiCalc)라는 스프레드시트가 있었기 때문이다. 아타리 게임기의 인기가 폭발한 것도 인베이더 게임 덕분이었다. 사용자들이 플랫폼에 참가하면 무엇을 할 수 있는지 왜 즐거운지가 명확히 머릿속에 각인되어야 한다.

플랫폼을 더욱 매력적으로 만들려면 보조 콘텐츠나 서비스, 즉 번들링 서비스를 활용하는 게 효과적이다. 번들링 서비스(bundling service)란 초고속 인터넷과 무선랜을 함께 묶어서 서비스하는 것과 같이 둘 이상의 서비스를 묶어서 싸게 판매함으로써 고객을 늘리는 것을 의미한다. 예를들면 면도기 제조회사가 면도 크림을 함께 묶어서 파는 것이다. 즉 보완재를 추가하는 것이다.

마이크로소프트의 윈도 운영체제가 절대적인 지지를 얻은 이유는 저렴한 가격 전략과 더불어 많은 소프트웨어 애플리케이션 개발자를 자사의 플랫폼에 참가시킴으로써 다양한 소프트웨어 애플리케이션을 제공할 수 있게 되었기 때문이다. 킬러 콘텐츠를 얼마나 많이 확보하는가에 플랫폼의 성패가 좌우된다. 킬러 콘텐츠 확보에 필요한 요소는 자금력, 기술자 수, 동기 부여, 에반젤리스트의 존재, 경쟁 조건, 사양의 개방, 질문에 대한 대응 등이 존재한다.

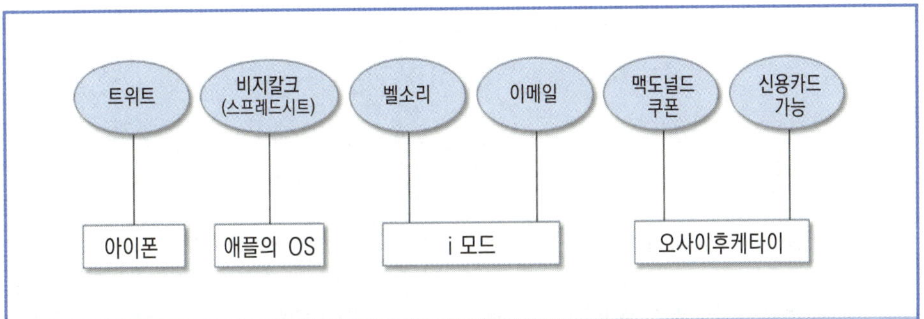

[그림 3-6] 킬러 콘텐츠와 플랫폼

⑤ 5단계 : 가격 전략, 비즈니스 모델 구축

플랫폼을 구축하고 어떤 그룹을 대상으로 할지 결정한 다음 네트워크 효과를 일으킬 만한 기획을 세우고 킬러 콘텐츠나 번들링 서비스를 생성해낼 수 있는 시스템을 만들었다면 어떤 그룹으로부터 어떻게 수익을 얻을 것이지, 반대로 어떻게 지원할 것이지를 결정해야 한다.

'싱글즈 바'에서는, 남성에게는 연 1만 엔 정도의 회비와 참가할 때마다 2천 엔 정도의 참가비를 받지만 여성은 무료다. 즉 한쪽 그룹에게만 참가비와 이용료를 징수하는 모델이다. 중요한 것은 어떤 그룹의 참가가 플랫폼에 유리한지를 파악하여 천천히 가격 변동을 실시하면서 변화를 지속해가야 한다.

가격 전략은 플랫포머와 플랫폼에 참가하는 그룹 간의 역학 관계, 플랫폼에 대한 애착도에 따라 달라지며 경쟁 환경의 영향도 무시할 수 없다. 따라서 플랫포머는 다양한 경우를 고려하여 가격을 탄력적으로 변화시키고 시장의 동향이나 참가 그룹의 반응 등을 주의 깊게 살피며 천천히 관찰해야 한다. 장기적인 안목으로 현금 흐름과 수익을 예측하고 유연하게 가격전략의 변화를 꾀해야 한다.

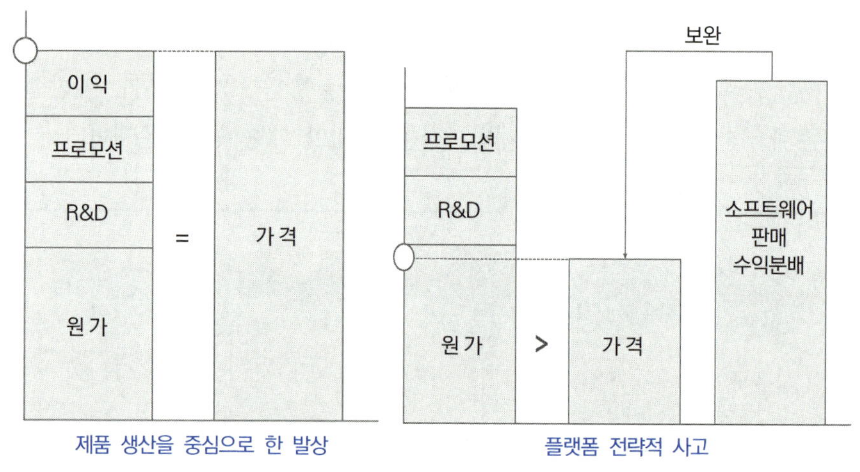

[그림 3-7] 제품 생산 중심과 플랫폼 전략적 사고의 차이

성공한 플랫폼의 대부분은 가장 먼저 만들어지지 않았다. 이 사실은 장기적인 전략의 중요성을 의미한다. 플랫폼에서는 선발 기업의 이익(first mover advantage), 즉 가장 먼저 위험을 안고 잠입하면 승리한다는 법칙이 성립되지 않는다.

제품 생산을 중심으로 하는 전통적 기업은 개발비나 제조원가에 이익을 플러스시킨 가격으로 제품을 판매한다. 이와 같은 발상은 플랫폼 비즈니스에서는 통하지 않는다. 제품 생산을 중심으로 한 발상과 플랫폼 비즈니스 전략적 사고의 가장 큰 차이점은 '미래 시장의 확대를 예상하고 지금의 위험을 감수하는가 그렇지 않은가'이다. 제조사 입장에서 만들면 만들수록 적자가 나지만 언젠가 소프트웨어가 팔려 그 적자를 만회한다는 생각에 위험부담을 기꺼이 안고 간다.

디지털 컨버전스가 진행되고 하드웨어에서 소프트웨어로 중요성이 이동하는 현실에서 제품 생산을 중심으로 한 발상에서 벗어나 플랫폼 전략적 사고에 근거한 새로운 조직과 평가 기준을 정비하고 플랫폼 전략적 사고를 지닌 인재 육성이 기업을 안정적이고 성공적으로 이끌게 된다.

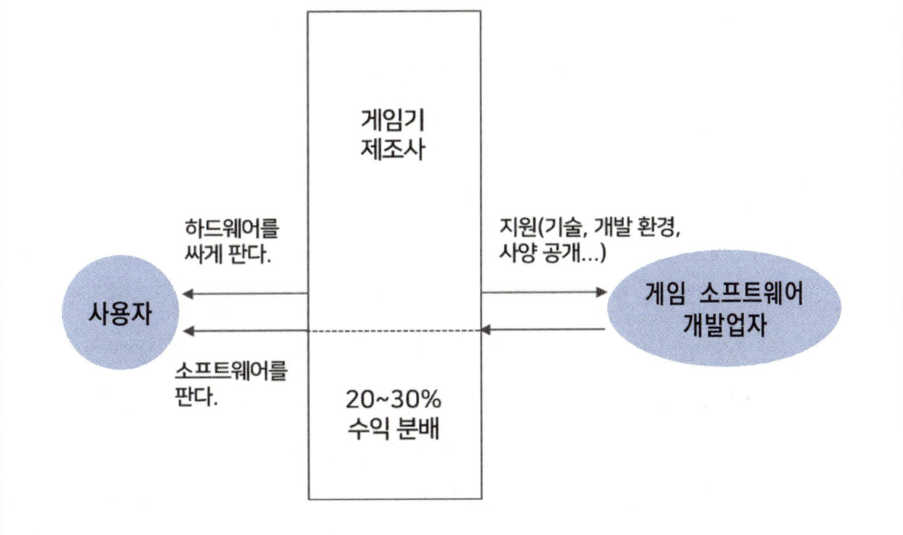

[그림 3-8] 가정용 게임기의 수익 분배

⑥ **6단계 : 가격 이외의 매력 제공**

플랫폼에 대한 그룹의 충성도를 높이는 데는 가격도 중요한 요인이지만 플랫폼의 매력을 강화하는 것도 중요한 방법이다. 즉, 돈 이외의 매력을 참가자에게 제공하는 전략이다. 고급 회원제 클럽이나 신용카드, 다도나 꽃꽂이 모임 등에서 자주 사용하는 전략이다. 이러한 전략은 가격 경쟁에 크게 영향을 받지 않기 때문에 일단 한 번 참여하면 강한 매력을 지니게 된다.

미국 최대의 옥션 사이트 이베이가 최초로 도입했고 지금까지 많은 사이트에서 활용되고 있는 판매자에 대한 평가 시스템이 대표적인 예이다. 한 번 높은 평가를 얻으면 좀처럼 다른 옥션 사이트로 이동하지 않게 된다.

클라이언트 기업으로부터 의뢰를 받아 소프트웨어를 개발하는 탑코드(TopCooder) 기업은 많은 소프트웨어 개발자들의 콘테스트를 실시하는 플랫폼 기업이다. 이 기업은 다른 기업이 의뢰한 프로그램 개발을 몇 개의 카테고리로 분해하여 어떤 기업이 의뢰한 것인지 전혀 알 수 없게 만든 다음 각각의 카테고리에서 콘테스트를 개최한다. 탑코드는 참가자가 클라이언트의 의뢰 내용을 절대로 알 수 없도록, 그리고 클라이언트와 참가자들이 직접 접촉할 수 없도록 하고 있다. 의뢰받은 내용을 여러 개의 카테고리로 분해한 후 콘테스트의 문제로 사용하기 때문이다. 이처럼 탑코드는 돈 이외의 가치, 즉 남에게 인정을 받거나 자신을 성장시킨다는 가치를 플랫폼에 부여하여 틈새시장에 높은 브랜드 이미지를 구축했다.

⑦ 7단계 : 플랫폼 규칙 제정 관리

플랫폼에 다양한 그룹을 참가시키고 킬러 콘텐츠를 확보하며 활발한 교류를 일으켜 네트워크 효과를 얻을 수 있는 비즈니스 모델을 구축했다면 일단 성공적인 플랫폼 론칭이 된 것이다. 그러나 규칙이 존재하지 않는 플랫폼에서는 '악화가 양화를 구축하는(Bad money drives out good)' 사태가 일어날 위험이 있다.

1970년대 게임 시장의 80%를 장악했던 게임기회사 아타리는 프로그래머들이 독립하여 게임 회사를 설립하게 되면서 도산하게 된다. 아타리가 소프트웨어 판매에 대한 수익 분배를 제대로 얻어 내지 못한 점도 파산의 원인 중 하나였지만 더 심각한 요인은 자사 플랫폼을 컨트롤 하지 못했다는 점이다. 게임 소프트웨어 회사가 난립하여 조악한 게임이 시장을 장악하게 되면서 가격 파괴가 일어났고 이로 인해 양질의 게임 회사가 도산하고 사용자들도 외면하는 악순환이 발생했다.

플랫폼 비즈니스가 네트워크 효과에 의해 급속도로 성장할 수도 있지만 그

반대의 경우에는 한순간에 붕괴되기도 한다. 이와 같은 상황을 피하기 위해 i모드나 아이폰 등에서는 콘텐츠 심사라고 해서 퀄리티를 체크하고 있다. 좋지 않는 사태를 피하려면 사용자 간의 평가나 제3자를 통한 수준 평가 같은 장치가 필요하다. 악화가 섞여 들어와도 금방 쫓아낼 수 있는 구조를 갖추고 있다면 플랫폼은 붕괴되지 않을 것이다. 플랫폼 구축 시 어떤 규칙이 필요한지 어떻게 지켜날 것인지 전략 수립이 필요하다.

⑧ 8단계 : 규제, 특허권 침해

플랫폼 전략은 하나의 기업이라는 기존 단위에서 벗어나 탈 기업적 활동을 통해 생태계를 구축하는 전략이기 때문에 하나의 기업을 전제로 한 이전의 법제도나 정부규제에 대해서도 어떻게 대응해야 할지 고려해야 한다.

예를 들어 독점금지법이나 끼워 팔기 등의 규제는 개별 기업을 전제로 하여 만들어진 것이다. 플랫폼 비즈니스에서는 기업과 기업 사이를 넘나드는 자금 거래나 프로모션이 일어나는 것이 다반사이다. 따라서 규제에 저촉하거나 플랫폼에 속한 회사가 특허권 침해 등으로 소송을 당하는 일도 발생할 수 있기 때문에 이에 대한 대처 방안이 준비되어야 한다.

마이크로소프트, 구글 같은 큰 기업들도 독점금지법, 정보보호법 등을 위반하여 소송의 대상이 되거나 벌금을 받게 되는 일이 발생한다. 휴대전화 보조금 제도 폐지 등 반드시 법률이라는 형태를 띠지 않고도 규제나 지도 등이 일어날 가능성이 충분히 있으므로 이에 대한 주의를 항상 해야 한다.

⑨ 9단계 : 항상 진화하는 전략 수립

네트워크 효과로 성공을 거둔 플랫폼의 특징을 살펴보면 특정 기업만 이익을 보는 경우가 많다. 그러나 특정 기업의 성공이 영원하라는 법이 없다. 가정용 게임기 시장이나 검색 엔진 사이트의 순위도 변동해 왔다.

회사의 플랫폼은 항상 진화해야 한다. 진화라고 해서 단순히 새로운 서비스를 도입하기만 하면 되는 것이 아니다. 경우에 따라서는 새로운 서비스가 퇴화로 연결될 수도 있다.

중요한 것은 참가하는 그룹의 본원적 욕구는 무엇인가라는 본질을 절대로 잃어버려서는 안 된다는 사실이다. 이를 위해 이 플랫폼이 무엇을 위해 존재하는지, 이 서비스나 제품은 언제, 누가, 무엇을, 어디서, 어떻게 이용하는 가에 대한 질문을 구체적으로 지속해야 한다.

9단계의 플랫폼 구축전략을 잘 활용하면 회사 플랫폼이 성공할 가능성이 높다. 또한 수익 모델은 장기적인 관점에서 생각해야 하며 경쟁사의 플랫폼도 반드시 생겨나기 때문에 새로운 투자까지 고려한 수익성을 주의 깊게 검토해야 한다.

생각하기 토론 과제 – 플랫폼 노동자 보호

디지털 경제 시대의 도래와 함께 출현한 새로운 형태의 노동이다. 정보통신 분야에서 '플랫폼(platform)'이란 '정보시스템 환경을 구축 · 개방하여 누구나 방대한 정보를 활용할 수 있도록 제공하는 기반'이라는 의미이다. 국제노동기구(ILO)는 플랫폼 노동을 '온라인 플랫폼을 이용하여 불특정 조직이나 개인의 문제를 해결해주고 서비스를 제공함으로써 보수 혹은 소득을 얻는 일자리'로 정의하고 있다. 한국고용정보원에서는 '디지털 플랫폼의 중개를 통하여 일자리를 구하고, 단속적(1회성, 비상시적, 비정기적) 일거리 1건당 일정한 보수를 받고, 고용계약을 체결하지 않고 일하며 근로소득을 획득하는 근로형태'라고 정의하였다.

유형은 크게 두 가지이다. 하나는 지역 기반 플랫폼을 이용한 온디맨드 노동(on-demand work; 정보통신기술 인프라를 통해 소비자가 원하는 것을 즉각 제공하는 주문형 서비스 노동)이다. 수요자의 온라인 주문에 따라 업무가 할당되어 플랫폼에서 서비스의 연결이 이루어지고, 실제 서비스는 오프라인에서 행해지는 특징이 있다. 수요자는 고객, 플랫폼은 운영자, 공급자는 서비스 제공자가 된다. 배차 · 물류배송 · 쇼핑대행 · 음식배달 · 가사도우미 서비스 등이 이에 해당한다. 다른 하나는 웹 기반 플랫폼을 이용한 크라우드 소싱 노동(crowd sourcing work; 일하려는 군중 사이에서 호출을 선점한 사람이 일의 우선순위를 부여받는 노동)이다. 발주자(수요자)가 온라인 플랫폼에서 일을 발주하고, 다수의 서비스 등록자(공급자)가 응모하여 업무위탁 또는 도급계약을 맺고 작업물을 납품하는 방식의 노동이다. 업무를 온라인으로만 수행한다는 특징이 있다. 웹툰 및 웹소설 · 번역 · 디자인 · 소프트웨어 · 데이터 가공 등의 아웃소싱 등이 이에 해당한다.

플랫폼 노동은 근로계약관계를 기반으로 한 전통적 종속 노동과 달리 고용의 비전속성(업무상 주로 하나의 사업체에 속한 정도가 낮음), 업무 또는 서비스의 초단기성, 업무 장소 및 시기의 불특정성, 업무(서비스) 선택의 자율성과 같은 특징을 가지고 있다. 알고리즘에 의하여 운영되는 플랫폼을 매개로 노동이 제공되기 때문에 사용자를 특정하기 어렵고, 계약은 플랫폼 기업과 형식상의 위탁계약 방식으로 이루어지고, 노동의 대가는 임금이 아닌 건당 혹은 시간당 수수료 형태로 지급받는다. 이런 이유로 플랫폼 노동자(플랫폼 노동 종사자)는 대부분 자영업자로 분류되었고, 플랫폼 기업들은 이들을 개인사업자 또는 독립계약자로 간주하였는데 이로 인하여 제도적 · 사회적 보호가 미치지 않는 문제가 발생하였다. 하지만 플랫폼 노동자의 법적 지위에 대한 논쟁이 진행되면서 프랑스 · 벨기에 · 스페인 · 미국 캘리포니아주 등지에서는 이들을 피고용인으로 보는 판례가 나왔고, 2020년 말 독일 연방노동법원은 근로자로서의 법적 지위를 인정한 바 있다.

국제노동기구는 2010년부터 2020년까지 10년간 웹 기반 플랫폼 노동은 3배 이상, 지역 기반 플랫폼 노동은 10배 이상 증가한 것으로 추정하였다. 2020년 기준 국내 플랫폼 노동자 규모는 약 7.6%(179만 명, 고용노동부)에 이르렀다.

(출처 : 네이버 지식백과, 플랫폼 노동 [Platform Labor], 두산백과 두피디아)

용어정리

교차 네트워크 효과
네트워크 외부성
다이너스 클럽
다중사용자 피드백 고리(multi-user feedback loop)
단대단 원칙(end-to-end priciple)
링크드인
맷커프의 법칙(Metcalfe's Law)
멀티 사이드 플랫폼(Multi-sided platform : 다면 시장)
멀티호밍(multihoming)
무어의 법칙(Moore's Law)
밴드왜건(bandwagon) 효과
번들링 서비스(bundling service)
삼각 프리즘 기능
선발 기업의 이익(first mover advantage)
소셜 네트워크 서비스(Social Network Service)
스냅챗(Snapchat)
스마트 시티
양면 네트워크 효과
어도비(Adobe)
업워크(Upwork)
오픈 플랫폼
진입 장벽
킬러 콘텐츠(killer contents)
텐센트(Tencent)의 위챗(Wechat)
투 사이드 플랫폼(Two-sided platform : 양면 시장)
플랫포머
플랫폼
플랫폼 구축
플랫폼 디자인(Platform Design)
플랫폼 비즈니스
플랫폼 전략
플랫폼의 기능
핵심 상호작용(core interaction)

ICT와 플랫폼 기업

제4장

제4장
ICT와 플랫폼 기업

1. ICT 발전

1.1 스마트 사회 주도 기술

오늘날의 사회를 스마트(Smart) 사회라고 한다. 스마트 사회는 스마트 기술이 우리의 생활과 사회경제 시스템이 스마트화 되는 것을 의미한다. 스마트 사회의 핵심은 정보통신기술(ICT: Information Communication Technology)의 발달이다. 스마트 사회를 주도하는 정보통신기술과 4차 산업혁명을 이끄는 주요 첨단기술을 나누어 살펴본다.

스마트 기술의 발달은 많은 사회적 변화를 수반한다. 한 예로 인간의 네트워크 거리가 많이 단축되었다. 2008년 MS가 '6단계 분리' 이론을 내세워 개개인의 메신저상 평균 6.6단계로 연결되어 있다고 발표하였다. 2010년 시소모스(Sysomos)사가 52억 개의 트위터의 관계 기반으로 임의의 사람 간의 평균 거리를 실험한 결과 평균 4.67단계만 거치면 누구나 연결된다고 밝혔다. 2단계가 단축되었다. 5G, 6G의 실현으로 개인 간의 거리는 더욱 짧아지고 있다.

스마트 기술의 발전은 과거 모바일 기기들을 더욱더 스마트하게 만들었고 이에 따라 산업생태계는 기업들의 새로운 가치사슬 기준으로 재편되고 있다. 산업 내 경쟁 심화와 더불어 스마트 기기 확대는 소비자의 접점 수를 증가시키는 촉매제로 작용했고 하드웨어와 결합된 서비스 부문의 매출 증가와 더불어 새로운 비즈니스 개발이 가능해 지고 있다. 현재 ICT 산업 발전을 리더하는 애플과 같이 소비자들에게 새로운 가치를 전달하는 매개체인 하드웨어와 자사의 철학이 반영된 소프트웨어(플랫폼), 콘텐츠를 제공하고 이를 바탕으로 서비스를 제공하는 수준으로 비즈니스 모델이 진화하고 있다.

2019년 2월 13일 문재인 대통령은 스마트시티 혁신전략 보고회에서 스마트시티는 4차 산업혁명의 요람으로 정부와 민간에 3조 7천억 원을 투자한다고 밝혔다. 부산시와 세종시를 세계에서 가장 앞서나가는 스마트시티로 조성한다고 하였다. 이에 따른 사업으로 위치기반 안전서비스를 제공하는 스마트가로등, 태양열로 스마트폰 충전서비스를 제공하는 스마트벤치를 조성하고, 부산의 경우 출퇴근 등 도로에서 소비하는 시간을 현재보다 60시간, 행정처리 20시간, 병원 대기 시간 5시간 등 1년에 124시간 절약하겠다고 하였다. 또한 도시의 범죄율을 25%, 교통사고율 50% 감소를 이루겠다고 하였다. 또한 실시간 건강 모니터링 시스템으로 맞춤형 건강관리, 가정용 인공지능 비서 로봇, 자율 배송로봇, 재활로봇 등을 적극 활용할 수 있도록 할 계획이다.

다음은 스마트 사회에 필수적인 주요 정보통신기술의 예이다.

(1) 정보 보안/보호

정보보호 및 보안의 개념

- 정보보호란? 정보시스템을 안전하게 보호하여 안정적 이용을 보장하고, 그 안에 저장·유통되고 있는 데이터의 무결성·비밀성·가용성을 보장함으로써 정보의 신뢰성을 확보하는 것
- 정보보호는 개념상 '개인정보보호'와 '정보보안'으로 나누어 설명될 수 있음
  - 개인정보란, 살아 있는 개인에 관한 정보로서 성명, 주민등록번호 및 영상 등을 통하여 개인을 알아볼 수 있는 정보를 의미
  - 정보보안이란, 정보시스템보안의 목적은 정보시스템에 의존하는 자를 가용성, 기밀성, 완전성의 결여로 인한 위험으로부터 보호하는 것

(2) 소셜네트워크서비스

소셜네트워크서비스의 개념

- 소셜네트워크서비스(Social Network Service)란? 인터넷을 기반으로 인적 네트워크 형성 및 인맥관리를 할 수 있게 해 주는 서비스로, '연결'을 통한 '사회적 관계의 구축'을 지향하는 온라인 인맥관리 서비스

소셜네트워크서비스 활용 사례

정치적 활용	SNS기반 융합서비스	사회현안 공유

정치인과 일반인의 일상적 소통과 정치참여 독려 및 정책홍보의 주요 수단으로 활용	실시간 장소, 정보, 후기 등의 정보를 타인과 공유・소통하는 위치기반 SNS가 인기	아이티 및 일본 지진 등 위급한 상황 속에서 소셜미디어가 주요 통신 매체로써 활용

(3) 모바일 애플리케이션 서비스

모바일 애플리케이션의 개념

- 모바일 애플리케이션이란? 사용자가 모바일 디바이스를 통해 정보를 얻거나, 필요한 특정 기능을 실행하기 위해 사용하는 응용 소프트웨어

공공기관 모바일 어플리케이션 활용 사례

- 행정안전부는 건축물대장, 토지대장, 개별주택가격확인, 공공주택 가격확인, 주민등록증 진위확인 등 국민이 자주 이용하는 민원 10종을 스마트폰으로 열람・안내받을 수 있는 서비스를 시범적으로 개시
- 법제처에서는 법령정보센터의 수록된 우리나라의 모든 법령, 판례, 헌법재판소 결정례 등 총 25만여건에 달하는 국가 법령정보를 스마트폰으로 열람할 수 있도록 어플리케이션을 제공

(4) 위치기반 서비스

위치기반서비스의 개념

- 위치기반서비스(Location-Based Service, LBS)란? 무선통신망 및 GPS 등을 통해 얻은 위치정보를 바탕으로 인터넷 사용자에게 사용자가 변경되는 위치에 따른 특정정보를 제공하는 무선 콘텐츠 서비스들을 의미

위치기반서비스의 유형 및 활용사례

Information	Navigation	Tracking

주변정보 제공	길찾기, 교통정보, 버스안내	친구찾기, 렌트카 위치 조회

출동, 자녀 · 장애인 위치조회	미팅, 채팅, 위치운세	위치기반 광고

(5) 스마트 디바이스(Smart Device)

스마트 디바이스 광고를 통해 살펴보는 우리 삶의 변화

"여기에서 다운 받은 앱이 집에가면 거기에도 있고, 출근길에 수정한 내용이 도착하면 기다리고 있고... 폰으로 하는 일들이 어디로든 이어지는 것, 그것도 저절로"

(iPhone 광고 中)

"이제 우리는 신문을 시청할 수 있고, 강의실을 어디에나 데려가고, 별을 만질 수도 있습니다. 바로 지금 이것으로 인해"

(iPad 광고 中)

"TV보랴 인터넷 하랴 목이 돌아갈 지경인 수잔씨, 저런 하이라이트를 놓치고 만다. 한편 TV를 보면서 인터넷 검색까지 하는 마이클, 이것이 스마트한 생활을 차이"

(삼성 스마트TV 광고 中)

(6) 오픈 플랫폼(Open Platform)

오픈 플랫폼의 개념

- 오픈 플랫폼이란? 누구나 참여해서 새로운 제품이나 가치를 만들고 있고 문제를 해결할 수 있는 열린 장(場)을 만들어서, 공유 · 참여 · 협력 · 혁신 등을 가능케 해주는 네트워크 효과를 창출하여 원하는 목적을 달성하는 새로운 개방형 생태계 조성전략
- IT의 연결성, 실시간성, 지능성, 편리성, 개방성, 투명성 등의 속성은 오픈 플랫폼을 가능하게 하는 최고의 수단

오픈 플랫폼 활용 사례

열린 지식서비스 공유플랫폼 : TED	공공서비스 혁신 : 천만상상 오아시스	생활민원 해결 플랫폼 : FixMyStreet

• 세계 최고의 지식강영 동영상 오픈 플랫폼으로 기술, 오락 등 다양한 분야의 강연회를 개최 및 공유	• 서울시민의 상상과 제안을 정책으로 실현하기 위한 시민제안 오픈 플랫폼	• 도로 파손, 가로등 고장 등 생활 속의 민원을 제보하면 해결해주는 생활형 오픈행정시스템

1.2 4차 산업혁명

(1) 클라우드 서비스

클라우드서비스의 개념

- 클라우드서비스란? 서로 다른 물리적 위치에 존재하는 IT 자원을 가상화 기술로 통합하여 사용자에게 인터넷을 통해 제공하는 서비스
- 클라우드서비스 IT 기술의 집합체로 가상화, 빌려쓰기, 확장성, 표준화 및 자동화, 에너지 효율성 등이 특징

클라우드 컴퓨팅(Cloud Computing)은 정보를 자신의 컴퓨터가 아닌 가상공간에 연결된 다른 컴퓨터로 처리하는 기술이다. 이용하는 기업에 이를 사용한 만큼 요금만 지불하면 된다. 보통 클라우드라고 한다.

아마존, 마이크로소프트, 구글 등 IT 대기업이 클라우드를 조성하며 첫 스퍼트를 올렸다면, 이젠 그 클라우드를 발판으로 새로운 '클라우드 세상'이 구축되고 있다. '클라우드 세상'에선 누구라도 엄청난 저장 용량과 처리 속도를 갖춘 컴퓨터를 비교적 저렴한 가격에 빌려서 쓸 수 있다. 미 시장조사 업체 가트너는 글로벌 클라우딩 컴퓨팅 시장규모가 2020년 2575억 달러에서 2022년 3,622억 달러로 성장할 것으로 전망한다.

클라우드 솔루션 업체 비스핀 글로벌의 이한주 대표는 클라우드의 발전 단계를 크게 둘로 나눠, 반도체와 통신기술이 발달하며 클라우드 기반 시설이 대거 지어지고 대중화되는 시기가 1단계, 클라우드를 기반으로 모두가 '새로운 무언가'를 만들어낼 수 있는 단계가 2단계라 하였다. 첫 단계가 주로 삼성전자(반도체)나 아마존 · MS · 구글 등 'IT 골리앗'들의 무대였다면, 둘째 단계에선 누구나 쉽게 접근할 수 있는 클라우드를 토대로 새롭고 기발한 서비스를 만들어낼 수 있게 된다. 그 누구라도 '클라우드 골리앗'이 될 수 있는 세상이 오고 있다.

인터넷 등장 직후엔 대부분 이메일 전송 정도만 하다가 어느 순간 페이스북 · 유튜브같이 이전엔 상상조차 못한 서비스와 사업 모델이 폭발적으로 쏟아졌다. 클라우드에서도 곧 이런 '상상조차 못한 서비스'가 대거 나타날 것이다. 클라우드 빅뱅의 조짐이 여러 곳에서 감지된다. 2010년 미 증시에 상장한 유니콘(기업가치 10억 달러 이상)은 12곳에 불과했지만, 2020년 상반기에만 클라우드 기업 54곳이 상장했다.

코로나 팬데믹은 클라우드로의 전환을 가속화했다. 보안에 대한 우려, 클라우드 전환에 따른 번거로움 등으로 클라우드로 '이주'하기 꺼리던 정부 · 대기업들이 대거 클라우드로 옮겨 갔다. 우리나라는 '코로나 원격수업'으로 클라우드 사용이 급격히 확대되었다. 클라우드는 금융 · 의료 · 게임 등 전방위 분야에서 산업의 경계를 허물고 있다. 자율주행차, AI, 빅데이터 등 이른바 4차 산업혁명과 연관된 모든 분야에 클라우드가 연결돼 있다. 인터넷 등장 후 얼마 지나지 않아 인류는 저마다 스마트폰을 손에서 뗄 수 없는 존재가 되었다. 클라우드도 향후 이에 버금가는 변화가 예상된다.

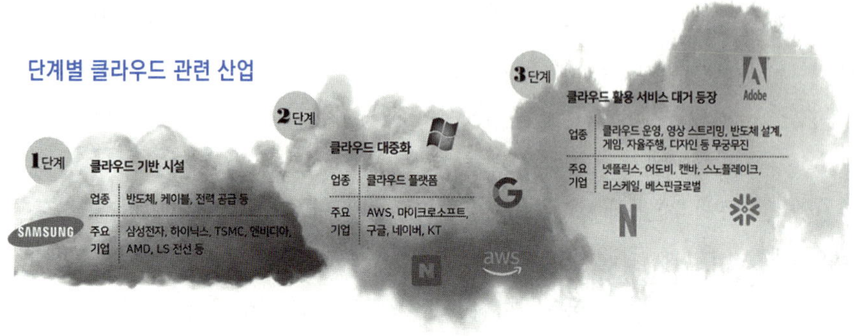

[그림 4-2] 클라우드 단계

클라우딩 컴퓨팅은 이제 디지털 세상을 넘어 물리적 세상까지 크게 바꾸고 있다. 클라우드 사용 영역이 '비트에서 원자로(bits to atoms-무형의 디지털에서 실제 물리적 세상으로)' 확대되고 소프트웨어뿐 아니라 모든 영역의 클라우드 혁신이 일어나는 변곡점에 있다. 초음속 비행기나 반도체 설계 시뮬레이션, 백신 효율성 검증 등 거의 모든 산업 분야가 클라우드로 인한 혁신을 경험할 것이고, 과학·기술·물리·화학·생물학 등 우리의 일상을 클라우드가 바꾸게 될 것이다.

표 4-1 최근 기업공개 대성공 클라우드 기업들

기업	내용
스노플레이크(미국)	클라우드 DW(데이터웨어 하우스) 업체-2019년9월 나스닥 상장 역대 소프트웨어 기업 중 최고액인 33억 6000만 달러 조달 기업 가치 700억 달러
아사나(미국)	클라우드 기반 협업 툴 업체 2019년 나스닥 상장, 기업 가치 55억 달러
스모 로직(미국)	클라우드 기반 실시간 데이터 분석 소프트웨어 업체 2019년 상장, 3억 2650만 달러 조달
제이프로그(미국)	클라우드 기반 앱 개발 플랫폼 업체 2019년 상장, 5억 900만 달러 조달
킹소프트 클라우드(중국)	클라우드 서비스 업체 2019년 상장, 5억 1000만 달러 조달

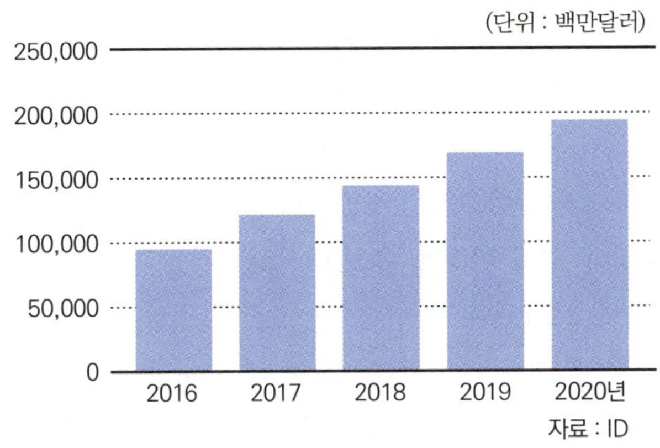

[그림 4-3] 세계 클라우드 컴퓨팅 시장 규모

(2) 인공지능과 IoT

인공지능(AI)은 기계가 경험을 통해 학습하고 새로운 입력 내용에 따라 기존 지식을 조정하며 사람과 같은 방식으로 과제를 수행할 수 있도록 지원하는 기술이다. 체스를 두는 컴퓨터에서부터 직접 운전을 하는 자동차에 이르기까지 오늘날 대부분의 인공지능(AI) 사례들은 딥러닝과 자연어 처리에 크게 의존하고 있으며, 이러한 기술들을 통해 대량의 데이터를 처리하고 데이터에서 패턴을 인식함으로써 특정한 과제를 수행하도록 컴퓨터를 훈련할 수 있다.

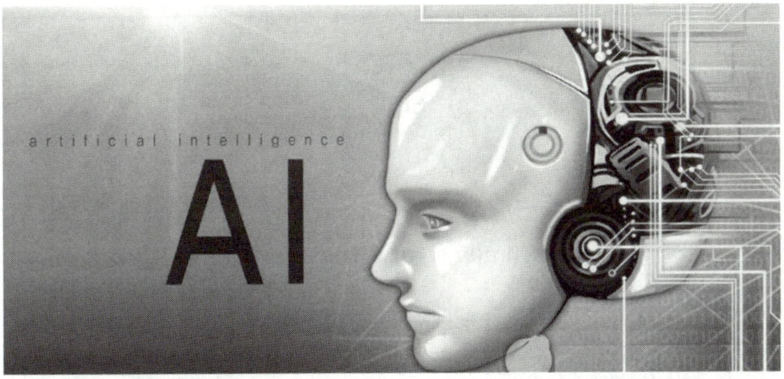

[그림 4-4] 인공지능

일본은 인공지능(AI) 기술 이용을 활성화하기 위해 2018년 말 원칙을 제정하였다. 내각부 자문기구인 '인간중심 AI 사회 원칙 검토회의'가 마련한 것이다. 7대 원칙에는 △기업이 AI 결정 과정에 책임을 진다 △AI는 인간의 기본적 인권을 침범하지 않는다 △누구든 AI를 이용할 수 있도록 교육을 충실히 한다는 내용이 들어가 있다. 또 △개인 정보를 신중하게 관리한다 △보안을 철저히 한다 △공정한 경쟁 환경을 유지한다 △국경을 넘는 데이터 이용 환경을 정비한다는 항목도 포함됐다.

AI 활용 원칙의 핵심은 '기업이 AI 결정 과정에 책임을 진다'는 조항이라는 분석이 제기된다. AI 판단으로 법적 책임을 져야 하는 사고가 발생했을 때 책임 유무를 명확히 규정한 것이다. 동시에 일본 정부는 AI가 은행 대출심사나 자율주행차 운전을 한다면 어떤 과정을 거쳐 판단했는지를 추후에 확인할 수 있도록 할 방침이다. AI 판단에 대한 불안감과 의구심을 줄이기 위해서다. 일본 정부는 7대 원칙을 기반으로 관련법을 정비할 계획이다. 구글, 애플, 아마존 등 정보기술(IT) 기업들이 AI 기술 개발을 이끌고 있는 미국에선 AI 활용 규칙이 기본적으로 기업 자율에 맡겨져 있다. 반면 중국은 국가 주도로 빅데이터를 관리하는 추세다.

사물인터넷(IoT: Internet of Things)은 각종 사물에 센서와 통신 기능을 내장하여 인터넷에 연결하는 기술을 의미한다. 사물인터넷은 인터넷으로 연결된 사물들이 데이터를 주고받아 스스로 분석하고 학습한 정보를 사용자에게 제공하거나 사용자가 이를 원격 조정할 수 있는 기술이다.

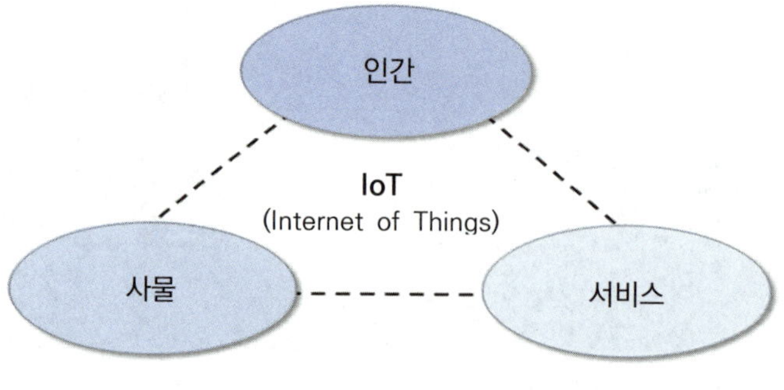

[그림 4-5] 사물인터넷의 구성 요소

사물인터넷의 3대 주요 기술은 센싱 기술, 유무선 통신 및 네트워크 인프라 기술, 서비스 인터페이스 기술이다.

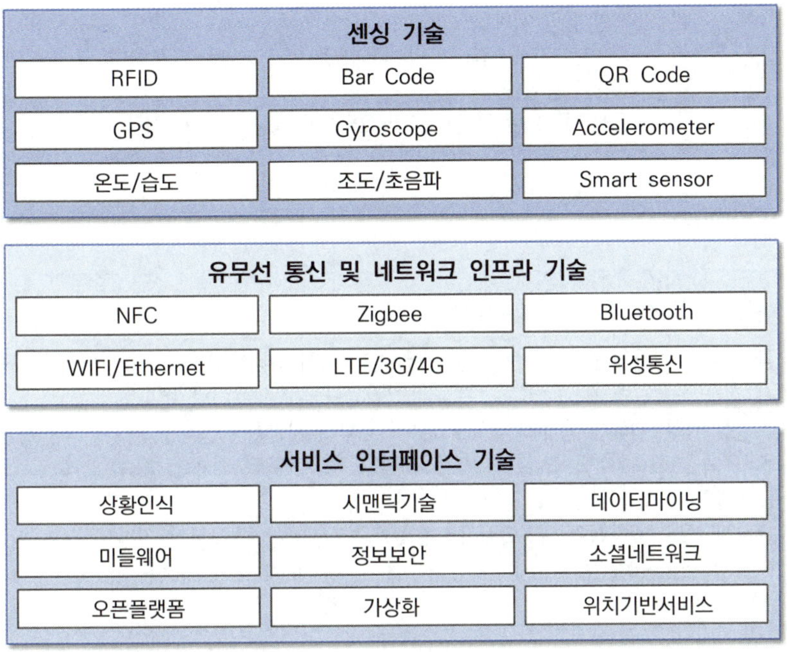

[그림 4-6] 사물인터넷의 주요 기술

표 4-2 사물인터넷 활용 사례

구분	사 례	내 용
자동차	커넥티드카	• 자동차와 스마트폰을 접속하여 내비게이션 역할, 차 내에서의 음악, 동영상 시청 등 스마트 디바이스로서의 활용 • 장래 실용화가 진행되고 있는 자율주행차의 개발 (자동운전 시스템에 의한 운전으로 부터의 해방), 일부 자동차에 탑재되고 있는 자동 브레이크 시스템
가정	스마트홈	• TV 등 가전제품, 전기, 수도 등의 에너지 소비 장치, 보안서비스 등을 네트워크로 연결하여 사용자가 가정 내 상황정보를 원격으로 확인 및 제어
의료	스마트 헬스케어	• 착용형 웨어러블 디바이스에 의한 자신의 건강상태 기록, 관리, 의료진과의 데이터 공유 • 건강상태가 악화되었을 경우 경고신호 발생 장치

구분	사 례	내 용
농업	스마트팜	• 하우스 재배에서 물, 비료 등의 자동화 시스템 • 센서 데이터에 의한 일조량, 토양 상태에 따른 물, 비료 투여 시기 조절
공공	교통, 스마트미터	• 버스 등 교통기관에서도 IoT가 진행되어 웹사이트나 정류장 등의 도착예정 시간 알림 서비스 • 지하철, 기차 등에서 리얼타임으로 운전상황을 파악하여 연착 등에 의한 환승 가능성 판단 • 통신망을 통한 전력사용 및 요금 모니터링, 에너지 절약 진단 서비스 제공

(3) 빅 데이터

빅 데이터의 개념

- 빅 데이터란? 기존의 방식으로는 저장, 관리, 분석하기 어려울 정도로 큰 규모의 자료를 의미, 최근에는 관련도구, 플랫폼, 분석기법까지 포괄하는 용어로 변화됨
  - (기술적 정의) 다양한 종류의 대규모 데이터로부터 저렴한 비용으로 가치를 추출하고, 데이터의 초고속 수집, 발굴, 분석을 지원하도록 고안된 차세대 기술 및 아키텍처 (DC, 2011)
  - (규모적 정의) 일반적인 데이터베이스 SW가 저장, 관리, 분석할 수 있는 범위를 초과하는 규모의 데이터(Mckinsey, 2011)

[그림 4-7] 빅 데이터 특성

오늘날 정보통신 분야에서의 화두는 단연 빅데이터이다. 빅데이터는 기존 데이터보다 너무 방대하여 기존의 방법이나 도구로 수집/저장/분석 등이 어려운 정형 및 비정형 데이터들을 의미한다. 1분 동안 구글에서는 200만 건의 검색, 유튜브에서는 72시간의 비디오, 트위터에서는 27만 건의 트윗이 생성된다. 세계적인 컨설팅 기관인 매켄지(Mckinesey)는 빅데이터를 기존 데이터베이스 관리도구의 데이터 수집, 저장, 관리, 분석하는 역량을 넘어서는 규모로서 그 정의는 주관적이며 앞으로도 계속 변화될 것이라고 언급하고 있다. 어떤 그룹에서는 빅데이터를 테라바이트 이상의 데이터라고 정의하기도 하며 대용량 데이터를 처리하는 아키텍처라고 정의하기도 한다.

빅데이터의 특징으로는 크기(Volume), 속도(Velocity), 다양성(Variety)을 들 수 있다. 크기는 일반적으로 수십 테라 바이트 혹은 수십 페타 바이트 이상 규모의 데이터 속성을 의미한다. 속도는 대용량의 데이터를 빠르게 처리하고 분석할 수 있는 속성이다. 융복합 환경에서 디지털 데이터는 매우 빠른 속도로 생산되므로 이를 실시간으로 저장, 유통, 수집, 분석처리가 가능한 성능을 의미한다. 다양성(Variety)은 다양한 종류의 데이터를 의미하며 정형화의 종류에 따라 정형, 반정형, 비정형 데이터로 분류할 수 있다.

표 4-3 빅데이터 활용

금융 · 보험	통신 · 방송	유통 · 소매
부정사용 판단 거래 분석 리스크 분석	로그 분석 네트워크 해석, 시청률 분석, 콘텐츠 분석	로열티 분석 프로모션 분석
제조	**미디어(Web)**	**공공 · 공익**
품질 분석 수요 분석	엑세스 분석 콘텐츠 분석 소셜미디어 분석	기상 · 지진 데이터 분석 에너지 소비 분석 리스크 분석(방위 · 범죄)

1.3 IT 트렌드

2017년 9월 30일부터 10월 5일까지 미국에서 개최된 Gartner Symposium /ITxpo 2017에서 2018년에 주목할 트렌드가 발표되었다. 여기서는 이번에 공개된 'Top 10 Strategic Predictions for 2018 and Beyond'를 토대로 향후 주목해야 할 IT 트렌드를 소개한다. 2022년 시점과 비교하면 현실화되었음을 알 수 있다.

Gartner가 예측하는 2018년 미국의 10대 IT 트렌드는 다음과 같다.

① **소비자는 비주얼 및 음성 검색을 좋아한다** → 2021년까지 선진 기업은 음성 및 시선 등 비주얼 검색에 대응하여 디지털 커머스 매출을 30%까지 증가시킨다.

② **디지털 거인의 셀프 디스럽트** → 2020년까지 디지털 거인 7개사 중 5개사가 차기 리더십을 위해 자신의 비즈니스를 파괴하고 재구축한다. 구글, 애플, 페이스북, 아마존, 바이두, 알리바바, 텐센트 등 7개사는 디지털 거인이라고 불린다.

③ **확대되는 가상통화의 존재감** → 2020년까지 금융업계에 블록체인 기반의 가상통화는 10억 달러의 비즈니스 규모가 된다.

④ **신뢰 : 증가하는 가짜뉴스** → 2022년까지 많은 사람들이 늘어나는 가짜뉴스에 속는다. 가짜뉴스가 최근 증가하고 있다.

⑤ **[AI] '거짓현실'이 현실을 뛰어넘는다.** → 2020년까지 AI는 자신이 만든 Counterfeit(거짓현실) 혹은 가짜뉴스를 간파하지 못하여 결과적으로 사람들은 디지털에 대한 불안이 가중 된다.

⑥ **[AI] 로봇에 의한 지배** → 2021년까지 기업의 50% 이상은 기존의 모바일 앱 개발보다 봇이나 챗봇의 개발에 주력한다.

⑦ **제너럴리스트가 스페셜리스트보다 중요해 진다.** → 2021년까지 IT 인력의 40%는 2개 이상의 역할을 맡게 된다. 그리고 기술보다 비즈니스 쪽 요구가 많을 것이다.

⑧ **AI는 일자리를 빼앗기보다 만든다.** → 2020년에는 AI가 사람에게 180만 개의 일을 빼앗지만 230만 개의 일을 만들어낸다.

⑨ **IoT가 모든 사물에 적용된다.** → 2020년까지 IoT는 신제품의 95%에 활용된다.

⑩ **IoT 보안의 취약성이 우려된다.** → 2022년까지 IoT용 보안 예산의 절반은 보안이라는 원래 목적이 아니라, 리콜이나 안전성 문제 등에 소비된다. IoT는 시장으로의 침투가 빨라서 그에 따른 제품의 성숙도가 따라오지 못하고 있다. 시장에 침투되는 가운데 많은 기업이 보안 대책을 시도하지만 보안 제품 역시 완벽하지 않으므로, 원래 목적인 보안 대책이 아니라 제품 자체의 불완전함에 대응해야 한다고 예측했다.

Gartner가 제시한 IT 트렌드는 상당 부문 일치했으며, ICT 발전을 예상해보는 척도가 된다.

코로나19 팬데믹 위기가 확산되면서, CIO들은 과거와는 다른 도전과제에 직면했다. 이제 기업에게 회복이나 복구는 단순히 과거 상태로 돌아가는 것을 의미하지 않는다. 자신들에게 필요한 비즈니스와 어떻게 비즈니스를 운영할지 완전히 다시 생각하는 것에 가깝다. 현대적인 기업의 모든 요소와 측면들을 뒷받침하는 디지털 인프라를 책임진 CIO는 회복과 복구의 여정에 중요한 역할을 해야 한다. 전통적인 역할을 계속 수행하면서 '넥스트 노멀'을 추구해야 한다. 'IDC 퓨처스케이프 : 글로벌 CIO 아젠다 2021 전망(IDC Future Scape : Worldwide CIO Agenda 2021)'을 토대로, 미래의 트렌드와 이런 트렌드가 기업에 미칠 영향을 더 잘 이해할 수 있게 해주는 정보를 정리했다. 향후 5년을 대비하기 위해 실행 가능한 조언도 살펴본다.

① 2022년이면 CIO의 65%가 데이터 및 AI, 보안을 바탕으로 현업 직원을 위한 더 나은 의사결정 시스템을 지원할 것이다. 큰 불확실성에 직면한 기업 속에서 팀과 직원들은 더 자율적으로 기능하면서 의사결정을 내려야 한다. 고객 행동, 외부 환경 변화에 대한 실시간 정보와 지식을 가장 잘 획득할 수 있는 사람들은 일선 직원들이다. 이들은 매끄럽게 워크플로우에 통합이 된 데이터와 지능형(인텔리전트) 도구를 활용할 수 있어야 한다. CIO들은 데이터 사이언스, AI, 사람-기계 인터페이스, 첨단 지능형 워크플로우 디자인 분야에서 IT 역량을 강화할 필요가 있다.

조언

- '스킬 갭'을 피하기 위해 미리 채용, 개발, 제휴를 통해 인재를 유치 및 획득한다.
- 데이터/분석, AI, ML, 워크플로우 및 작업 자동화를 위한 COE(Center of Excellence : 전문가 조직)를 만든다.
- 중요한 데이터를 안전하게 보호하고, 적절하게 사용되도록 전략, 정책, 도구를 마련해 활용한다.
- 디지털 워커를 하이브리드 '디지털/사람' 워커, 자율적 디지털 워커로 진화시킬 계획을 세운다.

② 급증하는 사이버 공격, 불안, 무역 전쟁, 갑작스러운 붕괴에 적응하는 방법을 찾지 못함에 따라, 2021년 CIO의 30%는 '기업의 신뢰'를 보호하는 데 실패할 것이다. 최근 IDC 조사에 따르면, 고객과 직원, 파트너들을 대상으로 디지털 신뢰를 구축하기 위해 사이버보안에 투자하고 있는 조직이 63%이다. 이런 투자에도 불구하고, 약 1/3에 달하는 CIO들은 위협이 거세지고 다양해지면서 야기되는 좋지 않은 사건들을 완전히 극복하지 못해, 기업의 신뢰도가 하락하는 결과에 직면하게 될 것이다. CIO들은 자금이 부족해지고, 이에 대한 심사가 까다로워진 시기에 기업과 생태계의 위험 관리와 관련된 기술적 측면들을 주도할 것으로 예상된다.

조언

- 높아진 변동성, 위협 증가, 불확실성이라는 새로운 환경에서 위험 관리 전략에 대해 다시 생각해야 한다.
- 현대적인 관행과 실천행동을 수용하고, NIST(National Institute of Standards and Technology : 미국표준기술연구소)같은 입증된 프레임워크를 활용해야 한다.
- 효과가 높은 이니셔티브에 노력을 집중하기 위한 전략, 신뢰 목표를 수립해야 한다.

③ CIO들은 팬데믹 위기 동안 누적된 기술 부채를 극복하기 위해 2023년까지 씨름해야 하며, 이는 자금 압박, IT 민첩성의 관성적 지연, 클라우드로의 '강제' 마이그레이션을 초래할 전망이다. 급변하는 비즈니스 환경에 대응하기 위해 '속도'가 필요했다. 이에 많은 CIO들이 때론 정말 빨리 서둘러 디지털 솔루션을 구현하기 위한 IT 프로토콜의 '지름길'을 선택해야 했다.

새로운 기술 부채가 추가되는 것을 피할 수 없었고, 미래에 이런 결손을 줄여야 하는 의무와 책무가 생겼다. 이를 방치할 경우, 기술 부채가 계속 증가해 IT를 방해하게 될 것이다.

유능한 CIO는 직원과 고객을 위해 새로운 제품과 서비스, 경험을 만들어 전달하는 유연한 역량을 개발하면서, 인프라와 애플리케이션을 현대화하고 합리화하는 차세대 디지털 플랫폼을 구현하는 기회를 찾는다.

조언

- 팬데믹이 초래한 비상사태의 솔루션은 '유지할 정도로 좋은 것', '개선이 필요한 것', '반드시 없애거나 교체해야 하는 것'으로 나눠진다.
- LoB(Line of Balance) 임원들과 협력, LoB 개발자들을 활용하고 IT 역량을 확대하기 위한 예산을 투입해 기술 부채를 '분할 정복' 한다.
- 이런 기술 부채 제거 노력을 플랫폼 현대화 이니셔티브와 통합해 추진한다.

④ 2023년이면 75%의 CIO는 비즈니스 의사결정에 반드시 필요한 사람이 된다. IT는 비즈니스 회복 및 복구 과정에 중심 역할을 해야 한다. 기업의 기술, 위험 경감, 비용 최적화에 리더십을 발휘해야 한다. CIO는 미래의 비즈니스에 필요한 디지털 인프라, 인텔리전스, IT역량들로 구성된 엔터프라이즈 '운영 시스템'을 제공할 기회를 갖고 있으며, 이렇게 할 의무가 있다. 큰 성과를 내는 CIO는 기업가, 비전가, 실천가의 자질 모두를 갖추고 있는 CIO이다. 새로운 기업에 대한 비전을 만들고, 이를 실현시킬 능력을 갖고 있는 CIO를 의미한다.

조언

- 단기적인 생존은 물론 장기적인 회복을 위해서도 투자한다.
- 빠른 반복으로 가시적인 결과물을 만들고, 환경이 진화하면 니즈를 다시 평가한다.
- LoB 임원, 업계 동료 및 전문가, 기술 파트너와 협력해 '지식의 웹(Web of Knowledge)'를 구축, 현재는 물론 미래의 위기와 도전과제들을 극복하려 시도한다.

⑤ 2024년까지 CIO의 50%가 안전하면서도 분산된 업무 환경을 구현하기 위해, 로봇화와 자동화, 증강에 박차를 가할 것이다. 이에 변화 관리가 아주 중요해진다. 자동화는 비즈니스에 아주 중요한 시스템과 프로세스에서 사람에 대한 의존성을 없애는 것에 초점이 맞춰져 있다. IDC(Internet

Data Center)는 향후 5년 동안 AI 자동화가 평균적으로 인력의 16%를 대체할 것으로 분석하고 있다. 대체 비율은 시간 경과와 함께 11%에서 23%로 꾸준히 증가한다. 간단히 말해, 워크플로와 프로세스는 물론 문화와 직원들의 행동에서도 변화 관리가 중요한 차별화 요소, CIO가 반드시 챙겨야 할 과업이 된다.

조언

- 일선 직원들이 머신과 협력하는 것에 익숙해지도록 프로세스를 바꾸고, 쇄신하고, 이를 관리해야 할 것이다.
- 자동화에 대한 계획을 투명하게 소통하고, HR과 협력해 일자리를 잃는 것이나 소외에 대한 직원들의 우려사항을 관리해야 한다.
- 데이터 입력 관련성, 모델과 관련된 가정, 모델의 결과물을 정기적으로 평가할 수 있는 ML(Manipulator Language)과 AI의 기능을 구현해 감사한다.

⑥ 2023년이면 CIO가 주도하는 '애드버서티 센터(Adversity Center)'가 65%의 대기업에서 상설 조직이 될 것이다. 이는 디지털 인프라를 이용한 회복성(복원성) 구현, 다양한 시나리오에 대한 유연한 '펀딩'에 초점을 맞춘다. 현재 위협은 여러 형태로 초래될 수 있고, 예측도 불가능하다. 또 전례가 없어 제대로 이해되지 않는 경우들도 많다. 건강, 경제, 사회, 정치, 환경 등에 있어서 위험 경감은 이제 비즈니스에 필수적인 부분이다.

훌륭한 CIO는 순수하게 비즈니스 회복(복구)에만 초점을 맞추지 않는다. 비즈니스가 비용 최적화, 탄력성(회복성), 타깃화 된 투자 단계들을 빠르게 순환할 수 있도록 돕는 유연한 펀딩과 견고한 디지털 인프라와 함께 '애드버서티 센터'를 구축해 탄력성을 구현하고, 미래의 비즈니스를 창출한다.

조언

- 사람과 시스템에 대한 전체적이면서 안전한 실시간 데이터 액세스를 가능하게 만드는 방법으로 데이터 탁월성에 투자해야 한다.
- 전사적으로, 지금의 직원들을 넘어 핵심 인재를 파악해야 한다.
- 책임, 범위, 권한, 성과를 확보하기 위해 고위 경영진의 지원을 획득해야 한다.

⑦ 2025년까지 CIO 및 LoB 임원의 80%가 고객 행동변화를 감지, 학습, 예측하는 지능형 기능을 구현, '인게이지먼트(참여 및 몰입)'와 '로열티'에 도움을

주는 독점적인 고객 경험을 구현할 것이다. 오늘날 고객 행동은 끊임없이, 때로는 급격하게 변한다. 팬데믹 위기는 사람들이 생활하는 방식, 기업의 운영 방식을 바꿔 놓았다. IT조직은 고객이 원하는 것, 고객에게 필요한 것, 행동에 대한 깊은 지식을 바탕으로 비즈니스가 진짜 고객 중심이 되도록 도와야 한다. 또한, 이질적인 형태의 데이터를 획득해 통합할 수 있는 지능형 기능들을 배포해야 한다. 이후 AI와 ML 등의 기술을 이용, 인게이지먼트와 로열티에 도움을 주는 경험을 만드는 데 활용할 수 있는 패턴을 감지하고, 인사이트를 도출해야 한다.

조언

- 고객 데이터와 머신 인텔리전스를 활용할 수 있는 정책과 가이드라인을 도입해 활용해야 한다.
- 새로운 시스템과 애플리케이션을 만드는 데 있어 '고객 우선 디자인'을 도입해 활용해야 한다.
- 고객 경험 노력의 영향과 성공을 측정하기 위한 지표를 만들어야 한다.

⑧ CIO의 60%는 2025년까지 IT 및 비즈니스 생산성을 높이고, LOB 개발자들이 예측할 수 없는 니즈를 충족하도록 돕고, 엣지에서 혁신을 촉진할 수 있는 로우코드/노코드 도구에 대한 거버넌스를 구현할 것이다. 제대로 배포해 사용하면, 로우코드/노코드 도구는 강력하다. CIO는 이런 도구에서 복잡하고 취약한 애플리케이션 아키텍처가 생성되지 않도록, 일반적으로 IT에서 사용되는 것과는 다른 거버넌스를 적용해야 한다는 것을 인식해야 한다. CIO들은 LoB 개발을 IT 조직의 연장선에서 접근해야 한다. 그리고 LoB 임원과 직원들에게 IT부서 외 사람들도 쉽게 접근 및 이용할 수 있는 디지털 솔루션을 만들 수 있는 온디맨드 셀프서비스 API, 개발 플랫폼, 도구를 제공하는 것에 초점을 맞춰야 한다.

조언

- LoB 개발자에게 적합한 기준, 아키텍처, 정책, 기타 아티팩트(artifact)를 만들어야 한다.
- LoB 개발자들이 안전하면서도 견고한 애플리케이션을 개발할 수 있도록 돕는 COE를 만들어야 한다.

- IT와 LoB 개발자 간 지식이전에 도움이 될 수 있도록 코드 개발, 테스트, 학습 '랩'을 만들어야 한다.

⑨ CIO의 65%는 2025년까지 상호 운용성, 유연성, 확장성, 이동성, 시기 적절성에 토대를 둔 생태계, 애플리케이션, 인프라 제어시스템을 구현할 것이다. CIO들은 빠른 시장 변화와 지역화, 산업 재창출의 압력 아래 과거 어느 때보다 빠른 속도로 혁신을 주도하고, 강화해야 한다.

이를 위해 CIO는 특정 공급자에 '록인' 되지 않으면서, 하이브리드/멀티 클라우드 인프라, 'as a service' 워크플로우 및 프로세스 프로비저닝을 관리해야 한다. 엔터프라이즈 시스템 및 애플리케이션을 통합적으로 관리하면서, '플랫폼의 디지털 플랫폼'을 구현해야 한다. 기업 내부에서 공유 프로세스, 데이터, 애플리케이션으로 구성된 여러 생태계에 참여하는 것을 조율하고 관리해야 한다. 공통적으로 추가할 목표는 상호 운용성, 유연성, 확장성, 이동성, 시기 적절성을 확보하는 것이다.

조언

- IT 거버넌스, 투자 및 조직 구조를 인프라, 엔터프라이즈 시스템, 생태계라는 3가지 관리 시스템에 조화시킨다.
- LoB와 파트너, 고객 등 핵심 이해관계자를 포함, 전사적으로 이니셔티브를 추진한다.
- AI를 활용, 자체적으로 조직되는 인프라, 자체적으로 최적화되는 엔터프라이즈 시스템, 자체적으로 조직되는 생태계를 구현한다.

⑩ 2024년이면 CIO의 75%가 기업에서 운영하는 건강(의료), 복지, 직원 위치 데이터 관리와 관련해 새로운 책임을 맡게 될 것이다. 팬데믹 위기가 CIO에게 새로운 역할과 책임을 부여했다. 기업은 직원과 고객, 파트너의 건강, 안전, 복지 증진에 노력하면서, 이와 동시에 바뀐 규정, 새로운 규정을 준수하려 애를 쓰고 있다. 이런 측면에서 이런 트렌드가 계속될 전망이다. 많은 CIO들은 기업 경쟁력과 수익성 강화에 도움을 주기 위해, 기존의 의무를 소홀히 하지 않으면서 새로운 책임을 떠맡아야 한다.

조언

- HR, 컴플라이언스 책임자, 운영 담당 임원, 외부 파트너와 협력해 새로 필요한

'지식 영역'에 액세스 한다.

- LoB 임원들과 협력, 불필요한 데이터가 수집되지 않도록 보고에 대한 필요성을 이해시킨다.
- 모든 데이터 수집, 보고, 사용 전반에 걸쳐 컴플라이언스 대책 및 도구들이 적절한지 확인한다.
- LOB 임원들이 데이터의 의미와 잠재적 용도를 파악할 수 있도록 도우면서, 데이터의 정확성과 시기 적절성을 보장하는 조치를 취한다.

코로나19는 전세계에 위기를 초래했고, 글로벌 디지털 트랜스포메이션을 가속화했으며, CIO들이 기업의 생존과 미래에 반드시 필요한 리더가 되도록 강요했다. 이러한 불확실성이 높은 시기에 CIO와 고위 경영진은 대안적인 미래를 예측하고, 기술 환경을 위한 경로를 수립해야 한다. 그래야 속도와 적응, 진화가 가능해진다. 민첩성과 적응성을 위한 계획을 조속히 수립해야 할 시점이다.

2. ICT 플랫폼

2.1 플랫폼 기업

아마존이 유통시장을 싹쓸이 하면서 미국 유통사들이 문을 닫고, 동영상 스트리밍 서비스 선두주자인 넷플릭스는 미디어 산업의 지형을 바꾸고 있다. 창업 6년 만에 기업 가치 평가액이 680억 달러로 불어난 차량공유 서비스 우버는 자동차산업을 위협하고 있다. 자본주의 시장에서 파괴는 자연스러운 현상이다. 최근 파괴의 속도가 빨라지면서 안전하다고 생각했던 기업들도 속수무책으로 당하고 이제는 더 이상 안전지대가 없다.

기업들은 '파괴적 혁신'으로 불확실성과 변화에 대응한다. 당장 어떤 제품이나 산업이 파괴적 혁신을 가져올 지 예측하기 어렵다는 것이 문제다. 파괴적 혁신은 성공 확률이 낮다. 잠재적으로 파괴적 혁신을 가져올 지 아이디어는 수백만 개에 달하지만, 기업 입장에서 일일이 다 시도해볼 수 없는 것이다. 성공하려면 굉장한 노력과 결단이 필요하고 시행착오도 많을 수밖에 없다. 수익원이 확실한 기업일수록 핵심 사업과 소비자를 뒤로하고 몇 년 후 성과가 날지도 모르는 사업에 집중하기가 현실적으로 쉽지 않다. 기업지배구조와 리더십도 관건이다. 분기마다 투자자와 이사회로부터 "주가가 왜 오르지 않는냐"는 식의 압박을 받는 기업은 혁신에 투자하기 어렵다. 미국에서도 구글이나 페이스북처럼 창업자가 막강한 영향력을 행사하는 기업은 혁신을 위한 투자를 하기 수월한 반면, 최고경영자(CEO)의 임기가 길어야 5~7년인 기업들은 눈앞의 이익만 추구하는 경우가 많다.

다음 변화가 언제, 어디서 올지 모르고 준비할 수 없다면, 어떤 전략이 유효할까? 모든 상황에 들어맞는 전략은 없지만 가장 좋은 방법은 잠재적 적을 아군으로 만드는 것이다. 경쟁자와 협력할 수 있는 생태계를 만들면 위험을 줄일 수 있다.

과거에는 제품을 잘 만들어 높은 가격에 파는 '제품 전략'이 시장에서 통했다. 그러나 기술 개발 속도가 빨라지고 기업 간 경쟁이 치열해지면서 좋은 제품만으로 경쟁 우위를 누릴 수 있는 시간은 점점 짧아지고 있다. 제품 경쟁력만으로는 지속 가능한 성장이 어려워졌다. 다양한 경제주체가 공생할 수 있는 생태계를 구축하는 '플랫폼 전략'이 제품 전략의 대안이다. 안드로이드 운영체제를 휴대전화 제조사에 제공하는 구글, 자사 동영상 스트리밍 플랫폼에 콘텐츠 제공업자들을 끌어들인 넷플릭스가 대표적인 예이다.

한번 발을 들인 주체가 빠져나가지 못하게 하는 '록인 효과(lock-in effect : 자물쇠 효과)'가 플랫폼 전략의 특징이다. 사용자가 많아질수록 더 많은 사용자와 기업, 경제 주체 등이 플랫폼에 모이고, 이들이 시너지 효과를 내면서 새로운 시장을 만들어내는 선순환 구조다.

구글은 검색 플랫폼으로 검색자와 광고주를 연결해주는 효과적인 플랫폼을 구축했다. 구글 검색어 중에 가장 비싼 검색어는 '중피종'이라는 희귀병이다. 구글은 그동안 누적된 사용자 검색 정보를 토대로 '중피종'을 검색하는 사용자의 98% 이상이 실제 도움이 필요한 중피종 환자나 주변 사람이라는 사실을 유추하고, 해당 검색어로 노출되고 싶어 하는 로펌이나 광고주에게 클릭 당 450달러~600달러씩 요구한다.

표 4-4 세계 주요 플랫폼 기업

플랫폼	주요 기업
전자상거래	아마존, 알리바바, 엣시
소셜미디어	페이스북, 인스타그램, 링크드인
메신저	와츠앱, 스냅챗, 위챗, 라인
공유 경제	에어비앤비, 우버
소프트웨어	구글, 애플, 마이크로소프트
동영상	넷플릭스, 유튜브, 트위치

플랫폼 전략이 성공하려면 어떻게 해야 할까. 기업들은 경쟁 중심의 시각에서부터 벗어나야 한다. 제품전략에서는 자사와 경쟁사 제품을 비교하기 급급하다. 플랫폼 전략에서는 생태계에서 활동할 고객과 경쟁자, 공급자 뿐아니라 보완자(complements)의 역할과 이익까지 생각해야 한다. 대학이나 연구소에서 나온 혁신적인 연구 결과나 기술을 활용하면 제품과 플랫폼의 가치를 높일 수 있다. 향후 성공 가능성이 높은 플랫폼으로는 모바일 결제, 사물인터넷, 인공지능, 헬스케어, 빅데이터 분석 등이 예상된다. 헬스케어의 경우 수요는 증가하는데 의사 · 환자 · 보험사의 요구를 동시에 만족시키는 플랫폼 구축에 성공한 기업은 아직 없다.

2.2 유니콘 기업

유니콘(Unicorn)기업은 기업 가치가 10억 달러 이상이고 창업한 지 10년 이하인 비상장 스타트업 기업을 말한다. 원래 유니콘이란 뿔이 하나 달린 말처럼 생긴 전설상의 동물을 말한다. 스타트업 기업이 상장하기도 전에 기업가치가 1조 원 이상이 되는 것은 마치 유니콘처럼 상상 속에서나 존재할 수 있다는 의미로 사용되었다. 2013년 벤처 투자자인 에일린 리(Aileen Lee)가 처음 사용한 용어이다. 유니콘 기업에는 핀터레스트, 깃허브, 몽고DB, 슬랙, 에버노트, DJI, 한국의 쿠팡, L&P코스메틱, 크래프톤(前블루홀), 비바리퍼블리카(토스), 야놀자, 위메프, 지피클럽, 무신사, 에이프로젠, 쏘카 등이 있다.

'데카콘'(decacorn)이란 기업가치가 100억 달러 이상인 비상장 스타트업 기업을 말한다. 원래 데카콘(decacorn)이란 머리에 10개의 뿔을 가진 상상 속의 동물을 말한다. 기업 가치가 1조 원 이상인 비상장 스타트업 기업을 머리에 뿔이 1개인 상상 속의 동물인 유니콘(unicorn)에 비유했듯이, 기업 가치가 10조 원 이상인 비상장 스타트업 기업을 머리에 뿔이 10개인 상상 속의 동물인 데카콘에 비유하였다. 미국의 경제통신사인 블룸버그가 처음 사용한 용어이다. 데카콘 기업에는 미국의 우버, 에어비앤비, 중국의 샤오미, 디디추싱 등이 있다.

표 4-5 2017년 상반기 미국에서 탄생한 유니콘(벤처기업)

이름	기업가치	분야	내용
아웃컴헬스	5조 6400억	헬스케어	의사-환자 의사소통-진료 도와주는 태블릿
쿼라	2조 300억	온라인 서비스	소셜미디어에 연동된 개방형 질의응답사이트
어비드 익스체인지	1조 5800억	핀테크	기업 송장 작성, 결제 시스템 자동화
C3 IoT	1조 5800억	사물인터넷	AI, IoT 기술 이용한 기업 운영 시스템 구축
펠로톤 인터랙티브	1조 4100억	피트니스	집 안에서 전문강사의 생중계 수업 들으며 할 수 있는 운동 기구
로빈후드	1조 4700억	핀테크	수수료 부담 없는 주식 거래 앱
루브릭	1조 4700억	온라인 서비스	데이터 백업, 복구 소프트웨어
클로버헬스	1조 3500억	헬스케어	빅데이터 분석을 통한 노인 건강관리
로켓랩	1조 1300억	우주 발사체	3D 프린터로 만든 초저가 로켓
심포니 커뮤니케이션 서비스	1조 1300억	핀테크	금융 업체 간 암호 통신 서비스
카테라	1조 1300억	건설	건축 설계, 조달, 시공 과정 효율화
크라우드스트라이크	1조 1300억	사이버 보안	머신러닝 기술 이용한 차세대 컴퓨터 백신

2000년 이후 유니콘이 가장 많이 나오는 사업 분야는 온·오프 라인을 연계하는 이른바 O2O(online to offline)였다. 택시와 승객을 모바일 앱으로 연결해주는 우버(기업가치 77조원), 디디추싱(기업가치 56조원), 묵을 곳을 찾는 사람에게 여유 공간을 찾아주는 에어비앤비(기업가치 34조원) 같은 걸출한 유니콘을 낳았다. 2017년 당시 O2O 기업을 찾아보기 힘든 이유는 당장 실현 가능한

O2O 모델 대부분은 이미 사업화되어 새로운 기업이 등장하기 어렵기 때문이다. 반면 인공지능(AI), 사물인터넷(IoT), 빅데이터 등 4차 산업혁명 관련 신기술 분야에서 새로운 유니콘이 등장하고 있다.

기업에 주문과 송장 작성, 결제를 온라인으로 할 수 있게 하는 시스템을 구축해주는 어비드익스체인지나 기존 기업들이 IoT 기술을 적용한 운영 시스템을 구축할 수 있게 해주는 C3 IoT 등이 그 예이다. C3 IoT는 제조 물류업체 사업장 곳곳에 IoT 센서(감지기)들을 달아 본사에서 사업장 상황을 실시간으로 파악토록 하고, 수집한 데이터를 분석해서 제공한다. 사이버 보안도 화두로 등장했다. 머신러닝(기계학습)을 활용해 차세대 바이러스 백신을 만든 크라우드스트라이크는 2016년 미국 민주당 전당대회에서 벌어진 해킹 사건의 범인을 밝혀내 각광을 받았다. 데이터 보호와 백업, 복구를 손쉽게 할 수 있게 하는 소프트웨어를 내놓은 루브릭도 랜섬웨어 '워너크라이' 사태를 계기로 1억 8000만 달러 투자를 유치했다.

로켓랩은 민간 우주개발 시장에 3D 프린팅 기술을 이용한 초저가형 로켓을 출시 주목을 받고 있다. 로켓랩은 로켓 엔진을 3D로 만들어 제작비를 절감해 150kg 화물을 500km 고도에 올려놓는 비용을 500만 달러 이하로 낮추는 것이 목표이다. 2016년 5월 1차 시험 발사에서 일단 로켓을 우주 공간에 보내는 데 성공하면서 7500만 달러의 투자를 유치했다. 일론 머스크가 세운 우주 발사체 기업 스페이스X의 경쟁자가 될 수 있을 것이다. 쿼라는 한 사용자가 질문을 올리면 다른 사용자들이 자유롭게 답변을 달 수 있는 사이트를 만들어 18억 달러짜리 기업이 됐다. 2016년 오바마 당시 미국 대통령이 '오바마 케어' 등 자신의 정책과 관련된 질문에 직접 답을 달아 화제가 되었다.

2.3 미래 플랫폼 기술

플랫폼과 생태계와 이들을 추진해 주는 기술은 계속 진화하고 변할 것이다. 컴퓨팅 및 커뮤니케이션 플랫폼 기업들은 지난 40년 동안 신기술의 지속적 위험에 직면해 왔다. 야후, 마이스페이스, 노키아, 블랙베리처럼 일부 기업은 단기간에 급격히 쇠퇴하는 운명을 맞아야 했다. 메인프레이 컴퓨터는 PC, 인터넷,

소셜미디어, 스마트폰 같은 모바일 기기, 클라우드 컴퓨팅에게 자리를 내주었다. 신구 플랫폼 기업들은 공존하고 그 중 일부는 다른 기업들보다 중요성이 커졌다. 향후 미래에는 인공지능, 머신 러닝, 가상현실과 증강현실, 블록체인 애플리케이션, 양자컴퓨터가 현재 지배적인 플랫폼 기업들을 공격할 것이다.

디지털 기술은 인터넷과 결합되어 세계적 규모의 기하급수적이고 급격한 성장을 가능하게 했다. 또한 디지털 기술은 아마존, 알리바바, 텐센트 같은 거대 플랫폼 기업들을 낳았다. 이들은 이용자 데이터를 활용하여 광범위하게 다양한 사업을 실행하고 있다. 미래의 플랫폼 비즈니스는 어떻게 진화하고, 새로이 세계 경제를 주도하는 플랫폼 기업이 생겨날 것인지 관심을 가져볼 필요가 있다.

네 가지 주요 경향을 보자.

첫째, 디지털 경쟁으로 인해 점점 더 많은 플랫폼 기업이 혼합 기업으로 변모할 것이다. 1980~1990년대에는 혁신 플랫폼과 상거래 플랫폼 기업은 서로 다른 사업체였다. 상거래 비즈니스는 구매자와 판매자, 광고주와 소비자, 혹은 상이한 소셜네트워크 이용자들을 연계시켜 주었다. 혁신 비즈니스는 외부 기업들로 하여금 상품과 서비스 형식으로 보완 혁신재를 만들도록 자극해 플랫폼 기업의 가치를 높였다. 과거의 상황에서 이 둘은 근본적으로 달랐다. 그러나 최근에는 성공한 혁신 플랫폼 기업들은 점차 상거래 플랫폼을 자사 비즈니스 모델에 통합시켰고, 상거래 플랫폼 기업들은 API를 개방하여 제3자들이 자체적으로 혁신 보완재를 만들도록 독려했다. 플랫폼 기업은 유통에 대한 통제력을 잃느니 고객 경험을 관리하고 싶어 한다(애플의 앱스토어가 대표적). 상거래 플랫폼 기업은 내부에서 혁신을 모두 담당해야 할 필요가 없다는 점을 알고 있다(페이스북의 플랫폼이 대표적). 두드러진 사례로는 안드로이드를 인수해 사업을 추진했던 구글의 결정, AWS와 알렉사 주변으로 다수의 혁신 플랫폼을 창출하려는 아마존의 결정, 우버와 에어비앤비가 개발자들로 하여금 자사 상거래 플랫폼에 서비스를 구축하도록 허용한 결정이 있다. 이러한 결정을 추진한 근본 요인은 디지털 경쟁이다. 비즈니스 모델을 구축하기 위해 값비싼 물리적 투자를 해야 하는 전통 경제 기업들과 달리 디지털 세계에서 기업은 데이터와 소프트웨어와 플랫폼 전략을 현명하게 이용함으로써 신속한 성장을 구가할 수 있다.

둘째, 차세대 플랫폼 기업들은 새로운 차원의 혁신을 추진할 가능성이 높다. 인공지능, 머신러닝, 빅데이터 분석의 발전을 통해 기업들은 과거에 불가능했던 사업을 구상하는 일을 포함하여 적은 투자로도 더 많은 일을 할 수 있다. 인공지능은 아직 초보적 단계에 있지만 구글, 아마존, 애플, IBM, 그 외 다른 기업들은 이제 더 이상 자신들의 기술을 독점적 소유물로 보지 않는다. 이들은 인공지능 역량을, 제2자가 접근해 자체 앱의 기반으로 삼을 수 있는 플랫폼으로 변모시켰다.

셋째, 네트워크 효과, 다면화된 시장, 그리고 승자독식 가능성에 의해 자라난 플랫폼 사고의 논리는 성장하는 시장의 힘이 소수의 기업들에게 집중되는 결과를 낳았다. 1960~1970년대 IBM은 플랫폼 권력의 정점을 대표했다. 1980~1990년대 시장의 권력은 인텔과 마이크로소프트에게 있었다. 최근 20년 동안 시장에서는 애플, 구글, 아마존, 페이스북, 알리바바, 텐센트의 권력 다툼이 벌어지고 있다.

넷째, 거의 모든 플랫폼 대기업들은 이제 자유시장 기업에서 큐레이션 대상 업체로 진화하고 있다. 플랫폼은 사람과 제품과 서비스를 점점 더 적은 값으로 연결해주고 전통시장이나 소통 방식의 마찰과 불완전성으로부터 세상을 자유롭게 해 주리라 믿었다. 그러나 디지털 세계에서 활동하는 행위자가 모두 선을 행하는 것은 아니다. 편파적인 정치인, 스파이, 테러리스트, 사기꾼, 마약 거래상들이 전부 플랫폼을 자신들에게 유리하게 이용하는 방법을 습득했다. 플랫폼 기업들은 이윤을 추구하는 사업체이기 때문에 이러한 동기는 때로 이용자와 생태계 제휴자들의 관점에서 볼 때 권력과 기술의 남용을 유발하기도 한다. 플랫폼 기업들이 사회, 정치, 경제 체제에 영향을 끼칠 만큼 크게 성장하게 되면 점점 더 자사의 목적을 성찰해야 할 것이고, 간섭을 지양하는 큐레이션에서 간섭과 개입을 지향하는 큐레이션으로 방침을 바꿔야 할 것이다. 세계적 플랫폼 기업들의 힘이 커지면 이에 따른 책임도 커진다.

향후 플랫폼 경쟁을 주도할 신기술들 중 몇 가지를 살펴본다.

(1) 스마트 스피커 시장

인공지능은 등장한 지 불과 수십 년 만에 놀라운 발전을 이루었다. 특수 소프트웨어 알고리즘을 이용해 데이터를 분석하고 학습하는 머신 러닝과 뇌의 작동 방식을 모방해 하드웨어와 소프트웨어로 신경 회로망이라는 거대한 병렬 처리기를 만든 딥 러닝(Deep Learning)은 인공지능 기술의 하위 분야이다. 이 기술 응용은 특정 형태, 즉 이미지와 음성의 패턴 인식을 극적으로 향상시켰다. 애플은 2011년 시리라는 음성 인터페이스를 도입해 세상을 놀라게 했다. 애플이 개척자로서 유리한 지위를 점하고 있음에도 불구하고 애플의 시리 관련 전략은 전형적인 전통방식의 전략이다. 강력한 네트워크 효과를 발생시킬 수 있는 혁신이나 상거래 플랫폼이 아니라 아이폰을 보완할 제품으로서 시리를 설계했기 때문이다.

2014년 말 아마존은 알렉사 소프트웨어와 에코(Echo) 인공지능 스피커를 내놓으며 구글, 애플, 마이크로소프트, 알리바바, 텐센트, 스타업들 간의 플랫폼 지배 전쟁을 일으켰다. 아마존의 전략은 AWS, 음성 인식, 고품질의 음성 합성을 결합하여 새 플랫폼을 만드는 것이었다. 최고경영자 제프 베이조스는 이 기술을 적정가의 전용 하드웨어에 묶으려 했다. 교차면 네트워크 효과의 잠재력을 확인한 직후 아마존을 제3자 개발자들이 새 알렉사 앱을 개발하기 쉽게 만들어 주는 셀프서비스 API와 툴의 묶음인 알렉사 스킬스 키트(Alexa Skills Kit, ASK)를 출시했다. 이후 아마존은 제퍼디 같은 게임, 우버 차량 호출, 날씨와 뉴스 검색 같은 다양한 기술을 제공했다. 자동차 시동을 원격으로 거는 앱, 원격 냉난방 조절 기능이 인기가 있다.

아마존은 구글에 비해 낮은 가격과 뛰어난 사용 용이성이 결합되면서 인공지능 도우미 판매는 폭발적으로 증가했다. 아마존은 초창기 개발의 선구자로 최대 시장 점유율을 달성했다. 그러나 구글, 애플, 삼성 등 많은 기업들이 참여하면서 2017년 말 음성 시장은 전형적인 플랫폼 전쟁의 무대가 되었다. 아마존과 구글은 자사 설치 기반을 구축하기 위해 제품 가격을 크게 인하했다. 시장의 각 부문이 앞다투어 앱과 기능을 추가하게 만들어 네트워크 효과를 키우고자 하였다. 모든 주요 기업도 자사 기술의 라이선스를 전자 제품, 자동차, 소프트웨어 기업들에게 무료로 제공하면서 자사 음성 솔루션을 통합해 주기를 바랐다.

[그림 4-8] 에코 인공지능 스피커

플랫폼의 난제는 멀티호밍이 쉽다는 점이다. 고객은 누구나 구글, 아마존, 마이크로소프트, 애플 음성 인터페이스를 전부 소유하거나 사용할 수 있다. 소비자들에게는 아직 이전비용이 거의 들지 않았다. 차별화 및 틈새 경쟁의 기회도 많았다. 애플은 음악의 질에 주력했고, 아마존은 미디어와 전자상거래, 구글은 검색, 마이크로소프트는 사업 수요에 주력했다.

음성 시장은 여전히 진행형이다. 2017~2018년 사이 머신 러닝과 딥 러닝의 발전으로 경쟁기업들은 어디서나 더 나은 음성 경험을 만들어 내고 있다.

(2) 차량 공유와 자율주행 기술

인공지능은 일정 범위의 새 플랫폼을 낳는 동시에 기존 플랫폼을 파괴하는 새 역량을 제공할 수 있다. 인공지능 기술이 많이 쓰이는 분야는 무인자동차이다. 그러나 신기술은 플랫폼 기업들의 일부 사업을 퇴출시킬 수 있다. 우버, 리프트, 디디추싱 및 다른 차량 공유 사업이 인공지능 때문에 쇠퇴할 수 있다. 이에 따라 우버, 리프트, 디디추싱 등 차량 공유 기업은 자동차 이용자들과 운전자를 연결해 주는 순수 플랫폼에서 벗어나 자동차, 자전거, 스쿠터 등 모든 종류의 차량 서비스를 제공하는 '서비스형 운송' 모델로 장기 전략을 세우고 있다.

자율주행 자동차 기술의 등장으로 인간 운전자는 점차 사라질 것이고, 운수 서비스의 한계 비용은 급격히 떨어질 것이다. 전문가들은 신기술과 더 나은 경제성의 결합 때문에 우버와 다른 차량공유 플랫폼기업들이 "엄청난 수의 차량을 사들이거나, 아니면 최소한 운영할 방안을 찾아내거나, 그도 아니면 그럴 의지가 있는 다른 기업에 의해 사라질 것이다"고 전망한다. 이에 따라 우버는 2014년 자율주행 자동차 기술에 투자를 시작했다. 리프트가 선택한 접근법은 달랐다. 이들은 자체 자율주행 기술을 개발하는 대신 개방형 플랫폼 계획을 통한 제휴를 추진했다. 구글의 개방형 휴대폰 동맹과 유사한 전략이다. 리프트의 전략은 다른 유형의 상거래 플랫폼의 등장을 예고한다. 새 플랫폼에서는 리프트가 승객을 여러 제조사의 자율주행 자동차와 연결시켜 준다. 그러나 이 제휴기업들 중 다수도 차량 호출 기술에 투자했기 때문에 자체적으로 자율주행 택시 서비스 사업을 시작할 수 있다. 결국 리프트도 자체 기술 개발을 위해 자율주행 연구센터에 투자했다. 향후 인공지능 기술과 법제도가 정비되면 차량공유 플랫폼도 상당한 변화가 예상된다.

(3) 양자 컴퓨터

양자 컴퓨터는 양자 정보의 기본 단위인 퀀텀비트(Quantum Bit) 또는 퀀텀비트의 줄임말인 큐비트(Qubit)를 중심으로 구축된다. 1큐비트는 종래의 디지털 컴퓨터처럼 0이나 1, 둘 중 하나가 아니라 0과 1을 동시에 나타낸다. 양자 컴퓨터는 큐비트로 인해 종래의 디지털 컴퓨터의 범위를 훨씬 넘어서는 놀라운 속도로 계산을 할 수 있다. 고작 300큐비트만으로 우주의 입자 수와 동일한 양의 정보를 처리할 수 있다.

2018년 기준, 사업 및 특허의 선두주자는 디웨이브(D-Wave)이다. 구글과 IBM, 퀀텀서키츠 같은 스타트업은 전자나 핵을 이용하는 연구로, 토론트의 재너두(Xanadu)는 광자를 사용한 퀀텀 회로를 만들고 있다.

표 4-6 양자 컴퓨터의 응용분야

분야	응용 예	사례	분야	응용 예	사례
금융	-포트폴리오 최적화 -리스크 관리 -옵션·가격 설정	-2016년, D-Wave Systems와 1QBit가 "Quantum for Quants" 설립	물류	-비행기, 선박, 트럭, 등의 물류 최적화	-PLC와 Manchester Met. 대학의 물류 알고리즘 공동 개발
화학	-분자 설계 최적화 -화학 반응의 양자 역학적 시뮬레이션 -전지와 촉매의 최적화	-IonQ의 화학 시뮬레이션 SW 개발 -MS의 기초 연구 -ETH, Harvard대학 등의 연구 등	제약	-단백질의 3차원 구조 최적화/분석(알츠하이머병 등 특효약 개발)	-Stanford대학의 "Folding@home" 프로젝트 -Harvard대학/D-Wave Systems의 단백질 분석 실험
의료	-암 치료용 약물 발견/최적 복용량 산출 -개인 맞춤형 의료의 고속화	Stanford대학, Texas대학에서 연구	자동차	-도시 교통 서비스 최적화	-Volkswagen과 Google의 공동 개발 -Volkswagen의 주문형 이동 서비스를 위한 알고리즘 개발
IT	-머신 러닝을 위한 고속 클러스트링 -이미지 인식 고속 학습	-Google/D-Wave Systems의 이미지 인식 정확도 향상 -(중) USTC, NMR 기술 이용 4 큐비트 양자 프로세서 개발	항공 우주	-유체 역학적으로 최적화된 기체 설계 -비행 제어 시스템의 버그잡기 최적화	-NASA의 비행체 날개 설계 최적화 -Lockheed Martin과 Airbus의 제어 시스템 버그 탐색 SW 개발 (6개월 → 6주)

경합을 벌이고 있는 양자 컴퓨터 프로그래밍 툴과 애플리케이션의 질과 양은 강력한 네트워크 효과를 발휘할 잠재력이 있지만, 아직 생태계는 초기 단계이다. 가장 중요한 응용은 대규모 병렬 계산이 필요한 조합 최적화처럼 수학 분야이다.

암호화와 보안 통신은 킬러 앱이 될 것이다. 쇼어(Peter Shor)는 양자 컴퓨터를 이용하여 아주 큰 수들을 인수분해하는 법을 입증해 보였는데, 이를 활용하면 풀 수 없는 암호키를 만들 수 있다. 정부와 기업들(특히 AT&T, 레리시언, 알리바바, 화웨이, NFC, 도시바)은 이 앱을 만드는 데 주력하고 있다. IBM, 디웨비브, 구글, 마이크로소프트는 공격적으로 움직여 자사의 양자 컴퓨터를 클라우드 서비스로 사용할 수 있도록 만드는 중이다.

양자 컴퓨터가 신흥 플랫폼 사업으로 성공할 지는 아직 불투명하다. 네트워크 효과가 약하고, 생태계가 초창기이며, 여러 플랫폼 경합자들 사이에 분열되어 있기 때문이다.

(4) 유전자 편집 기술

식물과 동물, 심지어 인간의 특징까지 바꾸기 위해 DNA를 변형하는 유전자 편집 기술은 이미 2017년에 30억 달러가 넘는 가치를 보유한 세계적인 시장이 되었고 발전 중이다.

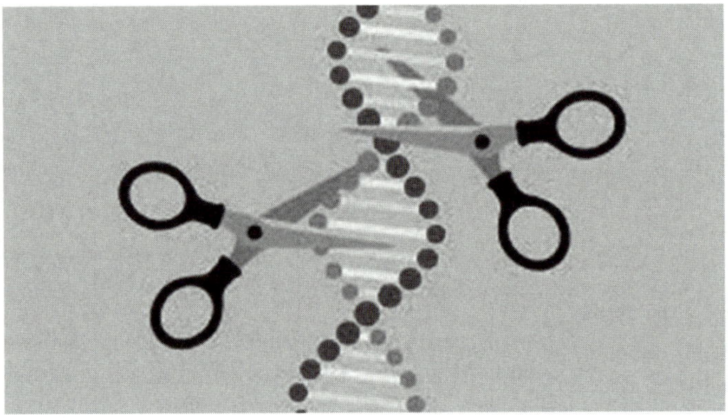

[그림 4-9] 유전자 편집 기술

2018년에는 인간의 유전자 치료를 위해 2700개가 넘는 임상 실험이 진행되었다. 지금까지는 많은 노하우가 연구 단계이거나 상업화 이전 단계이다. 일부 기술은 양자 컴퓨터와 다른 산업처럼 초창기 혁신 플랫폼과 생태계를 낳고 있다. 특히 전망이 좋은 기술은 크리스퍼(CRISPR), 즉 유전자 가위로 '규칙적으로 반복되는 팔린드롬(DNA의 염기 서열이 역방향으로 반복되어 앞과 뒤의 염기 배열이 같아지는 구조) 조각이다.

아직 많은 연구가 필요하지만, 유전자 편집은 진화하고 있다. 이 기술은 치명적인 질병과 만성질환의 진단 도구와 유전자치료 제품개발에 유용한 방법을 기업에게 제공할 것이다. 이것이 가능한 이유는 생명체의 DNA가 상이한 맥락에 적용될 수 있는 프로그래밍 언어와 데이터 저장기술을 닮아 있기 때문이다.

일부 연구소와 기업은 다른 기업들이 기반으로 삼을 수 있는 제품, 툴, 구성요소를 미미 완성해 둔 상태다. 그러나 양자컴퓨터와 마찬가지로 한계가 있기도 하다. 크리스퍼를 실제로 사용하려면 특정 유기체의 질병 유전체에 대한 전문적인 영역별 지식이 필요하다. 그러나 크리스퍼 연구자 수가 늘어나면서 플랫폼 같은 네트워크 효과와 다면화된 시장 역학도 등장해 생태계 성장을 촉진시키고 있다. 유전자 편집 기술의 응용은 윤리적, 사회적 쟁점이기도 하다. 플랫폼 역학은 PC, 인터넷, 스마트폰 등 외부의 산업들과 기술에 영향을 주고받아 왔다. 플랫폼의 힘을 지혜롭게 안전하게 사용할 방법에 대한 논의가 필요한 시점이다.

생각하기 토론 과제 - 유전자 편집기술의 놀라운 발전과 윤리적 위기

미래학자들은 성급하게도 4차 산업혁명 시대가 시작된 지 얼마 되지도 않았는데, 벌써 5차 산업혁명을 촉발하는 방아쇠가 바이오 기술이 될 것으로 예측하고 있다. 5차 산업혁명이 바이오가 주도할 것이라고 믿는 이유는 완벽한 지능형 기계나 알파고 같은 컴퓨팅도 어쩌면 생물을 부분 모사한 기술이고 만약에 생물기능을 완벽하게 재현시킬 수 있는 바이오 근간 기술이 있다면 엄청난 사회, 경제, 문화의 혁명적 발전이 일어날 것이라 생각한다. 놀라운 바이오 기술 중 하나로 인간을 포함한 생물의 유전자 정보를 원하는 데로 바꿀 수 있는 유전자 편집기술(유전자 가위, Gene Editing)을 들 수 있다. 유전자 편집기술은 2014년 세계 10대 혁신 기술로 등장하여 아주 짧은 기간에 신의 존엄성을 도전할 정도로 놀라운 속도로 발전을 하였고 심지어 우리가 먹는 식품분야에도 유전자 편집기술로 만든 식품이 속속 개발되면서 2016년 세계 10대 혁신 기술로는 유전자편집 식품이 채택되었다.

유전자 편집 기술은 1,2세대 유전자 편집기술을 거쳐서 등장한 제3세대의 크리스퍼 카스9 (CRISPR-Cas9)로 발전하여 더욱 쉽고, 정확할 뿐만 아니라 저렴한 비용으로 유전자를 편집할 수 있고 결국 확률이 높은 확실한 결과를 얻을 수 있다. 나쁜 유전자를 편집하여 아예 제거 하거나 잘못된 부분의 유전자를 정확히 잘라내고, 잘라낸 위치에 정확하게 완벽한 유전자를 교정할 수도 있다. 유전자편집 기술의 가장 쇼킹한 사건은 2018년 Nature지가 선정한 올해의 인물 (가장 쇼킹한 이유로 선정)인 중국 남방과기대 허젠쿠이 (賀建奎) 교수가 2018년 11월 28일 인간유전체교정 국제학회에서 발표하면서 일어났다.

발표내용은 후천성 면역결핍증후군(AIDS)이 바이러스의 수용체 역할을 하는 CCR5 유전자가 없으면 에이즈가 발병하지 않는데 착안하여 CCR5유전자를 제거한 맞춤형 아기(Designer Baby)를 임신, 출산하여 "루루", "나나"란 아기의 탄생을 발표하였다.

하지만, 세계 어떤 나라도 배아를 임상 시험하여 아기를 출산하는 행위는 금지하고 있어서 허젠쿠이의 발표는 모든 사람을 아주 놀라게 하는 위법 행위였다.

용어정리

4차 산업혁명
ICT(Information Communication Technology, 정보통신기술)
IDC(Internet Data Center)
네트워크 거리
네트워크 효과
다면 시장
데카콘(decacorn)
록인(lock-in) 효과
매켄지(Mckinesey)
멀티호밍
모바일 애플리케이션
비트에서 원자로(bits to atoms)
빅 데이터
사물인터넷(IoT)
소셜네트워크 서비스
스마트 사회
스마트 시티
양면 시장
양자 컴퓨터
오픈 플랫폼(open platform)
위치기반서비스(LBS)
유니콘(Unicorn) 기업
유전자 편집기술
인공지능(AI)
정보 보안
정보 보호
지식의 웹(Web of Knowledge)
클라우드 서비스
클라우드 컴퓨팅(Cloud Computing)
킬러 컨텐츠
파괴적 혁신

제5장 플랫폼 기업의 성공과 실패

1. 플랫폼 기업 사례

   1.1 모바일 플랫폼(애플, 구글, MS, 페이스북)

   1.2 공유경제 플랫폼(에어비앤비, 우버)

   1.3 상거래 플랫폼(알리바바, 아마존)

   1.4 오픈 플랫폼(테슬라)

2. 플랫폼 기업 실패 요인

   2.1 적정 가격 책정 실패

   2.2 신뢰 구축 실패

   2.3 경쟁 무시

   2.4 뒤늦은 시장 진입

   2.5 플랫폼 비즈니스 경쟁력 원천

제5장
플랫폼 기업의 성공과 실패

1. 플랫폼 기업 사례

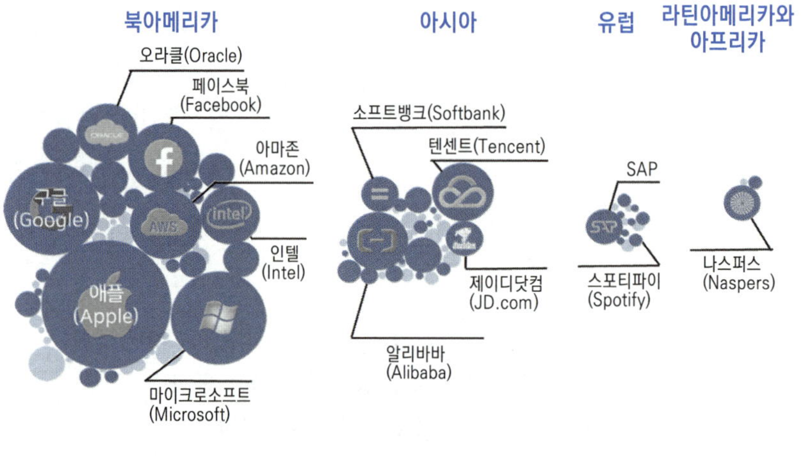

[그림 5-1] 플랫폼 기업 시가 총액 비교

세계 경제를 주도하는 기업은 플랫폼 기업들이다. 애플의 모바일 플랫폼, 구글의 지식 플랫폼, 페이스북의 미디어 플랫폼, 아마존의 상거래 플랫폼, 에어비앤비와 우버의 공유 경제 플랫폼, 테슬라의 전기차 플랫폼 등 각각의 플랫폼은 독특하며 저마다 특화된 산업과 시장에 집중하면서 플랫폼의 힘을 이용하여 세계 경제에 큰 변화를 가져 왔다. 2020년 시가총액 기준 세계 5대 기업 중 세 개 - 애플, 구글, 마이크로소프트 - 가 모두 플랫폼 비즈니스 모델을 따르고 있다. 애플 한 기업의 상장가가 우리나라 코스피 기업의 총액보다 큰 경우도 발생하였다.

플랫폼 비즈니스는 전 세계 모든 곳에서 경제적으로 큰 비중을 차지하고 있으며 앞으로도 계속 그 비중이 늘어날 것이다. 애플, 구글, 페이스북, 아마존과 알리바바, 에어비앤비와 우버, 전기차 플랫폼 시장을 주도하는 테슬라 등 세계적 플랫폼 기업들에 대하여 알아볼 필요가 있다. 이들 플랫폼 기업들은 과거 서로 분리된 영역에서 사업을 영위하였으나, 이제는 같은 시장을 두고 치열한 생태계 경쟁을 하고 있다. 이들 기업들의 특성과 플랫폼에 대하여 살펴본다.

1.1 모바일 플랫폼(애플, 구글, MS, 페이스북)

업체 명	PC용 플랫폼	모바일용 플랫폼	클라우드 플랫폼
구글	모든 PC에 운영 가능	안드로이드 계열 스마트폰, 태블릿 PC	구글 드라이브
애플	맥 컴퓨터 및 맥북 노트북	iOS(아이폰, 아이패드 계열)	아이클라우드
MS	윈도 설치 PC	윈도 모바일 설치 스마트폰, 태블릿 PC	원 드라이브

[그림 5-2] SW 플랫폼 현황

아마존이 구글의 전통 사업을, 마이크로소프트와 애플이 기존 상품판매를 넘어 미래성장산업의 시장 파이를 선점하기 위해 경쟁하고 있다. 전통의 사업 영역 구분이 사라지는 셈이다. 주력 사업과 부가수익 확대를 위한 신시장 개척은 특정 사업 부문이 하락세일 때 나머지 사업이 방어하는 역할을 해주기 때문에 주가 하락으로 이어지지 않고 어느 정도 안정성을 확보해 준다.

페이스북의 가세로 세계 정보기술(IT) 업체들 간의 주도권 경쟁은 더 치열해지고 있다. 세계 최대의 검색업체인 구글과 앱스토어·뮤직스토어를 갖춘 애플은 모바일 시대가 열리며 플랫폼 경쟁에서 주도권을 잡고 있다. 구글은 스마트폰용 안드로이드 운영체제(OS)를 무료로 공개하면서 울타리를 PC에서 모바일까지 넓혔다. 검색·메일·지도 서비스 등을 이용하는 사람들에게 광고를 보여줘 수익을 얻는다. 애플은 앱과 음악을 싼 값에 제공하는 대신 아이폰·아이팟·아이패드 같은 기기를 팔아 이익을 낸다.

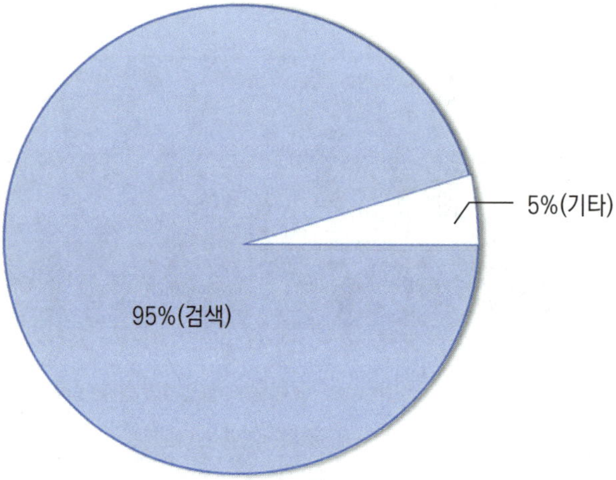

[그림 5-3] 구글의 수익 구조

구글에는 두 가지 수익 모델이 있다. 하나는 구글 서치 엔진이나 유튜브 같은 구글 자체 제품이고 다른 하나는 네트워크를 이용한 광고 매출, 구글 클라우드 등을 포함한 구글 매출, 기타 수익이다. 기타 수익 부문은 아직 R&D 개발 단계이거나 제품을 상용화하지 않은 시장 초입 단계의 여러 외부 사업에 구글이 투자하고 여기서 인터넷, TV 라이선싱 수익을 얻는 사업 부문이다.

미국 캘리포니아 멘로파크에 위치한 페이스북 최고경영자 마크 저커버그는 텔레파시·AR 기술에 미래를 건다고 발표하였다. 2013년 페이스북 본사에서 소셜 검색엔진 '그래프서치'를 소개했다. 세계 최대 소셜네트워크 서비스(SNS) 페이스북이 검색 서비스를 시작한 것이다. 사용자들이 페이스북의 '울타리 안(플랫폼)'에서 머무는 시간을 늘리기 위해서다. 페이스북의 도전으로 구글・애플 등이 주도하는 플랫폼 전쟁이 더욱 치열해 지고 있다. 페이스북은 또한 VR 소셜 서비스 '페이스북 스페이스', 증강현실(AR) 기술을 적용해 사진을 촬영할 수 있는 '카메라 효과 플랫폼' 등을 선보였다. 페이스북은 매년 개발자대회를 개최한다. 개발자대회 명칭은 F8이다. F8은 Facebook의 첫글자인 'F'와 8시간을 의미하는 '8'로 이루어졌다. 페이스북은 창업 초기부터 개발자들이 모여 8시간 해커톤(짧은 시간에 소프트웨어 개발 완료) 행사를 했다. '8'은 이런 초심을 잊지 않기 위해서다.

애플과 페이스북

① 헤게모니를 가진 애플 vs 생사가 달린 페이스북

페이스북이 애플에게 전쟁을 선포했다. 페이스북은 2020년 12월 16일 〈뉴욕타임즈〉, 〈월스트리트저널〉, 〈워싱턴포스트〉 등의 주요 일간지에 애플을 공개적으로 저격하는 신문광고를 게재했다.

"전 세계 소상공인들을 대신해 애플에 맞서겠습니다."

페이스북이 애플을 저격한 이유는 애플의 'iOS 프라이버시 정책'의 변경 때문이다. 좀 더 솔직하게 말해서는 페이스북 당신들의 광고 모델을 사수하기 위해서다. 페이스북은 사용자들의 인터넷 사용/기록 정보를 수집해 '타겟팅 광고'를 서비스하고 있다. 타겟팅 광고는 광고를 본업으로 삼고 있는 페이스북의 핵심 캐시카우(Cash Cow) 영역이다. 다만, 애플은 올해 봄 무렵부터 iOS 내 여러 앱이 이용자 데이터를 수집하려고 시도하는 경우에 이용자 본인들의 동의를 구하도록 하는 팝업 기능을 도입할 방침이라고 밝혔다.

② '절치부심' 페이스북의 돌파구: VR 기기의 보급

페이스북은 메타버스의 최대 플랫폼 업체가 되기 위한 각고의 노력을 하고 있다. 2018년 5월 첫 번째 독립형 디자인(컴퓨터나 콘솔에 연결하지 않아도 되는 VR)인 '오큘러스 Go'를 출시한 이후 페이스북은 계속해서 저렴한 VR 헤드셋을 도입하여 강력한 사용자 기반을 구축하는데 전념하고 있다. 싼 가격으로 빠른 침투율을 노리는 전략이다.

그리고 페이스북은 2020년 9월 16일 2 세대 '오큘러스 퀘스트'를 출시했다. 페이스북의 "침투율을 빠르게 높여서 사람들이 VR 플랫폼에 친숙하게 만들겠다"라는 전략이 일단은 먹혀 들어가고 있다. 성능 업그레이드에도 불구하고 페이스북은 오히려 VR 가격을 내렸다. 시작 가격이 $299인 퀘스트 2는 이전 제품인 퀘스트 1을 쉽사리 능가할 것이라고 전망된다.

VR 하드웨어의 공급자 관점에서 볼 때 페이스북은 점점 더 지배적이 되고 있다. Rift S 및 Rift와 함께 Oculus 퀘스트의 성장으로 인해 페이스북의 헤드셋은 스팀에서 전체 VR 헤드셋 점유율 절반 이상인 총 56.4%의 점유율을 차지하게 됐다. 페이스북의 이러한 행보는 앞으로의 차세대 하드웨어 플랫폼의 지배자가 되기 위한 포석을 깔아둔 것이다. 대중들을 향해 리얼리티를 기반으로 VR 장비에 흥미를 느끼도록, 그렇게 해서 페이스북이 차세대 하드웨어 폼팩터 지배자가 되겠다는 야심인 것이다.

③ '유아독존' 애플의 굳히기 : 애플 유니버스 확장에 VR 묻히기

애플의 AR/VR 팀은 자신들의 첫 번째 VR기기(코드명 N301)를 당초 초고성능 웨어러블 제품으로 설계했지만, 페이스북의 VR 헤드셋 '오큘러스 퀘스트'와 유사하게 가벼운 사양으로 개발되고 있다고 전망된다.

원래 VR보다는 AR에 집중해왔던 애플이기에, AR 개발 당시의 기술력도 활용해 VR 기기에다가 AR 기술도 지원할 예정이다. 이렇게 독자적인 VR 기기를 만들게 되면 독립적인 OS 또한 필요한데 애플은 앱스토어와의 동기화가 가능한 통칭 rOS의 개발도 논의 중이다. 아이폰, 아이패드, 맥북으로 달성한 애플 유니버스에 새로운 장르를 개척해 나가는 것이라고 볼 수 있다.

④ 여러 기술적 진전으로 대중화가 엿보이는 VR 시장

이처럼 메타버스에서 VR의 역할은 지대할 것이다. 그에 맞춰 공룡 빅테크 기업들은 차세대 플랫폼이 될 VR 경쟁력 확보를 위해 전력투구하고 있다. 특히 Covid19로 인한 전지구적인 언택트 문화가 퍼지고 각종 전염병 관련한 연구들은 이번 팬데믹 현상은 이번 폐렴뿐만 아닌 지속적으로 더 자주 발생할 것으로 경고하고 있다. 이에 따라 많은 IT 업계 공룡기업들은 VR/AR 기술, 즉 메타버스로 자신들의 가치창출의 목적지로 많이 잡아두고 있는 상황이다.

5G 기술을 통한 클라우드 게이밍은 낮은 지연 시간, 번개처럼 빠른 속도 등 새로운 차원의 성능적 진보는 VR 채택을 방해하는 장벽을 극복하는데 도움이 될 것이다. 결과적으로 VR 시장의 폭발적인 성장은 5G 네트워크의 출시와 동시에 이루어질 것으로 예상된다.

⑤ 차세대 플랫폼을 향해 고성장 중인 VR 시장

시장조사기관 TrendForce에 따르면 VR 시장은 2020년 550만 대 판매량에서 2025년에는 4,320만 대로 증가할 것이라고 하였다. 이처럼 VR 출하량과 시장 규모는 점증하여 성장하고 있다는 것을 볼 수 있다. 현재의 하드웨어 플랫폼 역할을 하는 스마트폰이 본격적으로 보급되던 시기와 비슷한 증가율을 최근 VR은 보여주고 있고 앞으로 또한 더욱 그럴 것이다. 또한 VR 출하량의 증가 속도에 비해 그에 파생되는 콘텐츠의 합인 전체 시장규모 자체는 상상을 초월하는 정도의 속도를 보일 것으로 기대된다.

1.2 공유경제 플랫폼(에어비앤비, 우버)

[그림 5-4] 플랫폼 시대

(1) 에어비앤비

- 세상에서 가장 큰 숙박체인이지만 집 한 채 소유하지 않은 중개 플랫폼
- 호스트와 투숙객을 온라인으로 연결해 부족한 숙박 문제를 해결하고 있는 온 디맨드(On-Demand) 서비스

현재 에어비앤비를 묘사할 때마다 등장하는 표현들이다.

에어비앤비도 우버나 미케니컬터크, 태스크래빗처럼 'Peer To Peer'라는 새로운 기술적, 문화적 조류에 올라타 성장하고 있는 디지털 플랫폼이다. 숙박 공간을 대여해주는 호스트는 여유있는 공간을 활용해 부가 수익을 얻어서 득이고, 여행객은 호텔급 공간을 저가에 빌려 쓸 수 있어서 득이다.

에어비앤비는 이러한 매력을 무기로 191개국 3만4000여 도시에서 200만 개 이상의 숙소를 운영하고 있다. 그들의 표현대로라면 운영하기보단 중개 서비스를 하고 있다. 비공개 상태인 현재 에어비앤비의 기업 가치는 250억 달러에 육박하고 미국 샌프란시스코 직원만 해도 1,600명에 달할 만큼 거대한 IT 스타트업으로 발돋움했다.

뉴욕타임스 2015년 보도에 따르면 텍사스 오스틴의 경우 에어비앤비 숙소 리스트가 10% 증가하면 호텔 체인 매출이 0.35%가 감소할 만큼 전통 숙박 업계에 강력한 영향력을 발휘한다. 휘황찬란한 익스테리어의 호텔이나 숙박 시설을 추가로 건축하지 않고도 도시의 숙박 부족을 '스마트'하게 해결할 수 있어 주목을 받는다.

무엇보다 에어비앤비는 특별한 숙박 경험을 제공한다는 점이 매력으로 손꼽힌다. 여행객들은 그들이 방문하는 도시의 한복판에서, 도시의 역사와 호흡하고 도시의 구성원들과 교류를 나눌 수 있는 색다른 경험을 얻을 수 있다. 호텔이라는 획일적인 체류 경험에서 벗어나 여행지의 이면을 만날 수 있다는 이점이 에어비앤비의 가치를 더한다. 여행지의 주거문화를 매일매일 확인하고 학습할 수 있다는 점은 놓칠 수 없는 매력이다.

에어비앤비는 영리를 목적으로 하는 기술 스타트업이다. 빠르게 그리고 끊임없이 성장해야만 유지될 수 있는 샌프란시스코의 아이콘이다. 색다른 숙박 체험의 제공은 가파른 성장곡선을 지탱토록 하는 근원적인 힘이다. 이를 위해

서는 호스트와 게스트라는 참여자(Peer)의 평판과 신뢰를 철저하게 관리해야만 한다. 에어비앤비는 그 역할을 기계에 부여하고 있다.

에어비앤비는 신뢰와 수익을 통제하기 위해 랭킹 알고리즘과 가격 추천 알고리즘을 동시에 운영하고 있다. 전자가 위험 관리를 담당한다면, 후자는 수요와 공급 그리고 에어비앤비 측의 수익 극대화에 관여한다고 볼 수 있다.

에어비앤비의 랭킹 알고리즘은 호스트와 여행객 간의 최적 조합을 찾아준다. 여행객이 특정 지역에 마음에 드는 숙소를 빨리 찾아낼 수 있도록 알고리즘이 작동한다. 이 알고리즘은 주로 여행객 문의에 대한 호스트의 응답 속도, 취소나 거절 빈도, 편의시설 표시의 구체성, 즉시 예약가능 여부, 사진의 품질 등에 따라 호스트의 순위가 달라진다.

랭킹 알고리즘은 에어비앤비의 수익과 직결된다. 에어비앤비는 호스트와 여행객의 최적 조합을 통해 결제 성공률을 높일 때 수익이 극대화한다. 가격에 대한 결정권을 알고리즘을 통해 에어비앤비가 가져오기 위한 전략이다. 실제로 호스트들이 당시의 여건에 맞는 최적의 가격을 결정하기란 쉽지 않다. 에어비앤비만큼 충분한 데이터를 확보하고 있지 않을뿐더러 숙박 경기에 영향을 미치는 복합적 변수를 혼자 힘으로 계산해내기란 쉽지 않다. 이 가격 조절 기능을 에어비앤비가 대신하겠다는 의도다. 당연히 페이스북의 가격 추천 알고리즘은 에어비앤비 생태계 안에서는 '보이지 않는 손'이다. 다만, 호스트와 게스트의 눈에만 보이지 않을 뿐이다.

또한 에어비앤비는 적절한 시점에 특정한 도시를 선정해 최고의 수익을 내는 사례도 발표한다. 나름 저명한 학자들과 공동 연구를 진행하는 모양새도 취한다. 정작 그 논문에 담긴 데이터는 극히 제한적일 뿐이다. 에어비앤비의 성공을 빛나 보이게 할 수 있는 취사선택된 자료만이 담겨 있다.

(2) 우버

글로벌 온 디맨드(On-Demand) 플랫폼 기업 우버가 세계 최대 가전제품 박람회 CES 2020이 열리는 미국 라스베이거스에서 트랜짓(Transit) 티켓팅 서비스에 돌입한다고 발표했다. 트랜짓 티켓팅 서비스는 2019년 5월 미국 콜로라도주 덴버에서 처음 시작됐으며 한 마디로 우버의 플랫폼에 대중교통 인프라를 삽입하는 개념이다. 개인차량의 공유에서 시작된 우버가 각국의 규제 등 현실적인 위협 등을 고려해 이미 존재하는 대중교통과의 만남을 끌어내며 '이동하는 모든 것'을 품어내는 순간이다.

데이비드 라이크(David Reich) 우버 트랜짓 총괄은 "우버는 RTC 및 마사비와의 협력을 강화, 라스베이거스를 세계에서 두 번째로 우버 앱을 통해 환승 패스권 구매 및 대중교통 이용이 가능한 도시로 탈바꿈 할 수 있게 되어 기쁘다"며 "우버는 대중교통 시스템의 일부로 편입하기 위해 노력하고 있고 도시들의 접근성을 높여 머지않아 개인이 자동차를 소유하는 시대가 저물 것으로 기대한다"고 말했다.

트랜짓 티켓팅은 우버가 주장하는 '이동하는 모든 것'을 품어내는 최적의 방식이다. 현존하는 대중교통을 자사의 플랫폼에 넣어 승객의 이동 사용자 경험을 최고치로 끌어올릴 수 있기 때문이다. 자연스럽게 구사업과의 협업도 매끄럽게 진행된다. 최근 우버가 국내에서 택시와의 협업을 추구하면서 "택시도 대중교통"이라고 주장한 대목을 천천히 곱씹어볼 필요가 있다. 우버는 자사 플랫폼에 외부의 플랫폼을 넣으며 후자에 '대중교통'이라는 패러다임을 이입한 후 사회적 갈등을 무마시키며 '이동하는 모든 것'을 차지하는 로드맵을 영악하게 전개시키고 있다.

[그림 5-5] 우버 트랜짓

물론 우버가 트랜짓 티켓팅을 통해 '이동하는 모든 것'을 완벽하게 장악했다고 보기는 어렵다. 그러나 최종 목적지에 가장 가까이에 온 것은 명확해 보인다. 우버는 자가용 기반의 승용차 공유는 물론 택시와의 협업에 이어 전동 스쿠터 및 전기자전거를 품었고, 길게는 플라잉 택시까지 염두에 두고 있다. 우버가 어느 날 대기권을 날아다니는 우주선을 개발한다고 해도 전혀 놀랍지 않은 이유다.

[그림 5-6] 우버 SA-1 모델

하늘로 날아오르다

우버는 현재 우버 엘리베이트를 야심차게 키우고 있다. 이어 엘리베이트 시범 운행 계획과 2023년 상용 서비스 로드맵을 CES 2020 현장에서 전격 발표해 눈길을 끈다.

현재 유인 자동차 소유에 대한 의존도를 낮추고, 운송 수단에 대한 접근성을 확대하는 동시에 정부와 협력하여 모빌리티 미래에 대한 투자를 계획하는 '영악한 전략'을 전개하고 있다. 불필요한 잡음도 없고 비즈니스의 리스크도 최소화한 상태에서 기술 발전에 몰입하는 전략이다. 여기에 지상 중심의 교통을 하늘로 옮기는 것은 지상의 교통 혼잡을 줄여주고 모빌리티 활용성을 대폭 개방

한다는 기본적인 목적의식도 엿보인다.

그 연장선에서 우버는 모든 방향에서 접근 가능한 스카이포트(Skyport) 네트워크를 기반으로 도심 에어 모빌리티 서비스를 구현할 예정이며 구축된 인프라를 바탕으로 우버에어를 대규모로 확장해 가격을 인하, 빠른 대중화를 목표로 잡았다. 우버의 큰 꿈은 현대자동차와의 만남으로 빠르게 현실이 되는 중이다. 현대차는 CES 2020을 통해 지상과 하늘을 오가는 모빌리티 전략을 스마트시티의 청사진으로 풀어낸 상태다. 그리고 우버와는 UAM(Urban Air Mobility : 도심 항공 모빌리티)에서 협력한다.

핵심에 PAV가 있으며, 현장에서 PAV 모형이 공개됐다. PAV 콘셉트 'S-A1'은 실제 비행되는 상황을 연출하기 위해 바닥으로부터 2.2m 위로 설치됐으며 최고 비행 속력은 290km/h에 달하고, 최대 약 100km를 비행할 수 있다. 또 100% 전기추진 방식으로, 이착륙 장소에서 승객이 타고 내리는 5~7분여 동안 재비행을 위한 고속 배터리 충전이 가능하다. 여기에 각각의 프로펠러에 전기 분산 제어가 가능하도록 설계돼 최적의 안전성능을 제공하며, 도심 비행에 적합하도록 소음도 최소화 했다는 설명이다.

우버 엘리베이트를 총괄하는 에릭 앨리슨(Eric Allison)은 "현대차는 자동차 제조업체 중 첫 번째 협력 파트너"라며 "우리는 현대차가 빠른 속도로 항공 기체를 개발하고 고품질의 PAV를 대량 생산해 승객들의 비용을 절감하는 잠재력을 지니고 있다고 믿고 있다. 현대차의 제조 역량과 우버의 플랫폼 기술이 결합된다면 수년 내 항공택시 네트워크를 출범시키는 커다란 도약을 불러오게 될 것"이라고 말했다.

우버의 다라 코스로샤히 CEO는 "현대차의 대규모 제조 역량은 우버 엘리베이트에 커다란 진전을 가져다주게 될 것"이라며 "현대차의 자동차 산업 경험이 항공택시 사업으로 이어진다면, 하늘을 향한 우버의 플랫폼은 더욱 가속화되고, 전세계 도시에서 저렴하면서도 원활한 교통 서비스가 가능해질 것이다"고 말했다.

1.3 상거래 플랫폼(알리바바, 아마존)

(1) 알리바바

알리바바는 중국의 정보기술 관련 기업 그룹이며 지주회사이다. 기업 간 전자 상거래(B2B) 온라인 마켓인 알리바바닷컴을 운영하고 있으며, 240여 개 나라와 지역에서 5천만 명 이상의 회원을 보유하고 있다.

세계 최대의 B2B 온라인 쇼핑몰인 알리바바닷컴을 운영하는 중국의 전자상거래 관련 기업으로, 중국 항저우시에 본사를 두고 있다. 1993년 3월 창업하였으며 알리바바닷컴의 성장과 함께 알리바바 그룹도 급성장하였다. 2005년 야후 중국 사이트를 인수함으로써 국제적인 지명도가 높아졌다. 창업자인 마윈(马云, Ma Yun, Jack Ma)은 미국 야후의 창업자인 제리 양으로부터 투자를 받아 알리바바를 창업하고, 소프트뱅크의 손정의로부터 투자를 받아 사업을 확장하였다. 2014년 이후 알리바바그룹의 웹사이트로부터 발생되는 소포량은 전체 중국 소포량의 70% 정도를 차지하고 있으며, 전체 온라인 거래의 80% 이상을 차지하고 있다.

알리바바 그룹의 알리바바는 웹 포털을 기반으로 C2C(customer to customer), B2C(business to customer) 및 B2B의 전자상거래 서비스를 제공하고 있으며, 다음과 같은 서비스들을 운영하고 있다.

- ✧ 알리바바닷컴(alibaba.com) : 알리바바 그룹의 가장 주요한 사이트로 중국 현지 기반의 B2B 서비스이다.
- ✧ 타오바오(淘宝网, Taobao) : 소비자들을 대상으로 하는 C2C 온라인 쇼핑 플랫폼이다.
- ✧ 야후! 중국(Yahoo! China) : 2005년 야후와 전략적 파트너쉽 체결 이후 야후! 중국을 운영하였으나 2013년 9월 서비스를 종료하였다.
- ✧ 알리페이 : 즈푸바오라고도 불리며, 2004년 출시된 전자화폐 서비스이자 결제 플랫폼이다.
- ✧ 오토나비(AutoNavi) : 중국 지도 서비스로 2014년에 알리바바에 인수되었다.
- ✧ 티몰(Tmall) : 중국 개인용 전자상거래 사이트로, 알리페이에 주문자가 돈을

맡기면 상품의 배송이 확인된 후 판매자에게 돈이 전달되는 시스템으로 이루어진다.

- ✧ 알리바바 클라우드 컴퓨팅 : 클라우드 서비스로, 2009년 9월 서비스를 시작하였다.
- ✧ 아리왕왕(Aliwangwang) : 2004년에 시작된 인스턴트 메시징 소프트웨어로 온라인 판매자와 고객 사이의 상담을 담당한다.

이 외에도 알리바바 그룹은 미디어 회사 알리바바픽쳐스(Alibaba Pictures), 인터넷쇼핑몰 알리익스프레스(AliExpress), 음악사이트 시아미(XiaMi) 등 다양한 사업 및 사이트를 운영 중이다.

알리바바의 디지털 생태계 구축

알리바바가 앤트파이낸셜(Ant Financial)을 출범시킨 2012년에는 중국의 대형 은행들의 대출 규모가 상당하였다. 최소대출 금액이 대부분의 중소기업이 필요로 하는 금액보다 훨씬 컸다. 은행들은 신용기록이나 사업활동에 대한 적절한 문서도 없는 서비스 회사에 대출해주기를 꺼렸다. 그 결과, 수많은 중국 사업체들이 사업을 성장시키는 데 필요한 비용을 확보하는 데 어려움을 겪고 있었다.

알리바바는 중소기업 대출 사업에 필요한 요소를 이미 갖추고 있다는 것을 깨달았다. 알리바바의 플랫폼을 사용하는 많은 중소기업들이 만들어낸 엄청난 양의 거래 데이터를 기반으로 기업 대출을 제공하는 파이낸셜 서비스를 공개하였다. 작고 근면한 개미 같은 모든 벤처기업에 힘을 실어준다는 생각을 담아내기 위해 앤트(Ant)라고 이름을 지었다.

알리바바의 플랫폼에 있는 판매자들에게 데이터를 분석할 수 있도록 동의를 받아, 어떤 사업이 얼마나 잘되고 있는지, 제품이 시장에서 얼마나 경쟁력이 있는지, 신용도가 높은지 등을 알고리즘을 통해 평가할 수 있다. 앤트파이낸셜은 이러한 데이터를 활용해 차입자들의 상환능력을 비교하고 신용점수까지 실시간으로 측정한다. 알리바바는 딥 러닝 전문가를 활용해 플랫폼 서비스의 품질을 향상시키고 있다.

알리바바의 특별한 혁신이라면 여러 유형의 사업체들과 소비자들이 커뮤니티를 이루어서 온라인 플랫폼과 오프라인이 조화롭게 교류한다는 점이다. 또한 전략적으로 온라인 비즈니스를 성공시키기 위해 모든 기술에 접근할 수 있도록 열어두고 디지털 생태계의 발전을 지원하는데, 이런 사고방식이 알리바바의 생태계를 더욱 공고하게 한다. 공유된 기술로 연동하면 온라인 비즈니스가 계속적으로 확장될 것이다.

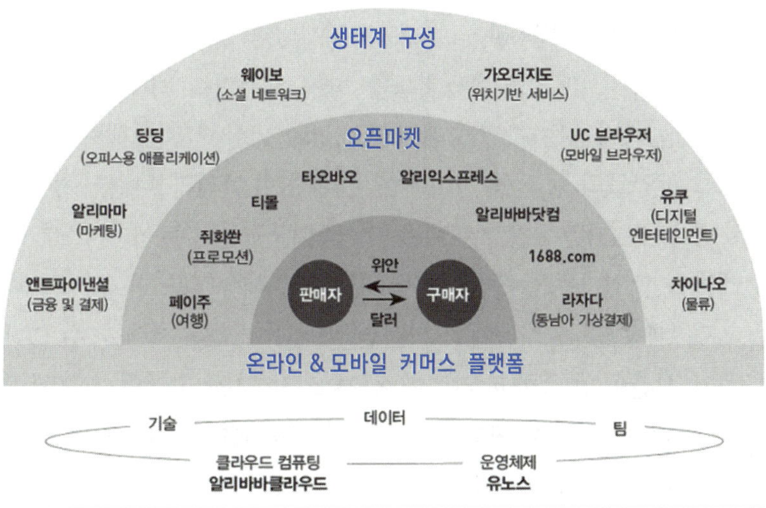

[그림 5-7] 알리바바 생태계

(2) 아마존

세계적 상거래 플랫폼의 대표주자인 아마존은, 1994년 7월, 제프 베조스가 '카다브라'라는 이름으로 법인을 설립했고 7개월 후 '아마존'으로 회사명을 바꾸었다. 제프 베조스는 1995년 말에 벤처 투자자들로부터 98만 달러의 자금을 투자 받았고, 1996년 봄에는 벤처캐피털 회사인 클라이너 퍼킨스(Kleiner Perkins)가 아마존의 가치를 6,000만 달러로 평가하고 800만 달러를 투자했다. 1996년 여름, 아마존은 다른 웹사이트에서 책을 살 고객을 아마존으로 보내주면 수수료를 주는 제휴 마케팅을 시작했다. 1996년 6월에는 인터넷 전자

상거래 사이트로는 최초로 회원수가 1,000만 명을 넘어섰다.

1998년 6월, 아마존은 음반 판매 서비스로 도서에 이은 두 번째 카테고리(Category)를 확장했다. 1999년 3월, 아마존은 경매 사이트를 론칭했다. 처음 시작은 느렸지만 금세 두 배로 커졌고, 고가의 물품에 초점을 맞추기 위해 소더비즈(Sotheby's) 경매회사와 계약했다. 아마존이 자신의 사이트를 '플랫폼(Platform)'으로 발전시켜 다른 소매업체들의 참여를 촉진시키려는 최초의 시도였다. 아마존의 첫 대문 페이지에 따로 마련된 탭(Tap)을 누르면 아마존 경매 사이트로 들어갈 수 있었다. 이후 이 경매 사이트는 제3자 판매를 아마존 내로 끌어들이기 위한 '지숍(zShop)'으로 변화하였다. 지숍은 판매자들이 아마존닷컴 내에서 자신들의 매장을 운영하도록 하는 오픈마켓 형태의 플랫폼이었다.

2000년 가을, 아마존은 '마켓플레이스(Market Place)'라는 새로운 기능을 발표했다. 다른 상인들의 물건을 아마존이 판매하는 물건과 나란히 놓고 판매할 수 있도록 했다. 2000년 8월 아마존은 미국의 완구업체 토이저러스(Toys"R"Us)와 제휴 계약을 맺었다. 2002년, 아마존은 따로 배송비를 받고 익일 배송, 이틀 배송, 사흘 배송 등 고객들에게 다양한 배송서비스를 선택할 수 있게 했다. 2004년 들어 시간이 촉박하고 가격에 신경 쓰지 않는 고객의 요구에 맞춘 초고속 배송 서비스인 아마존 프라임(Amazon Prime)을 론칭(Launching)했다.

2002년 아마존은 자사의 데이터베이스와 서비스를 오픈 API(Open Application Program Interface) 형태로 외부에 개방했다. 이를 통해 다른 웹사이트들이 가격과 제품 상세 설명과 같은 정보를 아마존의 상품 DB에서 골라서 올리고 아마존의 결제 시스템과 장바구니를 이용할 수 있도록 한 것이다. 이것이 아마존 웹 서비스(AWS, Amazon Web Service)의 시작이었다.

2006년에는 아마존의 웹 서버(Web Server)를 시간 단위로 외부 기업에 임대해 주는 일래스틱 컴퓨터 클라우드(EC2, Elastic Compute Cloud), 다른 웹사이트나 개발자의 사진, 문서 등 컴퓨터 파일을 아마존 서버에 저장하게 해주는 심플 스토리지 서비스(S3, Simple Storage Service)를 소개했다.

2007년 11월, 아마존은 전자책 킨들(Kindle)을 출시하며 디지털 디바이스(Digital Device)의 제조 영역으로 사업을 확장했다. 동시에 9만여 권의 전자책 DB를 갖춘 킨들의 전자책 스토어인 킨들 라이브러리(Kindle Library)를 론칭하며 디지털 콘텐츠(Digital Contents) 시장에도 뛰어들었다. 킨들은 2008년 7월까지 총 24만 대가 판매되며 큰 성공을 거뒀다.

2011년 3월, 아마존은 아마존 킨들을 위한 안드로이드(Android) 방식 핸드폰 사용자들을 위한 앱스토어(App Store : 응용 프로그램을 사고파는 매장)을 공개했다. 이는 안드로이드 시장의 아마존 버전으로 PC, 스마트폰, 태블릿(Tablet) 등의 다양한 장치에서 유무료로 안드로이드 앱을 살 수 있고, 기존 아마존 계정으로 바로 결제가 가능하도록 했다.

[그림 5-8] 아마존 생태계

2012년 4월, 아마존은 서드파티(Third Party) 개발업체가 직접 인-앱 결제(앱 내에서의 구매)가 가능한 아마존 전용 앱 개발을 할 수 있도록 했다. 즉 자사의 원클릭 결제 시스템을 자사 아마존 앱스토어로까지 확대한 것이었다. 같은 해 〈포춘〉지는 제프 베조스를 '한 번도 혁신을 멈춘 적이 없는 미래지향형 기업인'이라며 '올해 최고의 CEO' 1위에 선정하기도 했다.

2013년 8월, 아마존은 언론사 '워싱턴 포스트(Washington Post)'를 인수하고 2014년 6월, 스마트폰 시장에도 진출하여 파이어폰(Fire Phone)을 출시하는 등 계속적으로 사업 영역을 확장해 나가고 있다.

아마존의 새로운 기술, 발명은 지속되고 있다.

✧ 개인별 맞춤 추천 기능 : 1996년에 처음 선보인 아마존 '북매치(Bookmatch)'

기능은 고객들에게 수십 권의 책에 평점을 주도록 해 그들의 취향을 파악한 뒤, 그에 따라 책을 추천하는 시스템이다. 온라인상의 소비자의 구매와 열람 형태를 모니터링(Monitoring)하고 기록함으로써 소비자 프로파일(Profile) 분석에 근거하여 도서 추천 서비스를 제공한 것이다. 이런 북매치 기능은 아마존의 개인별 맞춤 기능의 시작이 되었다.

✧ 원클릭 결제 시스템 : 아마존이 개발한 원클릭 결제 시스템은 구매자의 신원정보와 구매자가 처음 주문할 때 사용한 결제 방식을 파악한 후 그것을 시스템에 입력해 놓으면 해당 구매자가 다음번에 아마존을 방문해 상품을 검색한 후 클릭 한 번으로 주문할 수 있도록 한 시스템이다. 원클릭 옵션을 사용하면 고객의 개인정보가 담겨 있는 선택 항목, 즉 구입 대금 결제 카드, 배송지 주소, 배달 방법 등을 고정해두고 사용할 수 있다. 아마존은 1998년, 원클릭 결제 시스템의 특허를 신청했다.

✧ 온라인 제휴 마케팅 : 제휴사 사이트의 광고 배너(Banner)를 클릭해 발생한 매출의 일정 비율을 수수료로 보상하는 시스템으로, 지금은 구글의 애드센스(ADSense) 등으로 익숙한 사업 모델이지만 인터넷 업체 중 아마존이 1996년에 최초로 시작했다.

✧ 아마존 웹 서비스(Amazon Web Service) : 아마존 웹 서비스는 아마존의 상품 카타로그(Catalog)를 외부 사이트에서 활용할 수 있게 하고 그들이 아마존의 결제 시스템과 장바구니를 이용할 수 있게 만드는 상업적인 API 개발에서부터 시작된 것으로 2002년에 처음으로 출시되었다. 일반적으로 쇼핑몰은 크리스마스 같은 쇼핑 호황기를 대비해 대용량 컴퓨팅 파워와 저장 공간이 필수였다. 그렇다 보니 평소 아마존이 사용하는 시스템의 가동률은 전체의 20%를 넘지 않았다. 이 남는 시스템의 여유 자원을 제휴사들이 사용할 수 있도록 연동해주고 그들의 쇼핑몰 운영 능력을 향상시킬 수 있도록 한 것이었다. 아마존의 웹 서비스는 수많은 데이터를 효과적으로 처리하고 세밀한 소매 유통 분석용 시스템 개발과 이를 활용한 견고한 CRM 활동을 할 수 있도록 효과적으로 도왔다. 이처럼 아마존 웹 서비스는 처음에는 자체 서비스의 인프라(Infrastructure)를 관리하기 위한 용도로 시작하였으나 점차 데이터 관리, 분석, 운용에 대한

노하우를 클라우드 기반의 아키텍처(Architecture)로 축적하였고, 노하우를 타 기업에 서비스 형태로 판매하기 시작했다.

아마존의 대표사업분야는 ① 온라인 커머스 사업, ② 온라인 커머스 솔루션, ③ 디지털 디바이스 사업, ④ 미디어 콘텐츠 서비스, ⑤ 클라우드 컴퓨팅 서비스이다.

아마존 브랜드 특징은 ① 고객지향적 서비스 - 아마존이 사업전략을 펼칠 때 가장 기본으로 생각하는 것은 '고객 지향'이다. 제프 베조스는 "대부분의 회사들은 고객이 아닌 경쟁자에 집중한다. 월급을 주는 것은 경쟁자가 아니라 고객이다. 그들은 2~3년 안에 수익을 올릴 수 있는 것에 투자하기를 원한다. 그래서 2~3년 안에 잘 되지 않는다면 다른 사업 거리를 찾아나서는 것이다." 라고 말했다. 아마존의 중역회의에는 항상 빈자리를 하나 두는데 그곳에 가상의 '고객'이 있다는 일종의 상징이라고 한다. ② 빠르게 실행해서 크게 만들자(Get Big Fast)는 아마존의 전략 - 아마존이 사업을 확장할 때 사용하는 전형적인 전략은 '빠르게 실행해서 크게 만들자(Get Big Fast)'이다. 즉, 초기에는 적자를 감수하더라도 시장을 키우고 소비자를 확보하는 데 전력을 기울인다. 이런 전략은 초기에 인터넷서점 시절부터 시작되어 베스트셀러(Best Seller)의 경우 정가의 40%까지 싸게 팔았으며 거의 이윤을 남기지 않았다.

또 전자책, 태블릿 PC 등 디바이스 판매에 있어서도 애플 등 다른 업체와 달리 애초에 낮은 이윤을 남기며 저렴한 가격으로 시장 확장에 나섰다. 킨들 라이브러리를 론칭할 때에는 아예 역마진(Reverse Margin) 전략으로 소비자들로 하여금 전자책을 선호하게 만들었다. 이처럼 아마존은 낮은 영업이익을 가져가더라도 소비자들에게 자신들의 서비스와 상품을 이용해야 할 필요성을 계속 제공하면서 시장을 키워 나가고, 이후 규모의 경제를 통해 수익을 창출하고 경쟁자들을 따돌려 왔다.

1.4 오픈 플랫폼(테슬라)

2021년 플랫폼 시장의 이슈는 ① Connectivity(플랫폼 연결), ② Automatic

driving(자율주행), ③ Electric Vehicle(전기차), ④ Shared(공유경제)라 할 수 있다. 이를 대표하는 기업이 테슬라이다.

테슬라는 단순한 전기차 브랜드가 아니라 향후 모빌리티 생태계를 바꾸고 주도한다. 테슬라는 유통업에서 아마존이 끊임없이 가격을 내려 경쟁기업들을 쓰러뜨린 것처럼 전기차 가격파괴로 독점적 지위를 유지하려 한다.

테슬라는 오픈 소스(open source : 기술 정보를 담고 있는 소스 코드를 공개하는 것)를 공개하며 2014년에는 보유하던 200여 건의 특허를 무료로 공개했다. 공개된 소스에는 전기차 관련 혁신 기술이 담겨 있는데, 다른 자동차 회사들이 사용할 수 있도록 하여 전기차 시장을 키우려는 전략이다.

창립자는 마틴 에버하드와 마크 타페닝으로 두 사람이 공동 창립했다. 테슬라가 스페이스X처럼 일론 머스크가 창립한 기업으로 아는 사람들이 많지만 사실 일론 머스크는 투자자로서 테슬라와의 관계를 시작했다. 테슬라의 가능성을 본 머스크는 초기에 자금을 투자하여 최대주주로 등극하고 모터 개발을 주도한 J.B. 스트라우벨 등의 엔지니어를 영입하고 법률, 회계사를 주선하는 등 간접적인 역할을 했다. 이후 초기 경영과 개발에 관여했던 이안 라이트, J.B. 스트라우벨과 함께 공동 창립자 지위를 인정받았다. 상호명은 니콜라 테슬라로부터 따왔으며, 미국의 주 중에서 가장 배출가스 축소와 내연기관 자동차 축소에 힘을 쏟는 캘리포니아에서 회사를 설립했다.

테슬라의 일론 머스크는 애플의 창업자 스티브 잡스와 유사하다. 기존에 형성된 시장에서 차별화 전략으로 성공한다. 두 창업자는 전체 생태계를 장악하는 전략을 취한다. 애플은 아이팟부터 시작된 모바일 혁신을 아이폰과 아이패드로 이어간다. 모바일 제품에서 가장 중요한 부품인 SOC(System on Chip)를 스스로 만들어 성능 차별화를 만들고, 앱 스토어를 통해 소프트웨어 생태계를 장악한 것이다.

테슬라는 전기차만 만드는 기업이 아니다. 전기 충전소와 핵심 충전기를 개발하여 목표 시장을 확장한다. 차별화를 만드는 SOC와 관련 칩 부품, 자율주행 SW, 그리고 배터리까지 직접 만든다.

테슬라는 Super charger라는 테슬라 전용 급속 충전기를 개발하고 2020년 4000개를 중국에 추가한다고 하였다. 테슬라는 전기차에 들어가는 SOC와 배터리까지 직접 만든다. 이는 차별화의 중요한 요소이다. FSD(full self driving) 완전자율주행을 위한 '오토파일럿'이라는 앱을 직접 판매한다. 테슬라는 배터리를 직접 조달받기 위해 기가팩토리를 만들어 운영 중이며, 테슬라 데이 등을 통해 배터리 표준을 주도하려 한다.

공생 · 경쟁하며 전기차 생태계 구축한 '테슬라 마피아'

미국의 클라우드 기반 자동차 판매 플랫폼 스타트업 테키온(Tekion)이 설립 4년 만에 유니콘에 등극했다. 테키온은 오프라인에서 이뤄지는 자동차 판매 전 과정을 온라인에 그대로 옮겨왔다. 특히 테키온의 플랫폼은 인공지능과 머신러닝 알고리즘을 채택해 고객 맞춤형 서비스를 제공한다는 장점이 있다.

창업자 겸 CEO인 제이 비자얀은 2012년부터 4년 간 테슬라에 일하며 CIO(정보관리책임자)를 지냈다. 테슬라가 매출을 거의 내지 못하던 시절에 합류했고, CIO로서 일론 머스크에게 직접 보고하며 테슬라의 디지털 및 정보기술 시스템 기반을 다진 인물이다. 테슬라를 나온 2016년 2월 테키온을 설립했다.

테키온처럼 테슬라 출신이 스타트업을 창업해 성공한 사례가 많다. 테슬라를 떠나 성공한 창업 유형을 살펴본다.

① 배터리 창업

테슬라 출신이 세운 스타트업은 대부분 전기차 배터리 분야에 포진해 있으며 스웨덴 노스볼트(Northvolt)가 대표적이다. 노스볼트는 테슬라 구매 담당 부사장 출신인 피터 칼슨 CEO가 유럽에도 '기가팩토리(테슬라의 배터리 공장)'를 세우겠다는 목표 아래 2016년에 공동 창업한 배터리 생산회사다. 현재 폴크스바겐, BMW, 스카니아 등 유럽의 주요 자동차 회사를 고객으로 두고 있다.

테슬라의 7번째 직원으로 알려진 베르디체브스키가 2011년에 창업한 실라나노테크놀로지스(Sila Nanotechnologies)도 주목받는 배터리 스타트업이다. 실라나노테크놀로지스는 실리콘 기반 나노 분자로 배터리 음극재를 만든다. 흑연 대신 실리콘 음극재를 쓰면 에너지 밀도(저장 능력)가 높아져 배터리 성능이 향상되며 생산비용도 낮출 수 있다. 2019년 누적투자유치액이 3억 달러를 넘었다.

이 밖에 테슬라 출신이 창업한 전기차 배터리 관련 스타트업으로 스마트 배터리 시스템을 개발하는 티베니(Tiveni), 스마트 충전 기술을 보유한 월박스(Wallbox) 등이 있다.

② **협력사 또는 경쟁사**

테슬라 출신이 대거 전기차 관련 스타트업을 창업하면서 테슬라와 함께 새로운 전기차 산업생태계를 만들고 있다.

이 생태계 내에서 테슬라와 협력하는 스타트업도 경쟁하는 스타트업도 존재한다. 테슬라와 돈독한 관계를 유지하고 있는 스타트업으로 레드우드 머티리얼스(Redwood Materials)가 있다. 테슬라 공동창업자이자 최고기술책임자(CTO) 출신인 J.B. 스트라우벨이 2017년에 설립한 레드우드 머티리얼스는 전기차 배터리 셀 등에서 회수한 재료를 재활용, 재유통 하는 회사이다. 테슬라 엔지니어 출신이 세운 시브로스(Sibros) 역시 테슬라와 협력하고 있다.

반면 테슬라 대항마를 자처하는 미국 전기차 회사 루시드 모터스(Lucid Motors)는 텟슬라 출신이 설립했지만, 테슬라와 경쟁구도를 형성하고 있다. 루시드 모터스는 2020년 9월 첫 양산 승용차인 루시드 에어의 세부 사양을 공개하면서 2021년부터 차량을 인도한다고 하였다.

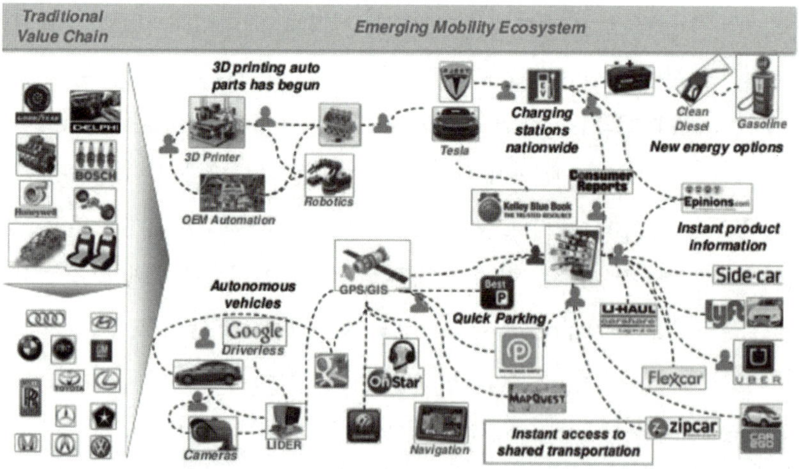

[그림 5-9] 모빌리티 생태계

③ 전기차 밖 도전

4차 산업혁명의 총아로 꼽히는 전기차 산업에 몸담았던 만큼 테슬라 출신의 창업 영역은 전기차 분야로만 한정되지 않는다. 테슬라 에너지 사업부에서 일했던 아치 라오는 2018년 4월 테슬라에서 나온 뒤 6월 주거용 스마트 에너지 패널 개발 스타트업인 스판(Span)을 창업했다. 테슬라 에너지 사업부 부사장 출신인 마테오 자라밀로 역시 2017년 에너지 저장장치 개발 스타트업인 폼 에너지(Form Energy)를 공동창업했다.

전기차와 동떨어진 분야에서 창업해 성공한 테슬라 출신으로 마이클 마크스도 있다. 그는 테슬라 공동 창업자 중 한 명으로 2015년 콘테크(contech) 스타트업 카테라(Katerra)를 세웠다. 콘테크는 건설과 기술의 합성어로, 4차 산업기술을 활용해 건설공정 생산성을 높이는 혁신기술을 말한다. 카테라는 IT 솔루션과 생산 공장을 활용해 건물을 문, 벽 단위의 반조립품 형태로 설계하고 필요한 자재를 사전에 계산해 즉시 조달하는 방식을 제안해 주목받았다.

2. 플랫폼 기업 실패 요인

디지털 기술 혁명이 시작된 이후 플랫폼 비즈니스를 향한 질주가 계속 되고 있다. 각 분야에서 최초의 신흥 플랫폼 선두주자가 되려는 경쟁이 일어났다. 그러나 최초의 선두 기업이 되었다고 플랫폼이나 비플랫폼 기업으로 반드시 성공하는 것은 아니라는 것이다. 아마존이나 애플 같은 초창기 선두 기업들이 성공적이었으나 플랫폼 업계에서는 거의 모든 분야에서 첫 선두 기업이 실패한 사례가 많이 있다.

차량 공유 시장의 선두 기업은 원래 우버가 아니라 사이드카(Side Car)였고, 숙박 공유 시장의 선구자는 에이비앤비가 아니라 VRBO와 그 외의 많은 휴가 대여 플랫폼이었다. 소셜네트워크를 만들어 극적으로 확대시킨 선구자는 페이스북이 아니라 프렌드스터와 마이스페이스였다. 미국의 전자상거래 플랫폼을 장악한 이베이 또한 중국에서 최초 선구자였다. 이베이는 중국 시장을 신속하게 장악했지만 알리바바는 고작 몇 년 만에 이베이를 추월했다. 넷스케이프는 1990년대 중반 브라우저 시장의 80%를 차지했지만 마이크로소프트에게 무너졌고, 한 때 마이크로소프트는 시장의 90% 이상을 장악했지만 최근 파이어폭스, 그 다음에는 구글의 크롬에게 주도권을 내주었다.

[그림 5-10] 웹 브라우즈(Web Browser)

최초로 플랫폼 시장에 진출했지만 지속적 성장을 이어가지 못하고 도태된 플랫폼 기업들이 많이 있다. 시장의 특성에 따라 실패를 초래하는 원인이 차이가 있지만 공통적인 요소도 찾을 수 있다. 시장의 특정 부분에서의 잘못된 가격 책정, 사용자 및 사업 파트너들과의 신뢰구축 실패, 경쟁을 선불리 무시하는 정책, 지나치게 늦은 시장진입(매우 강력한 네트워크 효과와 유리한 조건을 갖춘 플랫폼이 있는 시장에 진입하는 것)의 4가지 실책이다. 실패한 플랫폼 기업들을 분석하여 타산지석으로 삼을 필요가 있다.

2.1 적정 가격 책정 실패

가격책정 문제를 제대로 평가하지 못한 선두 기업으로 택시 시장의 사이드카의 사례가 있다. 2015년 샌프란시스코에 기반을 둔 차량 공유 플랫폼 기업인 사이드카는 당일 배송 서비스를 도입했다. 주력 사업인 개인 간 차량 공유 사업을 보완할 목적이었다. 이들은 수익의 대다수가 차량 공유가 아니라 식품, 꽃, 심지어 의료용 마리화나 배송에서 나오리라 기대했다. 그러나 우버와 리프트 같은 유명한 차량 호출 플랫폼과의 전쟁에서 패하고 말았다. 우버와 리프트보다 먼저 개인 간 차량공유 비즈니스 모델을 개척했지만 경쟁에서 뒤쳐졌다. 사이드카의 창립자 겸 CEO인 폴(Sunil Paul)은 2012년 창립하고 2013년 6월 서비스를 시작했다.

사이드카의 결제방식은 처음에는 운전자에게 '기부'를 해도 되고 안 해도 되는 옵션 형식이었다. 앱은 승객에게 평균기부액 정보를 제공함으로써 운전자에게 얼마를 줄지 결정하는 데 도움을 주었다. 결국 기부 모델은 효력이 없다고 판명이 났다. 2013년 11월 사이드카는 운전자들의 피드백에 대한 대응으로 기부 방침을 버리고 승객이 탑승을 예약할 때 고정운임을 받는 쪽으로 돌아섰다.

모든 신흥 플랫폼기업이 그렇듯 사이드카 역시 시장의 두 부분인 공급자(운전자)와 소비자(승객)에 대해 서비스 가격을 어떻게 책정할지 정해야 했다. 가격 책정은 누가 무엇을 공짜로 받을 것인가와 누가 돈을 낼 것인가의 문제만이 아니다. 플랫폼의 주요 참여자인 자원(여기서 운전자)의 지속적 참여 여부를 결정하는 주요 요소임을 간과했다. 결국 경쟁 플랫폼기업들이 전통적인 택시와 차량 서비스를 추월해 등장하면서 사이드카는 올바른 가격을 책정하지 못하고 말았다.

[그림 5-11] 우버의 앱 실행 화면

사이드카가 사업을 시작한 지 불과 두 달 후 짐라이드(Zimride)라는 스타트업이 리프트라는 이름의 개인 간 차량공유 서비스를 새로 도입했다. 짐라이드는 2007년부터 사업을 시작했고 페이스북을 이용하여 승객과 운전자들을 연결하는 장거리 카풀 서비스를 운영했다. 2010년 짐라이드는 지역 내 개인 간 차량 공유 아이디어를 착안한 후 리프트로 발전시켰고, 2012년 사업을 시작했다. 리프트는 짐라이드의 기존 장거리 카풀 사업을 급속히 추월하여 주 수익원인 주력 사업이 되었다.

2013년 우버는 자체적인 개인 간 차량 공유 서비스를 도입했다. 2010년 사업을 시작한 초기에는 스마트폰 앱으로 의전용 차량인 타운 카(Town Car)를 요청해 이용하고 돈을 지불하는 방법을 썼다. 우버의 비즈니스 모델이 사이드카와 리프트의 그것과 달랐던 점은 우버의 운전자들이 전문 운전자였다는 것이다. 우버는 사이드카와 리프트가 비전문 운전자를 써서 라이선싱 및 보험 비용을 줄인 덕에 더 낮은 가격으로 서비스를 제공할 수 있다는 점을 위협으로 인식하고 이에 대응했다. 2013년 우버는 개인용 차량을 이용한 비전문 운전자들의 차량공유 서비스를 시작했다.

사이드카는 선두 기업의 지위를 갖고 있었음에도 불구하고 경쟁사들보다 훨씬 늦게 사업을 확장한 탓에 결국 시장에서 밀려났다. 우버의 급속한 성장이 사이드카의 선두 기업으로서의 이점을 없애 버렸다.

우버와 리프트는 공격적인 성장전략을 따르다가 돈을 잃었고 운전자를 찾아 대체하는 데만 엄청난 비용을 썼다. 리프트와 우버가 공격적인 성장전략을 유지할 수 있었던 이유는 자기자본으로 수십억 달러를 끌어들였기 때문이다. 사이드카가 자금조달 부분에서 우버와 리프트를 따라잡지 못한 것은 전략적 실책이다. 경영진은 경쟁을 오판했고, 공급 측면(운전자)이 플랫폼 시장에서 차지하는 중대한 역할을 제대로 읽어 내지 못했으며, 네트워크 효과에 대한 논리적 이해 부족으로 실패하게 된 것이다.

2.2 신뢰 구축 실패

모든 플랫폼에서 적정 가격 책정이 중요하지만 적정가격 책정이 성공을 위한 충분조건은 아니다. 혁신 플랫폼 기업과 같이 상거래 플랫폼 기업 또한 둘 이상의 이해 당사자가 필요하다. 이들 이해당사자들은 서로 연계를 맺는다. 이런 플랫폼 기업에서 반드시 요구되는 것이 신뢰 구축이다.

페이스북과 링크드인은 친구나 사업 동료를 연결해줌으로써 신뢰를 구축한다. 많은 전자상거래 플랫폼 기업은 순위 체계, 결제 메카니즘, 혹은 보증을 통해 신뢰를 구축하려 한다. 신뢰가 없으면 플랫폼상의 이해관계자들은 아무 보증 없이 상대를 믿어야 하는 상황에 처하게 된다.

전형적인 전자상거래 플랫폼 기업인 이베이는 중국 시장 진입에 실패했다. 이베이는 중국 시장에 많은 투자를 했지만 중국 온라인 시장을 주요 경쟁사에 넘겨주고 패배를 인정했다. 선두 기업이었던 이베이가 실패한 문제의 출발점은 경쟁과 적정가격 책정이다. 이베이가 중국에 진입하던 당시 알리바바는 중국 전자상거래 업계 최대 기업이었다. 알리바바는 제품을 팔지 않고 제3자 구매자와 판매자 사이의 거래를 용이하게 해 주고 건당 수수료를 받았다. 알리바바는 기업 간 거래에 집중하면서 중국 내 중소기업들에게 플랫폼을 제공한다는 점에서 이베이와 달랐다. 반면 이베이는 주로 소비자 간 시장에 주력했다. 이런 차이에도 불구하고 알리바바의 CEO 마윈은 이베이의 중국 진출을 주요 위협으로 인식했다.

마윈과 알리바바는 이베이와 미국 기업의 위협에 정면 대응하는 뜻으로 소비자 간 온라인 장터인 타오바오(중국어로 '보물찾기'라는 뜻)를 열었다. 중요 결정은 타오바오 서비스를 구매자와 판매자에게 무료로 제공한 것이다. 반면 이베이는 처음에는 제품을 올리고 거래 수수료를 챙기는 기존 모델을 유지했다. 이베이가 초창기 구매자와 판매자 간의 직접거래를 허용하지 않았던 반면, 타오바오는 구매자와 판매자들이 서로 소통하도록 독려했고 웹사이트에 즉석 메시지 기능을 추가해 구매자와 판매자들이 신뢰를 구축하도록 도와주었다.

상거래 플랫폼 성공의 핵심 열쇠는 신뢰다. 온라인 결제 분야에서도 중요한 차이가 드러났다. 2004년 알리바바는 알리페이(Alipay)라는 자체 온라인 결제 시스템을 출시했다. 이는 페이팔과 유사한 체제이다. 이베이는 중국 시장에 들어가기 직전 페이팔을 인수했다. 알리페이는 페이팔과 달리 에스크로 모델을 사용했다. 상거래가 이루어지면 돈이 에스크로 계정으로 들어가고, 구매자가 상품을 받아 이상이 없음을 확인한 다음에야 돈이 인출되는 시스템이다. 이는 신뢰와 안정성이 관건인 플랫폼 시장에서 중요한 사항이다. 2006년 이베이는 중국에서 철수했다.

[그림 5-12] 알리바바 그룹 이미지

실패한 다수의 플랫폼 기업들에게서 공통적으로 나타나는 문제가 바로 신뢰이다. 이베이는 페이팔에 기댔고 초반에는 페이팔이 미국에서처럼 제 역할을 해 주었지만, 중국 소비자들은 전자상거래에 익숙하지 않았기 때문에 페이팔로는 충분하지 않았다. 반면 타오바오의 알리페이 시스템은 에스크로(escrow) 모델(소비자가 만족할 때까지는 지불이 되지 않는 모델)과 기존의 금융 시스템을 활용했다. 이로 인해 타오바오는 이베이가 가진 초창기 선두 기업의 우위를 무너뜨릴 수 있었다.

2.3 경쟁 무시

플랫폼 시장에서 오해를 가져오는 한 가지는 일단 시장이 특정 기업 쪽으로 유리하게 기울어지면 해당 기업은 장기적으로 승자가 될 것이라는 통념이다. 많은 경우 맞지만, 오히려 승자가 패배할 적기가 되기도 한다. 자만은 과도한 확신, 오만함과 더불어 큰 패배로 직결될 수 있다. 승자독식 시장에서도 예외는 없다.

브라우저는 전형적인 혁신 플랫폼이다. 1996년 90%의 시장점유율을 자랑하던 넷스케이프는 2004년 점유율이 제로로 추락했고, 마이크로소프트의 인터넷 익스플로러는 95%의 점유율을 보였다. 그러나 마이크로소프트가 브라우저 시장에서 주도적 지위를 상실하는 데에는 10년 기간이면 충분했다. 실패는 크게 두 부분으로 첫째는 2004년~2008년 출시된 제품이 형편없었다는 것이고, 둘째는 2008년~2015년에 추진한 신제품에 혁신이 미흡했다는 것이다.

2004년 95%의 시장점유율을 자랑하던 마이크로소프트가 마주했던 경쟁은 주로 비영리재단인 모질라(Mozilla)의 파이어폭스라는 오픈 소스 프로젝트

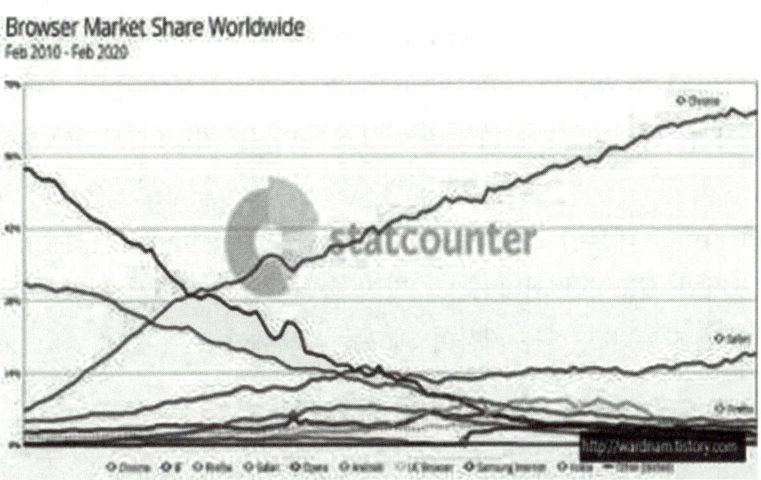

[그림 5-13] 웹 브라우즈 점유율

에서 비롯되었다. 이 웹 브라우저는 넷스케이프가 1998년 내비게이터의 소스 코드를 다운로드받아 변경하고 싶어 하는 개발자들에게 소스 코드를 공개하면서 시작되었다.

넷스케이프는 소스 코드 개방 2주 만에 20만 건 이상의 다운로드 수를 기록했다. 개발자들은 다른 운영 체제를 위한 소프트웨어 변형, 버그 수정, 안정성 향상에 주력했다. 2004년 4.5%의 점유율을 보인 파이어폭스는 2007년 17%를 차지했고, 인터넷 익스플로러의 점유율은 76%로 추락했다. 익스플로러가 제품 개발과 혁신을 등한시 하는 사이 2009년 파이어폭스는 32%의 점유율을, 익스플로러는 56%의 점유율을 기록했다.

2008년 말 구글의 크롬이 신흥 경쟁자로 등장하면서 브라우저 시장은 새로운 국면을 맞이한다. 크롬은 2011년 파이오폭스를 2012년 인터넷 익스플로러를 추월했다. 구글은 크롬의 첫 버전을 출시하면서 다른 경쟁사 브라우저보다 10배나 빠른 자바스크립트 코드를 실행할 수 있는 새 자바스크립트 엔진을 개발했다. 또한 샌드박스(Sandbox: 보호된 영역 안에서 프로그램을 작동시키는 보안 소프트웨어)라는 프로그램을 채택했다. 이는 브라우저에서 실행되는 코드가 운영체제 기반에 접근할 수 없다는 의미이고, 인터넷 익스플로러를 괴롭혀 온 보안상의 위협을 줄인 것이다. 크롬은 또 주요 인터넷 주소창에 검색 기능을 최초로 통합했고, 훨씬 더 미니멀하고 능률적이며 간편한 룩 앤드 필을 구현했다. 2012년 〈PC월드〉는 페이지 로드 속도, 자바 스크립트와 Html 코드 실행, 안정성, 확대된 부가 기능을 이유로 크롬을 최상의 브라우저로 선정했다.

아무리 강력한 네트워크 효과도 영원한 성공을 보장해 주지 않는다. 뛰어난 다른 경쟁사의 제품이나 서비스가 시장이 출현하면 경쟁에서 뒤지게 된다. 개발과 혁신에 지속적 노력을 기울여 최고를 유지해야 된다.

2.4 뒤늦은 시장 진입

가장 전형적인 플랫폼 기업의 실책은 시장의 타이밍을 놓치는 것이다. 브라우저 시장에 뒤늦게 뛰어든 후발주자들이 강력한 플랫폼을 구축할 수 있었지만,

이것이 가능했던 이유는 선발주자들의 쇠퇴 때문이다. 마이크로소프트가 인터넷 익스플로러의 경쟁력을 지켰더라면 파이어폭스와 크롬은 강력한 경쟁 플랫폼을 구축할 수 없었을 것이다.

스마트폰 시장은 진입이 늦을 경우 위대한 제품과 훌륭한 자원을 다 합쳐도 플랫폼 시장에서 실패할 수 있음을 보여 준다. 2017년 마이크로소프트의 윈도폰은 10년 동안 수십억 달러를 투자했지만 결국 시장에서 사라졌다.

2007년 아이폰을 출시한 애플은 63% 이상의 점유율을 가진 노키아의 심비안(시장의 선두 주자)과 경쟁했다. 결국 2014년 심비안은 시장에서 자취를 감추었다.

전 세계 스마트폰 플랫폼 전쟁에서 점유율 면의 승자는 2008년 구글이 도입한 오픈 소스 모바일 플랫폼인 안드로이드였다. 노키아와 마이크로소프트는 안드로이드를 무시하여 실패하게 된다. 2018년 세계 시장의 80% 이상을 점유한 안드로이드는 지배적인 스마트폰 플랫폼이 되었다.

마이크로소프트가 노키아와 제휴하고 인수까지 하여 점유율을 높이려 하였지만 2015년 말 윈도우 판매량은 급속히 추락해 3% 밑으로 내려갔다.

마이크로소프트의 윈도폰이 실패한 원인은 근본적으로 플랫폼 경쟁이 상품 경쟁과 다르다는 것을 간과한 것이다. 플랫폼 시장의 승자는 대체로 최상의 제품이 아니라 최상의 플랫폼이다. 구글 안드로이드는 이미 대다수의 휴대폰 제조업체, 앱 개발자, 그리고 사용자들을 자사 플랫폼 주변에 포진시켰다. 애플 또한 충성도 높은 상용자들과 앱 개발자들이 있었다. 애플과 구글 같은 기존 주자들의 강력한 추진력은 사용자 수와 고품질의 보안재가 추진하는 네트워크 효과로 인해 더욱 커졌다. 마이크로소프트는 뒤늦게 시장에 진입한데다가 기존의 사용자들과 앱 개발자들을 따라잡아야 하는 어려움을 극복하지 못했다.

회사의 플랫폼과 생태계를 구축하는 데에는 시간이 걸린다. 혁신을 주도할 많은 개발업체를 끌어들이고, 이들의 혁신재를 사용할 많은 소비자가 필요한 혁신 플랫폼의 경우에는 특히 그러하다. 개발업체와 소비자 집단이 플랫폼 내로 지나치게 늦게 들어오는 경우, 마이크로소프트의 윈도우폰처럼 실패할 수밖에 없다. 훌륭한 제품을 갖추고 거의 무제한으로 재정적, 공학적 자원을 투입해도 소용없다. 도전자들에게는 시장이 한쪽으로 기울어진 이유와 플랫폼 선두 주자들을 붕괴시킬 수 있는 전략과 투자 부문을 정확히 파악하는 것이 무엇보다 중요하다.

[그림 5-14] 윈도우 폰

2.5 플랫폼 비즈니스 경쟁력 원천

네트워크 효과란 여러 플랫폼 사용자들이 각 사용자를 위해 창출한 가치에 미치는 영향력이다. 긍정적인 네트워크 효과(positive network effects)란 잘 관리되고 있는 대형 플랫폼 커뮤니티가 각 플랫폼 사용자를 위해 상당한 가치를 생산해 내는 능력이다. 반면 부정적인 네트워크 효과(negative network effects)란 형편없이 관리되는 플랫폼 커뮤니티가 각 플랫폼 사용자를 위해 창출하는 가치를 떨어뜨릴 가능성을 말한다.

네트워크 효과는 기술혁신이 주도하는 새로운 경제현상을 대변한다. 20세기 산업화 시대의 거대 독점기업들은 규모의 공급 경제(supply economies of scale)에 기초해 생겨났다. 규모의 공급 경제는 생산 효율성에 따라 추종됐고, 이는 생산량 증가를 통해 제품이나 서비스의 단위 생산 비용을 낮추는 방식이었다. 이러한 규모의 공급 경제는 선진 공업 경제 국가의 대기업들에게 엄청난 비용 우위를 제공하여 다른 경쟁자들의 따라잡기를 매우 어렵게 만들었다.

21세기 인터넷 시대에 과거 거대 기업들에 상응할 만한 독점 기업들은 규모의 수요 경제(demand economies of scale)를 통해 생겨났다. 규모의 공급 경제와 달리 규모의 수요 경제는 생산자 측 수익 방정식에서 한쪽 절반을 차지하는 수요 측면의 기술 향상을 이용한다. 규모의 수요 경제는 소셜네트워크의 효율성, 수요 결집, 앱 개발, 기타 네트워크가 크면 클수록 사용자들에게 더 많은 가치를 가져다주는 현상에 따라 움직인다. 규모의 수요 경제는 한 플랫폼 시장에서 가장 몸집이 큰 기업에게 네트워크 효과 우위를 제공하기도 하며, 이때 네트워크 효과 측면에서 우위에 있는 기업을 경쟁업체들이 따라잡기란 극히 어렵다.

규모의 수요 경제는 긍정적인 네트워크 효과의 근원이며 오늘날 경제 가치의 주된 동력이다. 규모의 공급 경제가 더 이상 중요하지 않다는 것은 아니다. 규모의 공급 경제는 지금도 중요하다. 그러나 규모의 수요 경제가 네트워크 효과의 형태를 띠면서 가장 중요한 차별화 요인이 되었다.

멧커버의 법칙(Metcalfe's law)은 네트워크 효과가 네트워크 참여자들 뿐만 아니라 네트워크를 소유하거나 관리하는 이들을 위해 어떻게 가치를 창출하는지 요약해서 설명하는 데 매우 유용하다. 이더넷(Ethernet) 공동창업자이자 3Com의 창립자인 로버트 멧커버(Robert Metcalfe)는 전화망의 가치는 전화망의 가입자 수가 증가할수록 비선형적으로 증가하며 이에 따라 가입자들 간에 더 많은 연결을 만들어 낸다고 지적했다.

2대의 전화기로는 1개의 연결이 가능하다. 4대의 전화기로는 6개의 연결을 생성하고, 12대가 있으면 66개가 된다. 그리고 전화기 100대가 있으면 가능한 연결 수가 4950개가 된다. 이를 가리켜 비선형 성장(nonlinear growth) 또는 볼록 성장(convex growth)이라고 한다. 이러한 성장 패턴은 90년대의 마이크로소프트와 오늘날의 애플, 페이스북, 우버와 같은 기업들에서 볼 수 있는 성장 패턴이다.

양면 네트워크 효과

우버의 성장을 이끈 주요 원동력은 양면 네트워크 효과(two-sided network effects)이다. 멧커버의 전화기 사례에서 전화기 가입자는 더 많은 가입자들을 끌어들인다. 그러나 우버의 사례는 양면 시장과 관련이 있다. 즉 탑승객이 운전자들을 끌어들이고, 운전자는 탑승객을 끌어들인다. 구글의 안드로이드 앱 개발자들은 소비자들을 끌어들이고, 소비자들은 앱 개발자들을 끌어들인다. 업워크에서 구인 목록은 프리랜서들을 끌어들이고, 프리랜서들은 더 많은 구인 목록을 생성하게 만든다. 페이팔에서는 판매자가 구매자들을 끌어들이고, 구매자들은 판매자들을 끌어들인다. 에어비앤비에서는 호스트가 게스트를 끌어들이고, 게스트는 호스트를 끌어들인다. 이 모든 비즈니스가 긍정적인 피드백과 함께 양면 네트워크 효과를 일으킨다.

네트워크의 성장을 촉진시키는 데 이와 같은 네트워크 효과의 중요성이 매우 커지자 플랫폼 기업들은 종종 돈을 들여서라도 시장의 한쪽으로 참여자들을 끌어들이려 한다. 플랫폼의 한쪽 면에 참여자들을 불러올 수 있으면 다른 쪽도 따라올 거라는 사실을 아는 것이다. 이와 유사한 사례가 동네 술집에서 매주 하루를 정해 여성에게만 술값을 할인해 주는 행사를 여는 경우이다. 술집에 여성이 오면 남자들이 나타나고, 남자들은 기꺼이 술값을 모두 내고 마신다. 따라서 양면 시장에서는 A시장과 관련된 B시장의 성장이 A시장의 성장을 가능하게 한다면 때로는 A시장에서 재정적 손실을 감내하는 것이 경제적으로 합리적일 수 있다. 단 여기서 유일한 전제조건은 B시장에서 거두는 수익이 반드시 A시장에서 입는 손실보다 커야 한다는 것이다.

가격, 브랜드, 입소문으로는 한계가 있다.

네트워크 효과는 다른 시장 형성 도구들, 가격 효과(price effects) 및 브랜드 효과(brand effects)와 구별된다. 시장점유율을 높이기 위해 할인과 쿠폰을 남발하여 가격으로 고객을 확보하려는 닷컴 기업들은 오래 가지 못했다. 2009년 크리스 앤더슨(Chris Anderson)이 출간한 베스트셀러 '프리: 비트 경제와 공짜 가격이 만드는 혁명적 미래(Free: The Future of a Radical Price)'에서 공짜에 대한 만능을 주장했다. 그러나 현실은 그렇지 않았다. 문제는 가격 효과가 그리 오래 가지 않는다는 데 있다. 가격 효과는 할인이 종료되거나 다른 회사가 더 저렴한 가격을 제시하는 순간 사라진다. 일반적으로 고객의 1~2%만이 무료 고객에서 유료고객으로 전환한다.

브랜드 효과는 가격 효과보다 복잡하다. 브랜드 효과는 사람들이 특정 브랜드와 품질을 연관 지을 때 생긴다. 그러나 브랜드 효과는 가격 효과와 마찬가지로 지속시키기 어려운 경우가 많다. 게다가 비용이 훨씬 더 많이 든다. 온라인 장난감 회사 이토이즈는 아마존 및 토이저러스와 경쟁하겠다는 희망을 품고 브랜드 구축에 수백만 달러를 지출했다가 파산했다. 2000년 1월, 닷컴 붕괴가 일어나기 직전, 19개의 스타트업들이 슈퍼볼 광고 자리를 구매했으며, 각각 200만 달러 이상을 들여 브랜드 인지도를 구축하려 했다. 10년 후 그 중 여덟 곳은 사라졌다.

가격 효과와 브랜드 효과는 분명히 스타트업의 성장 전략으로 필요하다. 그러나 오직 네트워크 효과만이 선순환 구조를 만들어내며, 영구적인 사용자 네트워크를 구축한다. 이런 현상을 록인(lock-in)이라 한다.

네트워크 효과와 혼동하기 쉬운 또 다른 성장 구축 도구가 바이럴리티(virality: 바이러스가 확산하는 방식처럼 정보 제공자가 메시지를 퍼뜨리면 이를 받아들이는 정보 수용자를 중심으로 온라인과 오프라인상에 2차적으로 퍼져나가는 것)이다. 어떤 아이디어나 브랜드가 한 인터넷 사용자에서 다른 인터넷 사용자에게 급속도로 폭넓게 퍼지는 현상을 말한다. 바이럴리티는 사람들을 네트워크로 끌어올 수 있다. 그러나 네트워크 효과는 사람들을 계속 거기에 머물게 한다. 바이럴리티는 플랫폼 밖에 있던 사람들을 데리고 와서 가입하게끔 유도하는 반면, 네트워크 효과는 플랫폼 안에 있는 사람들 사이에서 가치를 늘리는 것이다.

플랫폼의 성장이 '사이드 전환(side switching)' 효과에 의해 촉진되기도 한다. 사이드 전환은 플랫폼의 한쪽에 있는 사용자가 반대편에도 참여할 때 발생한다. 예컨대 상품이나 서비스를 소비하던 사람이, 다른 사람이 소비하는 상품과 서비스를 생산하기 시작하는 경우이다. 어떤 플랫폼에서는 사용자가 쉽게, 반복적으로 사이드 전환을 한다. 일례로 우버는 승객들 중에서 운전자를 새로 모집하며, 에어비앤비는 게스트들 중에서 새로운 호스트를 모집한다. 확장 가능한 비즈니스 모델과 자유로운 진입, 그리고 사이드 전환까지 모두 네트워크 효과에서 윤활유 역할을 한다.

네트워크 효과가 부정적으로 나타나기도 한다. 네트워크 성장이 부정적인 네트워크 효과를 양산하여 참여자들을 떠나게 만들고 심지어 플랫폼 비즈니스를 망하게도 한다. 예를 들어 양적 성장으로 인해 생산자와 소비자 간에 가능한 매칭의 수가 늘어나면서 최적의 매칭을 찾기가 어려워지거나 아예 불가능해지는 경우 부정적이 네트워크 효과가 나타난다. 이런 난관에 빠지지 않으려면 '자유로운 진입'을 허용하되 반드시 효과적인 큐레이션(curation)을 통해 균형을 유지해야 한다. 여기서 큐레이션이란 플랫폼이 사용자들의 접근과 이들이 참여하는 활동, 그리고 다른 사용자들과 맺는 관계를 필터링하고 통제하고 제한하는 프로세스를 말한다. 플랫폼의 품질이 잘 관리되면, 사용자들은 자기들에게 딱 맞는 가치를 제공하는 것들을 쉽게 찾을 수 있다. 큐레이션이 아예 존재하지 않거나 제대로 관리되지 않으면 사용자들 사이에서 엄청나게 많은 매칭이 일어나도 자신에 딱 맞는 것을 찾기 어려워진다. 데이팅 웹사이트에 사용자가 많아지면 자연스럽게 플랫폼상의 남성들이 가장 아름다운 여성에게 몰리게 된다. 가장 아름다운 여성들과 어울릴 수 없는 소수의 매력적인 남성들은 불만을 가지게 되고 비즈니스 모델은 몰락한다. 이 문제를 해결하기 위해 소셜 데이팅 플랫폼 오케이큐피드는 여러 단계에 걸친 네트워킹 매칭을 적용한 큐레이션 전략을 실행했다. 첫 번째 단계는 관심 사항이 비슷한 사람들끼리 매칭해주는 것이었다. 두 번째 매칭 단계는 상대적인 호감도에 대한 질문에 답하는 것이다.

오케이큐피드가 수행하는 것과 같은 교묘한 큐레이션은 부정적인 네트워크 효과를 크게 줄일 수 있다. 동시에 이러한 전략은 긍정적인 효과를 키울 수도 있다. 네트워크 참여자의 수가 늘어나면서 그들에 대한 정보의 양도 증가한다. 처리할 데이터가 늘어날수록, 데이터로부터 유추한 사실들의 정확도와 가치가 올라간다. 따라서 네트워크가 크면 클수록 큐레이션의 품질도 더 향상된다. 이런 현상을 '데이터 주도 네트워크 효과(data-driven network effects)'라 한다. 지속적인 테스트와 업데이트, 개선이 이뤄지는 큐레이션 도구 보유가 필요하다.

생각하기 "우크라 난민 무료숙박" 에어비앤비

세계 최대 숙박공유업체 에어비앤비가 러시아 침공으로 발생한 우크라이나 난민들 10만 명에게 무료로 숙박을 제공하겠다고 밝히면서 세간의 관심을 받고 있다(2022년 3월). 하지만 실상은 복잡한 시스템과 관리 미흡 등으로 우크라이나 피란민에 실질적 도움이 되지 못하고 있다는 지적이다.

우크라이나 에어비앤비 숙소 예약을 결제한 뒤 실제로 이용은 하지 않는 '착한 노쇼'를 통한 우크라이나 지원은 국내외 유명인들의 참여로도 폭발적인 관심을 받았다. 우크라이나 출신인 할리우드 배우 밀라 쿠니스와 그의 남편 애쉬튼 커쳐는 지난 3일 우크라 난민 지원에 300만 달러(약 36억 원) 기부를 약속하면서 에어비앤비 등을 통한 우크라 지원 참여를 독려했다. 국내에서는 배우 임시완이 에어비앤비 예약 결제로 우크라이나에 2000만 원을 기부해 화제가 됐다.

에어비앤비측에 따르면 노쇼 기부가 막 시작된 이달 2일과 3일 전 세계에서 쏟아진 노쇼 기부 건수는 6만 1000건 이상이었고, 그 뒤로 일주일 동안 예약 건수는 43만 4000건으로 급증했다. 기부 금액만 1500만 달러(약 183억 원)에 달한다.

하지만 에어비앤비의 따뜻한 우크라 지원 의도와는 달리 실제 우크라이나 피란민과 기부자들 사이에서는 에어비앤비 숙박 지원이 제대로 이행되지 않고 있다는 불만의 목소리가 나오고 있다. 지난달 25일 수도 키이우(키예프)를 탈출한 애나 사마르닥은 이달 8일 에어비앤비 측에 숙박 지원을 요청했지만 "개인들의 요청은 받지 않는다"는 답변을 받았다면서, 에어비앤비가 이번 우크라이나 전쟁에서 진짜 도움은 주지 않고 회사의 이미지를 개선하는 데만 몰두하고 있다고 비난했다.

에어비앤비 수퍼호스트로 등록된 케런 그림즈는 "에어비앤비처럼 큰 기업이 좋은 일을 하려 한다면 호스트들도 어느 정도는 보상해줘야 하지 않냐"면서 무료 숙박을 홀로 감당하면 손실 부담이 너무 크다고 호소했다.

용어정리

공유경제 플랫폼
구글
규모의 공급 경제(supply economies of scale)
데이터 주도 네트워크 효과(data-driven network effects)
디지털 플랫폼
랭킹(ranking) 알고리즘
마이크로소프트(MS)
마켓플레이스(Market Place)
모바일 플랫폼
모빌리티(Mobility) 생태계
바이럴리티(virality)
볼록 성장
브랜드 효과(brand effects)
비선형 성장
사이드 전환(side switching) 효과
상거래 플랫폼
샌드박스(Sandbox)
아마존
알리바바
앱 브라우저(APP. Browser)
에스크로(escrow) 모델
에어비앤비(Airbnb)
오픈 소스(open source)
오픈(open) 플랫폼
온디맨드(On-Demand) 플랫폼
우버(UBER)
웹 브라우저(Web Browser)
이베이
자율주행
큐레이션(curation)
크롬
클라우드 플랫폼
타오바오(Taobao)
테슬라(Tesla)
페이스북(facebook) F8

제6장 경영전략과 거버넌스

제6장
경영전략과 거버넌스

1. 플랫폼 기업의 경영전략

플랫폼 세계에서는 경쟁의 성격이 바뀐다.

미국의 교육전문출판사인 호튼 미플린 하코트(Houghton Mifflin Harcourt)는 맥그로힐(McGraw-Hill) 출판사보다 아마존을 더 두려워한다. NBC 방송국은 ABC 방송국보다는 넷플릭스에 대해 더 걱정한다. 가전업체인 월풀은 떠오르는 '사물인터넷'의 핵심 요소로 부상하는 스마트 홈 모니터링 관리기기 제조업체인 네스트(Nest)를 GE와 지멘스보다 더 두려워한다. 소셜네트워크 페이스북은 서비스를 재개한 마이스페이스보다 인스타그램과 왓츠앱에 대해 더 걱정하다가 결국 이 두 회사를 인수해 버렸다.

플랫폼 세계에서 이전의 산업시대와 전혀 다른 경쟁을 보인다. 단순히 경쟁자의 유형이 아니라 경쟁이 일어나는 현장이 다르다. 그 결과 비즈니스 환경이 거의 알아볼 수 없을 정도로 달라졌다. 플랫폼 이전과 플랫폼 기업 차이도 극적이지만, 플랫폼 세계에서 플랫폼 기업들끼리 벌이는 경쟁도 극적으로 다르다.

2014년 중국의 알리바바가 미국 주식시장에 상장되자 미국 기업들에게 커다란 위협이 되었다. 알리바바의 급속한 성장은 전통적인 산업에서는 불가능한 일이었다. 비즈니스 역사를 보면, 철강과 중장비 같은 산업에서 미국 기업들이 영국과 독일 경쟁자들을 따라잡는 데 수십 년이 걸렸다. 그러나 오늘날 알리바바는 플랫폼 시장 지배력 다툼의 장에 진입한 지 10년 남짓에 불과하지만 이베이와 아마존 같은 기업들을 추격했다. 알리바바의 급격한 성장에 가장 큰 요인은 플랫폼 경쟁이라는 것이다.

폭발적인 네트워크 효과와 강력한 규모의 경제는 스타트업인 알리바바가 빠르게 국제 상거래 무대로 확장하는 데 일조했다. 알리바바는 외부 파트너들의 자원과 연결망을 플랫폼의 활동과 역량으로 통합하여 세계적 기업이 되었다.

지난 30년간 하버드 경영대학원의 마이클 포터(Michael Porter) 교수가 만든 경쟁요소 모델이 전략적 사고를 지배해 왔다. 포터의 모델은 특정 비즈니스의 전략적 포지션에 영향을 주는 5가지 요소를 규정한다. 시장 신규진입자의 위협, 대체 제품 또는 서비스의 위협, 구매자의 교섭력, 공급자의 교섭력, 그리고 라이벌 기업 간의 경쟁 강도이다. 기업들의 전략적 목표는 이 5가지 경쟁 요소를 통제하여 경쟁자들이 들어오지 못하게 하는 것이다.

인터넷 시대, 플랫폼의 시대로 전환되면서 포터의 경쟁 요소 모델로는 모든 것이 설명되지 않는다. 플랫폼 시대에는 전략이 더 복잡해지고 변화무쌍하게 되었다.

플랫폼에는 새로운 경쟁 환경으로 기존 전략과는 다른 접근이 필요하다.

첫째, 플랫폼의 작동 원리를 파악한 기업들은 이제 시장에 대응할 뿐 아니라 네트워크 효과를 조종하여 시장을 재편하려 한다. 경쟁은 제로섬게임이라는 전통적인 비즈니스 전략에 담긴 암묵적인 가정은 플랫폼 세계에서 잘 통하지 않는다. 플랫폼 비즈니스는 어느 정도 정해진 크기의 파이를 재분할하기보다는 파이의 크기를 키우거나(아마존은 전통적인 출판 산업 내에 자가 출판과 주문형 출판과 같은 획기적인 모델을 제시) 새로운 시장과 공급원을 이용하는 등 또 다른 파이를 만든다(에어비앤비와 우버는 전통적인 호텔과 택시산업과 나란히 비즈니스를 운영).

둘째, 플랫폼은 기업의 안팎을 뒤집어서 의사결정의 초점을 기업 내부에서 외부로 이동시킨다. 따라서 기업은 더 이상 혼자서 모든 기회를 포착하기 위해 애쓸 필요가 없다. 대신에 최고의 기회만 추구하면서 생태계에 속한 파트너들이 다른 기회를 잡을 수 있게 도와주고 다른 파트너들과 함께 창출한 가치를 공유한다.

이 두 가지 새로운 현실은 비즈니스 경쟁에 복잡한 면(3차원으로)을 추가한다. 생태계 내에서 선두 기업은 세 가지 차원의 역학 관계, 즉 플랫폼 대 플랫폼,

플랫폼 대 파트너, 파트너 대 파트너의 관계를 조정한다.

첫 번째 차원에서는 플랫폼과 플랫폼이 경쟁한다. 소니(PSP), 마이크로소프트(Xbox), 닌텐도(Wii) 사이에서 벌어지는 비디오 게임 콘솔 경쟁 같은 것이다. 여기서 전략적 우위는 특정 제품이나 서비스에 대한 매력도에 있지 않고 생태계 전체에 미치는 파급력에 있다. 애플이 아이폰을 출시한 이후 경제적인 측면에서 소니보다 훨씬 크게 성공한 이유는 앞서 구축한 생태계의 규모와 가치의 덕분이었다.

두 번째 차원에서는 플랫폼과 플랫폼의 파트너들이 경쟁한다. 예를 들어 마이크로소프트는 브라우저, 멀티스레딩(multithreading - 한 프로세스를 여러 수행 단위, 즉 스레드로 나누어 처리하는 것), 스트리밍 미디어, 인스턴트 메시지와 같은 파트너들의 신기술을 채택하고 이 기술들을 자사의 운영체제에 통합시킨다. 아마존은 독립 상인들을 위한 플랫폼을 운영하면서 그들이 판매하는 상품과 똑같은 것을 동일한 플랫폼에서 판매하면서 이들 상인들과 경쟁한다. 이는 매우 위험한 시도라 할 수 있다. 이런 시도는 플랫폼을 강화시킬 수 있지만 파트너들을 약화시킬 수 있으며, 단기적으로는 좋을 수 있지만 장기적으로는 나쁜 결과를 낳을 수 있다.

세 번째 차원에서는 플랫폼상의 아무런 관계가 없는 두 파트너가 플랫폼 생태계 안에 있는 입지를 두고 경쟁한다. 앱 개발자 두 사람이 같은 콘솔을 사용하는 고객을 유치하기 위해 경쟁하는 것이다.

포터의 5가지 경쟁요소 모델은 전통적인 제품 시장을 특징짓는 경계에 바탕을 두고 있다. 각각의 경쟁 요소는 개별 객체로서 독립적으로 관리되어야 한다. 반대로 플랫폼 시장에서 이기는 전략은 시장 참여자들 간의 경계를 희미하게 만들어 플랫폼에서 가치 있는 상호작용을 늘리는 데 있다. 오늘은 스킬셰어(Skill share)에서 학생이었던 사람이 내일은 선생이 될 수 있고, 오늘 엣시(Etsy)를 이용한 고객이 다음 날엔 거기에서 자신이 만든 수공예품을 판매할 수도 있다. 플랫폼에서 경쟁하려면 구매자와 공급자를 자기 통제하에 둬야 하는 개별 위협요소로 취급하는 대신 가치를 창출하는 파트너가 될 수 있도록 응원하고 다양한 역할을 수행할 수 있도록 지원해 주어야 한다.

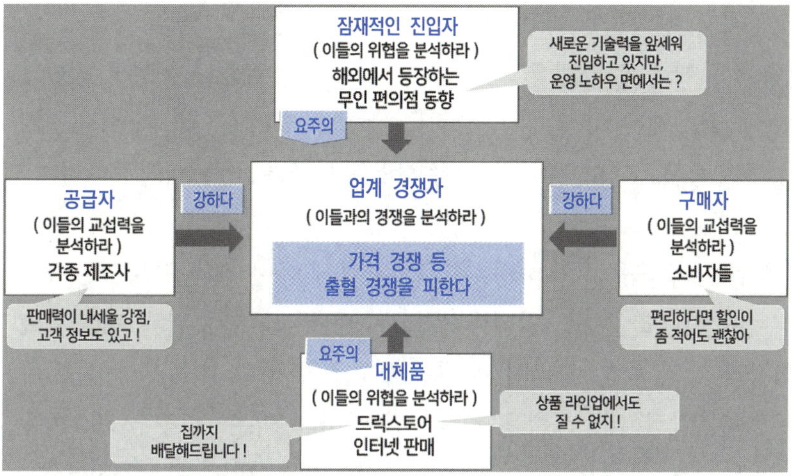

[그림 6-1] 마이클 포터의 경쟁 모델

1.1 알리바바와 애플의 멀티호밍 방지

멀티호밍은 사용자가 하나 이상의 플랫폼에서 비슷한 유형의 상호작용에 참여할 때 발생한다. 프리랜서 전문가가 두 개 이상의 서비스 마케팅 플랫폼에 자신의 이력서를 올린다거나, 한 음악 팬이 한 개 이상의 음악 사이트에서 음악을 내려 받고 저장하며 공유한다거나, 한 운전자가 우버와 리프트를 통해 동시에 승객들을 유치하는 것 모두가 멀티호밍 현상이다. 플랫폼 기업들은 어떻게든 멀티호밍을 막으려고 한다. 멀티호밍을 제한하는 것은 플랫폼 경쟁에서 매우 기본적인 전술이다.

어도비 플래시 플레이어는 인터넷 콘텐츠를 사용자들에게 제공하는 브라우저 앱으로, 오디오/비디오 재생 및 실시간 게임 플레이 기능을 갖고 있다. 애플 아이폰 운영체제 앱 개발자들은 플래시를 사용할 수도 있었지만, 애플은 iOS에서 플래시가 호환되지 않도록 하여 개발자들에게 애플이 직접 만든 유사한 도구를 사용할 것을 강요하면서 플래시 사용을 막았다. 이런 결정은 개발자와 사용자들의 반발을 가져왔고 스티브 잡스는 해명을 했지만 전략적 결정이었다. 만일 플래시를 애플이 지원했다면 사용자들에게 이미 웹상에 존재하는 막대한 플래시 콘텐츠에 대한 접근을 허용하는 한편, 개발자들에게는 플랫폼 멀티호밍을 통해 수익 창출의 통로를 더 많이 제공했을 가능성도 있다. 그러나 그랬다면 애플에게는 큰 손실이 생겼을 것이다. 애플은 라이선싱 규제와 기술을 이용하여 플랫폼에서 벌어지던 상호작용이 다른 곳으로 빠져나가지 않도록 했다.

고객에 대한 접근을 통제하려는 전략 경쟁이 어떤 결과를 낳았는지 보여 주는 알리바바 사례를 보자. 알리바바가 트래픽을 늘리기 위해 애를 쓰던 때에 마윈 회장과 그의 팀은 직관에 반하는 결정을 내렸다. 이들은 바이두(Baidu)의 웹사이트에서 알리바바 제품을 검색하지 못하게 막은 것이다. 바이두는 중국 최대의 인터넷 검색 엔진으로 중국판 구글이었다. 바이두 사용자들이 바이두의 검색 봇을 통해 알리바바 제품을 검색할 수 없게 막으면서 잠재 고객이 크게 줄어들었다. 어떻게든 고객을 늘려야 하는 입장에서 알리바바의 조치는 '미친 짓'처럼 보였다. 그러나 알리바바의 경영진들은 장기적인 전략을 펼치고 있었다. 이들은 알리바바 플랫폼에서 쇼핑과 관련된 단순한 상호작용에 관심을 뒀을 뿐 아니라 광고 매출을 통해 수익을 창출할 수 있는 가능성까지 내다봤다. 알리바바는 자사에서 조금씩 형성되고 있는 잠재 구매 고객 커뮤니티에 대한 통제력을 유지하기로 결정했다. 알리바바 단독으로 쇼핑객들을 목표로 하는 광고 판매가 가능하게 하였다. 알리바바 사용자층이 늘어나자 사용자들은 점차 중국 최고 온라인 플랫폼인 바이두를 떠났다.

1.2 SAP, MS, 페이스북의 가두리 양식

플랫폼의 개방성은 사용자들이 새로운 가치를 생성할 수 있는 엄청난 기회를 제공한다. 플랫폼 관리자들은 일단 파트너들이 자유롭게 혁신할 수 있는 기회를 준 다음 이들이 창출한 가치의 일부 혹은 전부를 획득하는데, 이 때 파트너들을 인수하기도 하고 이들을 복제하기도 한다.

SAP는 자사 비즈니스 서비스 플랫폼에서 파트너들의 혁신을 독려한다. SAP는 정기적으로 로드맵을 발표하면서 SAP가 개발자들에게 향후 18~24개월 동안 오픈하려고 계획 중인 플랫폼 자산에 대해 공개한다. 이러한 로드맵은 개발자들이 어디를 개발할지 알려주고 SAP 플랫폼에서 경쟁하기까지 최대 2년이라는 사전 준비시간을 준다. 그리고 이런 로드맵은 개발자들이 시간과 자원을 들여 SAP 사용자들을 위해 기껏 개발한 사이트가 SAP 자체의 혁신으로 기반이 약화되는 것을 막아 준다.

장기적으로 플랫폼 관리자들은 사용자들에 의해, 사용자들을 위해 창출되는 가치의 공급원을 통제하는 것이 유리하다. 즉 플랫폼 기업은 모방 불가능한 모든 자원을 생태계 안에 둘 필요는 없지만 가치가 매우 큰 자산은 보유해야 한다. 알리바바는 (바이두 대신) 자체 검색기능을 보유하며, 페이스북도 (구글 대신) 자체 검색 기능을 보유한다. 마이크로소프트도 (외부 소프트웨어 개발자 대신) 자체적으로 워드와 파워포인트, 엑셀을 직접 개발한다. 이 모든 것이 플랫폼 사용자들을 위해 창출되는 가치의 주된 원천이기 때문이다. 그런 점에서 이를 통제하는 것이 플랫폼 소유자들에게 중요하다. 대신 가치가 떨어지거나 틈새시장에 적합한 자원은 플랫폼 자체의 경쟁 우위를 크게 약화시키지 않고도 생태계 파트너들에게 양보할 수 있다.

[그림 6-2] 가두리 양식

1.3 아마존, 링크드인의 데이터 도구 강화

데이터는 플랫폼 기업들에게 엄청난 가치를 제공하며 성공적인 기업들은 데이터를 이용하여 다양한 방법으로 경쟁 우위를 지킨다.

몬스터(Monster)는 직업소개 플랫폼 경쟁에서 승리할 수 있었다. 직업소개 시장에서 몬스터는 선두 주자로서의 우위를 확보한 상태에서 고용자와 피고용인이 서로를 찾는 양면시장에서 강력한 네트워크 효과를 빠르게 일으켰다. 그러나 몬스터가 수집한 데이터에는 내재적 한계가 있었다. 몬스터는 오직 활발한 구직자들에게만 관심을 가졌기 때문에 사용자의 폭넓은 사회적 관계망에 대한 정보를 수집하지 않았다. 따라서 일단 구직을 위한 상호작용이 종료되면 고용인과 피고용인 모두 플랫폼을 떠나게 되고, 데이터의 흐름은 정지되었다.

반대로 링크드인(LinkedIn)은 단지 활발한 구직자들 뿐 아니라 모든 전문가들의 사회적 관계망에 관심을 가졌다. 이로 인해 지속적인 참여가 더 많이 일어났으며, 현재 일자리에 만족하지만 언제라도 새로운 구직 기회를 적극적으로 수용하려는 이들에 대한 데이터까지도 수집했다. 이로서 링크드인은 사용자 기반을 크게 확대할 수 있었다. 또한 링크드인은 전문직 종사자들끼리의 상호작용은 물론 이들과 채용 담당자 사이의 상호작용 데이터까지도 수집하여, 서로 다른 두 개의 피드백 고리를 동일한 플랫폼에 제공했다. 링크드인은 시장 데이터의 범위, 심도, 양적인 측면에서 몬스터에 비해 막대한 우위를 점했다.

데이터 분석(data analytics)은 플랫폼 기업과 플랫폼 기업 생태계에 존재하는 파트너 양쪽의 역량을 크게 증대시켜, 플랫폼의 성장을 도모하고 사용자들을 위한 플랫폼의 가치창출 역량을 향상시킨다. 데이터 분석은 제품 디자인이라든가 고객과 파트너의 성공을 위해 어떤 노력을 기울여야 할지 안내하여, 플랫폼의 네트워크 효과를 강화시킨다. 한 마디로 새로운 데이터 도구들이 모여 엄청난 진입장벽을 만들어 낸다.

1.4 인수합병의 기피

전통적인 인수합병(M&A) 전략에 따르면 비즈니스 경영자들은 보완제품을 추가하거나 시장진입 비용 또는 공급사슬 비용을 줄이기 위해 인수합병을 한다. 플랫폼 관리자들에게 인수합병은 대상 기업이 기존 플랫폼 고객들과 겹치는 사용자 기반을 위해 가치를 창출할 수 있느냐 여부가 중요하다.

플랫폼 생태계를 통해 중요한 자산에 접근할 수 있는 한, 플랫폼 기업들은 모든 자산을 직접 소유할 필요가 없다. 따라서 플랫폼 기업들은 전통적 기업들에 비해 인수합병의 필요성을 절실히 느끼지 않는다. 이 과정에서 플랫폼 기업들은 최소한 두 가지 중요한 혜택을 누린다.

첫째, 플랫폼 파트너가 창출하는 가치의 일정 부분을 요구하는 것이 파트너를 인수하는 것보다 리스크가 훨씬 낮다. 2011년 팜빌(Farmville)과 마피아 워스(Mafia Wars)가 큰 인기를 끌면서 게임 개발기업 징가(Zynga)의 주가가 치솟았다. 페이스북 경영진들이 징가를 인수하고 싶었을 거라고 생각하기 쉽다. 징가의 게임 포트폴리오에서 나오는 가치를 온전히 소유할 수 있을 뿐 아니라 마이스페이스와 같은 경쟁 플랫폼이 징가에 접근하지 못하게 막을 수 있기 때문이다.

그러나 페이스북은 이러한 유혹을 눌렀고, 이는 매우 현명한 결정이었다. 게임 개발은 한 치 앞도 내다보지 못하기로 악명이 높다. 크게 히트 친 게임이라도 몇 년 후에 사라지기 때문에, 아무도 또 다른 히트작이 나올 거라고 장담하지 못한다. 징가를 인수해서 다음 히트작이 나오길 초조하게 기다리느니, 수백 개의 게임회사들이 다음 히트작을 만들기 위해 서로 경쟁하게 놔두고, 잘 되면 이들 수익의 일부를 가져가는 것이 페이스북에게는 훨씬 유리했다.

둘째, 파트너들과 적절히 거리를 유지하면 플랫폼의 기술적 복잡도가 낮아진다. 수직적 통합이라는 용어가 암시하듯이, 플랫폼이 인수하는 새로운 비즈니스는 반드시 플랫폼과 통합되어야 하는데, 이는 기술적 · 전략적으로 매우 어렵다. 수십 가지의 독립된 기술을 가지고 개발된 플랫폼이 무너지는 것은 시간문제인 데다 비용도 더 많이 들어간다.

플랫폼 기업 관리자들은 전통적 기업 관리자들보다 M&A 전략에 대해 좀 더 사려 깊고 신중하게 생각할 수 있는 여유가 더 많다.

1.5 MS의 브라우저, 리얼오디오 흡수

플랫폼 관리자들은 지속적으로 변화의 흐름을 살피면서 다른 플랫폼의 활동을 주시해야 한다. 특히 자기들의 사용자층과 유사하거나 겹치는 플랫폼을 주시해야 한다. 플랫폼 흡수는 한 플랫폼이 인접 플랫폼의 기능과 사용자 기반을 효과적으로 흡수할 때 발생한다.

1990년대 리얼네트웍스(Real Networks)는 스트리밍 오디오을 발명하여, 1995년 리얼오디오(Real Audio)를 내놓았다. 곧 리얼네트웍스는 시장 점유율 100%를 달성했다. 그러나 일단 마이크로소프트가 이 시장을 점유하기로 결정하자, 마이크로소프트라는 기존 플랫폼이 제공하는 어마어마한 우위는 실로 막강했다. 마이크로소프트 윈도의 운영체제 점유율이 90%가 넘었기에, 미디어 스트리밍에 관심 있는 사람 대부분이 마이크로소프트 운영체제를 사용하고 있었다. 마이크로소프트는 그저 리얼오디오와 비슷한 소프트웨어 제품을 개발하고 그 제품을 윈도 운영 시스템의 번들 소프트웨어 일부로 제공하기만 하면 됐다. 윈도 스트리밍 오디오 플랫폼이 리얼오디오가 개발한 작은 플랫폼을 흡수한 것이다. 비록 먼저 나온 리얼오디오의 성능이 훨씬 좋았지만 소용없었다.

흡수 전략은 플랫폼 세계에서 가장 흔하게 볼 수 있다. 애플은 현재 아이폰 플랫폼을 이용하여 모바일 결제 시스템 시장과 웨어러블 기술 시장을 흡수하려고 많은 노력을 기울인다. 중국의 하이얼 그룹은 커넥티드 홈 애플리케이션 시장을 흡수하기 위해 가전 플랫폼을 확장하고 있다.

몬스터와 링크드인의 사례에서 볼 수 있듯이, 초기에는 규모 면에서 우위를 점하지 않았다 해도 사용자에게 월등한 가치를 제공하는 플랫폼이 경쟁에서 승리하기도 한다.

1.6 에어비앤비의 사용자 편의성 강화

전통적인 비즈니스 세계에서 기업은 더 높은 품질의 제품과 서비스를 만들어 가며 경쟁한다. 마찬가지로 플랫폼은 사용자들을 늘리고 상호작용을 촉진하며 생산자와 소비자를 서로 매칭 시켜 주기 위해 제공하는 도구(플랫폼 설계의 기본 요소)의 품질을 개선하면서 경쟁한다.

동영상 호스팅 플랫폼 비메오(Vimeo)가 유사한 서비스 시장에서 유튜브와 공존하고 있다. 비메오는 더 나은 호스팅 서비스와 더 빠른 속도, 더 가치가 높은 시청자 피드백, 과도한 프리롤 광고(pre-roll ad : 영상을 시청하기 전에 먼저 재생이 되는 광고)의 금지, 그리고 유튜브 시청자가 더 많음에도 불구하고 보다 엄선된 비디오 생산자들을 끌어들일 수 있는 매력적인 기능을 제공하여 스스로를 차별화했다. 유튜브와 관련해서 비메오가 경쟁에 대처하는 자세는 시장 지배자들과 공존하는 대다수의 전통적인 기업들이 취한 방식과 동일하다. 특화된 틈새시장을 발굴하고 특화된 고객들을 만족시키기 위해 고급 제품을 만든 것이다.

어떤 경우에는 뛰어난 디자인을 무기로 플랫폼이 기존 경쟁자를 극적으로 따돌리기도 한다. 에어비앤비는 오래전에 만들어진 크레이크리스트보다 사용자 수가 훨씬 적었다. 그러나 에어비앤비는 편이성과 매칭이라는 핵심적인 플랫폼 기능면에서 크레이크리스트보다 훨씬 탁월했다. 크레이크리스트를 통해 방을 빌리려는 사람은 도시를 중심으로 중구난방인 옵션 목록과 포스팅 시간순으로 정렬된 목록을 샅샅이 뒤져야 했다. 반대로 에어비앤비는 방의 특징에 따라 정렬할 수 있는 옵션뿐 아니라, 방의 시설, 개수, 가격, 위치 정보가 표시된 지도까지 확인해 가면서 원하는 방을 찾을 수 있다. 사용자들은 에어비앤비를 통해 직접 계약을 할 수 있는 반면 그레이크리스트 사용자들을 오프라인에서 당사자들끼리 직접 만나서 계약서를 작성해야 했다. 사람들은 에어비앤비를 쉽게 사용했으며, 선두기업인 크레이크리스트를 에어비앤비가 빠르게 따라잡을 수 있었다.

[그림 6-3] 에어비앤비

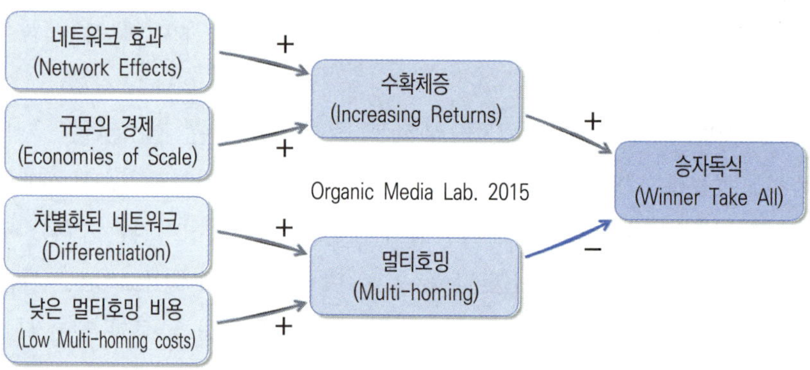

[그림 6-4] 승자 독식 시장 요소

승자 독식 시장을 특징짓는 네 가지 요소는 규모의 공급 경제, 강력한 네트워크 효과, 높은 멀티호밍 비용과 전환 비용, 특화된 틈새 전문화이다.

규모의 공급 경제는 첫 번째 요소로 산업화 시대에 막강한 시장 지배력의 근원이었다. 인텔의 반도체, 자동차 산업(GM) 등은 공급 경제의 규모가 크면 클수록 시장 집중도 성향이 더 커짐을 알 수 있다. 미국에서는 경쟁 시장에다 독점금지법에 의한 규제 압력이 존재하는 데도 소수의 기업이 산업을 지배한다.

네트워크 효과는 인터넷 시대 시장 지배력의 원천이다. 긍정적인 네트워크 효과 덕분에 많은 사용자가 플랫폼 생태계에 참여하면 할수록 기업들이 창출하는 가치와 이들 기업이 가져가는 이익률이 모두 증가한다. 긍정적인 네트워크 효과는 플랫폼의 규모와 상관없이 더 많은 사용자들을 끌어온다는 점에서 시장의 독식 경향을 강화시킬 가능성이 있는 두 번째 요소가 된다.

승자 독식 효과를 가져오는 세 번째 요소는 높은 멀티호밍 비용과 전환 비용이다. 멀티호밍을 통해 사용자들은 여러 플랫폼이 제공하는 혜택을 누릴 수 있다. 그러나 거기에는 언제나 대가가 따른다. 그것은 금전적인 것(여러 곳에 내야 하는 사용료)일 수도 있고, 다른 것(데이터를 하나 이상의 사이트에 올려야 하는 불편함)일 수도 있다. 전환 비용은 한 플랫폼을 떠나 다른 플랫폼으로 이동할 때 발생하는 비용이다. 높은 멀티호밍 비용과 높은 전환 비용은 시장의 집중도를 높이지만, 소수의 대형 기업이 시장을 지배하게 되는 경향이 있다. 대부분의 사람들은 안드로이드 휴대폰과 애플 휴대폰을 한꺼번에 가지고 다닐 여력이 안 되기 때문에 둘 중 하나를 선택하고 최소 몇 년을 사용한다. 반대로 비용이 낮으면 한꺼번에 두 개 이상의 플랫폼에 참여하려 한다. 신용카드 연회비가 없거나 낮아 여러 장의 카드를 지갑에 넣고 다니는 경우이다. 멀티호밍 비용과 전환 비용이 낮은 시장에서는 후발 주자들이 쉽게 시장점유율을 확대할 수 있어서, 시장을 보다 개방적이고 유연하게 만든다.

승자독식 효과의 네 번째 요소는 수요 측면의 규모에 영향을 주는 요인으로 사용자들의 입맛을 맞추는 틈새 전문화이다. 특정 사용자 그룹이 필요로 하거나 원하는 것이 특수할 때, 해당 사용자들이 특정 네트워크를 지원함으로써 승자독식 효과를 약화시키기도 한다. 90년대 윈도 시스템이 세계 데스크톱 운영체제 시장에서 강력한 우위를 차지한 이유는 윈도의 강력한 네트워크 효과와 시장에서의 높은 멀티호밍 비용 때문이었다. 애플은 다행히도 틈새 전문화를 통해 살아남을 수 있었다. 애플은 그래픽 아티스트와 뮤지션들 사이에서 유난히 사랑을 많이 받았다. 마찬가지로 링크드인이 페이스북의 막강한 네트워크 효과에도 불구하고 여러 소셜네트워크 사이트에서 나름의 발판을 다질 수 있었던 이유는 비즈니스 전문직 종사자들의 특별한 요구를 충족시킬 수 있었기 때문이다.

2. 거버넌스(Governance)

거버넌스는 공통의 목표를 달성하기 위하여, 주어진 자원 제약 하에서 모든 이해 당사자들이 책임감을 가지고 투명하게 의사결정을 수행할 수 있게 하는 제반 장치를 말한다.

거버넌스는 플랫폼 생태계에 누가 참여할지, 어떻게 가치를 분배할지, 어떻게 갈등을 해결할지에 관한 일련의 규칙이다. 훌륭한 커뮤니티 거버넌스를 이해하려면 생태계를 조정하기 위한 일련의 규칙을 이해해야 한다. 생태계 거버넌스 관리를 소홀히 하면 플랫폼 기업은 망하는 지름길이 된다.

커피 메이커의 제왕이였던 큐리그 그린마운틴(Keurig Green Mountain)은 2015년 큐리그 2.0을 출시한 이후, 매출이 늘지 않고 12%나 하락했다. 이 회사의 문제는 2012년에 큐리그의 캡슐 커피 디자인의 핵심 특허가 만료 되었다는 점이다. 이런 변화에 힘입은 커피 메이커 제조업체들이 큐리그 커피 머신과 호환이 가능한 캡슐을 판매하기 시작하면서 캡슐 가격이 급격히 떨어졌다. 경쟁업체들의 등장으로 큐리그의 시장점유율은 줄어들었다. 이에 맞서 큐리그는 자사의 등록상표가 부착되지 않은 캡슐의 사용을 막는 스캐닝 기기를 새롭게 출시한 큐리그 2.0에 넣었다. 소비자들은 분노했고 회사 이윤은 크게 줄고 말았다. 큐리그는 훌륭한 거버넌스(Governance)의 세 가지 규칙을 위반했던 것이다.

① 서비스를 제공하는 고객에게 언제나 가치를 제공하라.
② 자기에게 유리하게 규칙을 바꾸기 위해 자신의 우위를 이용하지 말라.
③ 타당한 정도 이상의 부를 취하지 말라.

그린마운틴은 생태계 거버넌스를 관리하는 데 실패했다. 큐리그는 단순한 제품 플랫폼으로 커피 애호가 커뮤니티를 대상으로 서비스를 제공하는 단면 시장이다. 큐리그는 다른 부가가치 옵션과 철저한 점검을 거친 다양한 공급업체, 그리고 고객이 좋아할 만한 일련의 고품질 서비스를 갖춘 음료 생태계로 더 크게 성공할 수도 있었다. 그러나 그린 마운틴은 고객들이 가치 있다고 여길 만한 공급업체들을 배제했으며 다양성을 포기하고 선택의 자유를 줄여서 통제력을 유지하려 했다. 그린마운틴은 자신의 시스템에서 창출되는 가치를 독차지하기 위해 도를 넘고 말았다. 결국 일방적으로 자신의 이익을 앞세웠다. 손해를 본 쪽은 큐리그 사용자들이었으며 곧이어 그린마운틴도 손해를 보았다.

2.1 플랫폼과 거버넌스

훌륭한 거버넌스는 부를 창출하고, 가치를 늘리는 모든 이들에게 이를 공정하게 배분하는 데 목적을 둔다. 성공한 플랫폼 기업들은 막대한 부를 회사 밖에서 거둔다. 따라서 회사 밖에서 거두어들이는 수익은 공정하게 설계되고 관리되어야 한다.

큐리그와 같은 단면 플랫폼을 위한 거버넌스 규칙을 탐색하는 일도 어렵지만, 다면 플랫폼의 거버넌스는 훨씬 더 어렵다. 다면 플랫폼은 항상 다양한 이해관계가 뒤얽혀 있다. 이는 플랫폼 관리자로서 다양한 참여자들이 서로를 위해 가치를 생성하는 일을 어렵게 만들며, 거버넌스 규칙만으로는 공정하고 효과적으로 해결되기 힘든 갈등을 야기할 가능성이 높다.

플랫폼 거대 기업들도 종종 오판을 한다. 페이스북은 프라이버시 정책에서 사용자들을 소외시켜 법의 심판을 받았다. 링크드인은 자기들만의 API에 접근하지 못하게 해서 개발자들의 공분을 샀다. 그리고 트위터는 생태계 다른 구성원들이 개발한 기술을 도용하는 한편, 트위터 사용자들끼리 서로 막말로 괴롭히는 데도 아무런 조치를 하지 않았다.

오늘날 대형 플랫폼 기업은 거버넌스 문제의 복잡성에서 웬만한 국가보다 크다. 15억 명 이상의 사용자를 보유한 페이스북은 중국 인구보다 많다. 구글의 온라인 검색 부문 시장은 유럽에서 점유율이 90%를 차지한다. 알리바바는 한 해 거래금액이 1조 위안(1620억 달러)에 달한다. 이들 플랫폼 기업은 엄청난 경제 시스템을 다스린다. 이들 기업들이 부를 창출하고 가장 공정하게 분배할 수 있을 것인가는 매우 중요한 문제이다.

국가나 플랫폼 기업 모두 거버넌스가 매우 중요한 요인이다. 사람과 조직이

어떠한 규칙이나 제약, 안전장치 없이 상호작용하는 완전 자유 시장에서는 모든 참여자들이 항상 공정하고 만족스러운 결과를 얻지 못하기 때문이다. 어떤 참여자들은 불가피하게 다른 이들보다 더 많은 지식을 보유하고 있으며, 시장을 잘 파악하고 있고 협상 기술도 더 뛰어나다.

대부분의 경우 상호작용은 기본적으로 공정한 결과를 낳는다. 그러나 교묘한 속임수로 다른 결과를 가져오기도 한다. 일반적으로 시장 실패의 원인은 정보의 비대칭성(information asymmetry), 외부효과(externalities), 독점력(monopoly power), 리스크(risk) 등 크게 4가지로 볼 수 있다.

정보의 비대칭성은 상호작용에서 한 쪽 당사자가 다른 당사자가 모르는 사실을 알고 있으면서 자신만이 아는 지식을 자기에게 유리하게 이용할 때 발생한다. 판매자는 해당 상품이 가짜라는 것을 알면서도 구매자에게 알리지 않는 가짜 제품 문제의 경우이다. 전 세계적으로 모조품 시장규모는 불법 마약시장보다 크다.

외부효과는 어떤 일로 인해 발생한 비용이나 이익이 그 일과 상관없는 누군가에게 생길 때 발생한다. 한 친구가 인터넷 포인트 몇 점을 얻기 위해 그 대가로 게임 회사에 내 개인 정보를 넘겼다고 하자. 이는 나쁜 상호작용이다. 친구가 나의 사생활 보호권을 침해한 것이기 때문이다. 이것은 부정적인 외부효과이다.

긍정적인 외부효과 개념은 좀 더 모호하다. 넷플릭스가 나와 취향이 비슷한 누군가의 영화감상 형태를 분석하고 그 데이터를 이용해 나에게 적합한 영화를 추천해 주려고 하는 경우 긍정적인 외부효과가 된다. 나와 직접적인 관련이 없는 상호작용을 기반으로 나에게 혜택이 돌아오기 때문이다.

독점력은 어떤 생태계에 있는 하나의 공급자가 수요가 큰 상품의 공급에 대한 통제력을 쥐게 되면서 지나치게 힘이 세지고, 이런 통제력을 이용해 더 높은 가격이나 특혜를 요구하는 경우에 발생한다. 게임 제조업체 징가의 인기가 절정에 달하던 시기(2009~2010)에 페이스북에서 징가(Zynga)의 영향력이 너무나 커지자, 사용자정보 공유, 게임 수익 분배, 광고비용 부담과 같은 사안을 놓고 갈등이 빚어졌다. 이베이는 이른바 파워셀러라 불리는 판매자들과 이와 유사한 문제를 경험했다.

[그림 6-5] 로고

리스크란 예상치 못한 어떤 일, 한마디로 예측이 불가능한 어떤 일이 매우 잘못되어 좋은 상호작용이 나쁜 상호작용으로 변질될 가능성을 말한다. 리스크는 플랫폼뿐만 아니라 모든 시장에서 반복적으로 발생하는 문제이다. 잘 설계된 시장은 일반적으로 이런 리스크 여파를 완화할 수 있는 도구와 시스템을 개발함으로써 참여자들의 상호작용을 촉진한다.

2.2 거버넌스의 4가지 도구(법, 규범, 아키텍처, 시장)의 활용법

플랫폼 거버넌스는 헌법학자 로런스 레시그(Lawrence Lessig)의 국민 국가(nation-states) 모델로부터 찾을 수 있다. 레시그 모델에서 지배 체제에는 법(laws), 규범(nomes), 아키텍처(architecture), 시장(markets)이라는 네 가지 주요 도구를 포함한다.

예를 들어 특정 생태계를 이끄는 지도자가 흡연의 해악을 줄이길 원한다고 가정해 보자. 법적인 도구를 사용한다면, 미성년자에게 담배 판매를 금지하거나 공공장소에서 흡연을 금지하는 법안을 통과시킬 수 있다. 규범 즉 문화에 의해 형성된 비공식적인 행동규약을 적용한다면, 흡연에 대해 사회적 압력을 가하거나 흡연행위에 낙인을 찍는 광고를 통해 흡연이 '멋지지 않게' 보이도록 할 수 있다. 아키텍처를 사용한다면, 흡연의 파급효과를 줄일 수 있는 물리적 장치를 고안해 낼 수도 있을 것이다. 이를테면 공기를 청정하게 하는 공기 필터를 만들거나 연기가 나지 않는 담배 대체 기기를 만드는 것이다. 시장 메커니즘을 이용한다면 담배 제품에 세금을 부과하거나 '금연' 프로그램에 보조금을 지원할 수 있을 것이다.

플랫폼 관리자들이 네 가지 도구를 사용할 수 있다.

① 법

플랫폼 안에서 말썽을 피우는 참여자에게 벌을 주는 것은 리스크 문제를 해결하는 기본적인 방법이다. 그러나 잘못의 책임을 명확히 가리는 것이 쉽지 않다. 에어비앤비에 올린 숙소에서 매매춘 행위와 광란의 파티가 벌어지고, 크레이그리스트를 통해 개인적인 서비스를 제공하던 사람이 살해당하기도 했다. 미국 판례법은 일반적으로 플랫폼 사용자의 잘못에 대해 플랫폼에게 책임을 묻지 않는다. 플랫폼 법은 투명해야 한다. 명시적이고 투명한 법체계는 구성원들이 자신들의 최고의 통찰을 다른 플랫폼 구성원 모두와 공유할 것을 독려함으로써 공공재에서 발생하는 문제를 해결해 준다. 그러나 규칙을 명시하는 것이 오히려 나쁜 행동을 촉진할 가능성이 있는 경우도 있다. 데이팅 사이트가 나쁜 행동을 하는 스토커들을 신속하게 벌하는 법을 적용하자, 스토커들은 어떻게 하면 신고를 유발하는 행동을 피할 수 있는지 금방 학습했다. 정리하면 선한 행동을 규정하는 법에 대해서는 신속하고 명확한 피드백을, 나쁜 행동을 벌하는 법을 적용할 때는 느리고 불분명하게 피드백을 제공하는 전략이 요구된다.

② 규범

모든 플랫폼이 보유할 수 있는 가장 큰 자산 중 하나는 커뮤니티이다. 활기찬 커뮤니티는 숙련된 플랫폼 관리자에 의해 만들어진다. 관리자들은 가치의 원천이 될 규범, 문화, 기대치를 만들어가려고 지속적으로 노력한다.

아이스톡포토(istockphoto)는 오늘날 세계 최대의 클라우드소싱 사진 시장 사이트로 설립자는 브루스 리빙스톤(Bruce Livingstone)이다. 브루스는 처음 이미지 컬렉션 CD를 고객에게 직접 우편 판매사업을 하였으나 망하고 말았다. 그러나 브루스는 이미지를 온라인에서 무료로 나누어 주었다. 브루스는 스스로 자랑스러워할 만한 품질을 유지하고 스팸과 포르노 사진, 저작권 침해한 이미지를 없애기 위해 감독관을 시켜 철저하게 모든 이미지를 조사했다. 추후 브루스는 여러 사람들이 큐레이션을 할 수 있게 방향 전환을 했고, 양질의 콘텐츠를 올린 사람이 감독관이자 커뮤니티 조직가가 될 수 있는 시스템을 고안했다. 이러한 일련의 노력에 힘입어 아이스톡포토 커뮤니티를 지배하는 일련의 강력한 규범이 형성되었다. 이러한 규범을 적응하면서 아이스톡포토 커뮤니티는 막대한 양의 사진이라는 가치 있는 공공재를 만들어 낼 수 있었다.

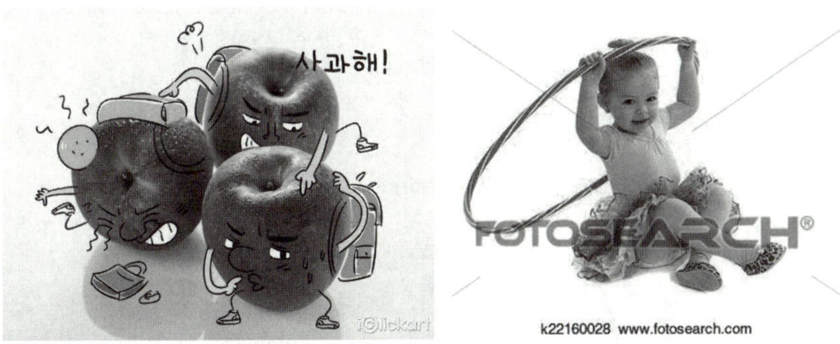

[그림 6-6] 아이스톡포토

③ **아키텍처**

플랫폼 비즈니스 세계에서 '아키텍처'는 기본적으로 프로그래밍 코드를 가리킨다. 잘 설계된 소프트웨어 시스템은 스스로 진화한다. 즉 선한 행동을 독려하고 보상하여 선한 행동을 더 많이 이끌어 낸다. 온라인 뱅킹 플랫폼, 개인 간 네트워크 대출기업은 소프트웨어 알고리즘을 이용하여 노동집약적이고 임금이 높은 전통적인 대출 담당 직원을 대체한다. 이들은 대출자가 대출금을 상환할 가능성을 계산할 때 전통적으로 많이 사용하는 데이터(신용 평점)와 비전통적인 데이터(레스토랑 플랫폼인 옐프의 등급, 이메일 주소의 변경 빈도, 링크드인의 인맥, 대출 평가도구 활용 정도)를 모두 사용한다. 플랫폼 아키텍처가 대출자의 행동을 잘 예측하면 할수록 플랫폼에 참여하는 데 따른 리스크가 줄어들고, 더 많은 채권자를 유치할 수 있다. 간접비용이 낮아지면 플랫폼은 이율을 낮추어

더 많은 대출자들을 끌어올 수 있다. 아키텍처를 활용하여 가장 혁신적인 형태의 통제력을 발휘한 사례는 블록체인(Block Chain - 가상 화폐로 거래할 때 해킹을 막기 위한 기술) 프로토콜이다. 비트코인은 정부나 은행, 또는 개인이 통제할 수 없는 위조가 불가능한 세계 최초의 디지털 화폐로 유명해졌지만 가장 혁명적인 것은 블록체인이다. 블록체인 프로토콜은 분산된 거버넌스를 가능하게 해준다. 개방된 아키텍처와 거버넌스 모델로 중앙 집중식 권한이 존재하지 않는 플랫폼이 탄생했다.

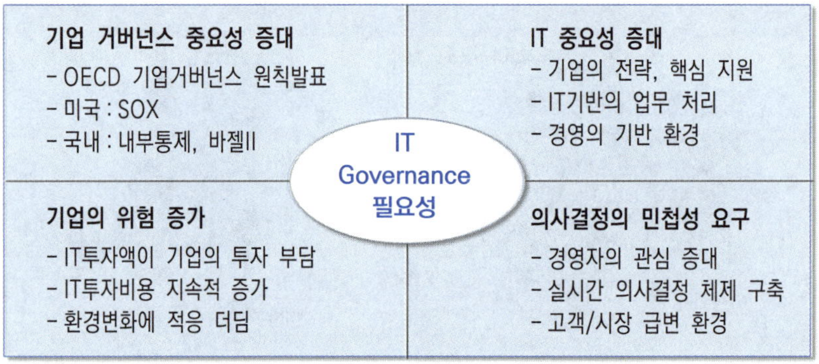

[그림 6-7] IT Governance

④ **시장**

재미, 평판, 명성 등을 통해 시장을 형성하고 관리해야 한다. 시장은 행동을 지배하기 위해 메커니즘을 설계하거나 다양한 인센티브를 제공한다. 인센티브에는 금전뿐만 아니라 재미, 명성, 부까지 포함한다. 대다수의 플랫폼에서는 금전보다는 눈에 보이지 않는 주관적인 형태의 가치, 바로 사회적 통화가 훨씬 더 중요하다. 사회적 통화에는 뭔가를 얻기 위해 뭔가를 주어야 한다는 개념이 들어 있다. 사람들이 사진을 공유하게 만들려면 사진에 재미라는 요소를 더하면 된다. 관계의 경제적 가치로 판단하는 사회적 통화에는 얼마나 많은 사람들이 좋아하고 공유했는지가 포함된다. 아이스톡포트는 유용한 시장 메커니즘을 사회적 통화에 기반을 두어 진화시켜가면서 사람들의 사진 거래를 관리했다.

다운로드하는 사진마다 그것을 내려받은 사람이 1크레딧을 지불하면, 맨 처음에 해당 사진을 올린 사람이 1크레딧을 번다. 크레딧은 1크레딧당 25센트에 충전할 수도 있으며, 사진사는 쌓인 크레딧이 100달러가 넘으면 현금으로 환급받았다. 이러한 시스템은 전문 사진가들과 비전문 사진가들이 동일한 시장에 공정하게 참여할 수 있는 사회적 거래소를 만들어 냈다. 이 메커니즘은 공급과 '두꺼운 층'을 동시에 장려하여 마이크로스톡 사진 사업(비전문가들도 참여할 수 있는 디지털 이미지를 사고파는 산업)을 탄생시켰다. 에이비앤비는 처음에는 호스트에게 게스트의 불량 행위에 대한 보상을 거부했으며, 우버는 탑승객들에게 운전자의 불량 행위에 대비한 보험을 들어 주지 않았다. 결국 두 회사는 이런 행동이 플랫폼 성장을 저해한다는 사실을 깨닫고 에어비앤비는 호스트 회원에게 주택 소유주 보호 보험을, 우버는 운전자 보호 보험에 가입했다. 플랫폼은 자기들의 리스크를 최소화하려고 하기 보다는 시장의 보험이나 위험 분산 메커니즘을 이용하여 참여자들의 리스크를 낮춤으로써 전반적으로 가치를 최대한 끌어 올리려고 노력해야 한다.

2.3 플랫폼을 위한 자기 규제의 원칙

플랫폼을 위한 똑똑한 자기 규제 거버넌스의 원칙 중에서 가장 중요한 것은 첫 번째로 내부 투명성(internal transparency)이다. 기업 내의 사업 부문이나 부서는 서로 소통하기 어려운 점이 있다. 더군다나 외부인(플랫폼 사용자와 개발자)이 효과적으로 플랫폼 관리팀과 협력은 더욱 어렵다. 플랫폼 관리자는 전체 플랫폼에 대한 입장을 명확히 밝혀야 한다.

아마존의 설립자 제프리 베조스(Jeffrey Bezos)의 지시를 회사 중역 스티브 예이그(Steve Yegge)가 요약한 '예이그의 외침(Yegge Rant)'은 기업 내부의 거버넌스 원칙에 담긴 정신을 잘 포착하고 있는데 7개의 규칙으로 나타내고 있다.

① 이후로 모든 팀은 자기들의 데이터와 기능을 서비스 인터페이스를 통해서 제공한다.
② 팀은 반드시 인터페이스를 통해 커뮤니케이션한다.

③ 다른 형태의 내부 커뮤니케이션을 허용하지 않는다. 직접 링크를 보내거나 다른 팀의 데이터 스토어에 접근해서 데이터를 읽을 수 없으며, 공유 메모리 모델도 안 되고 그 어떤 백도어도 금한다. 오직 네트워크에서 서비스 인터페이스 호출을 통한 커뮤니케이션만 허용한다.

④ 어떤 기술을 사용하던 상관없다. HTTP, Corba. Pubsub, 독자 프로토콜 등 무엇이든 사용할 수 있다.

⑤ 모든 서비스 인터페이스는 예외 없이 반드시 외부에서 이용할 수 있어야 한다. 반드시 외부 개발자들이 이용할 수 있게 인터페이스를 구상하고 설계해야 한다는 뜻이다. 예외는 없다.

⑥ 이대로 행하지 않는 사람은 누구나 해고될 것이다.

⑦ 고맙다. 좋은 하루 되길!

아마존의 클라우드 서비스인 아마존 웹 서비스(Amazon Web Services, AWS)가 성공하게 된 투명성 원칙이다.

플랫폼 자기 규제 거버넌스의 두 번째 대원칙은 참여(participation)이다. 플랫폼 관리자들이 의사결정 과정에서 외부 파트너와 이해관계자들에게 내부 이해관계자들과 동일한 발언권을 주는 것은 매우 중요하다. 그렇지 않으면 플랫폼 자체에만 유리하게 모든 의사결정이 내려지게 되면서 외부 파트너를 소외시켜 이들의 플랫폼 이탈을 초래할 수 있다.

인텔이 주도하에 USB 주변에 구축된 생태계는 키보드, 메모리 기기, 모니터, 카메라, 네트워크 커넥터 등의 주변기기와 컴퓨터 사이의 데이터 전송과 전력 전송을 가능하게 만든 최초의 표준 가운데 하나였다. 인텔은 독자적으로 추진할 위치에 있었지만, 인텔은 USB를 인텔 아키텍처 랩(Intel Architecture Labs, IAL)에 일임하였다. IAL은 생태계 협력사와 내부 사업 부문 간에 협상을 중립적으로 조율하는 일을 맡았다. 인텔의 사업 부문이 손해를 보는 경우도 이었지만 IAL은 생태계의 건전성을 향상시키는 정책을 옹호하고 입안하여 협력사들의 신뢰를 얻었다. 인텔의 노력은 컴팩(Compaq), DEC, IBM, 인텔, 마이크로소프트, NEC, 노텔(Nortel) 등 7개 회사로 구성된 컨소시엄이 USB를 중심으로 연합하여 10년 이상 성공적으로 진화한 생태계의 표준을 만들어 냈다.

표 6-1 인텔의 자기 규제 원칙

인텔이 USB 표준을 정립하여 시행한 자기 규제 원칙
• 중요한 의사결정을 내릴 때 고객에게 발언권을 제공하라. 별도의 사업 부문을 '차이니즈 월(Chinese Wall, 정보 차단 벽)'로 활용하여 상충되는 의제를 처리하라. • 신뢰 관계를 위해 공개 표준은 반드시 공개한다. • 지적 재산권을 공정하게 처리하라. 내 것이든 남의 것이든. • 명확한 로드맵에 대해 널리 알리고 해당 로드맵을 고수하라. 행동하기로 한 약속이든, 행동하지 않기로 한 약속이든, 반드시 신뢰할 수 있어야 한다. • 전략적으로 중요한 시장에 진입할 권리를 보유할 때는 통지한다. 사람들을 깜짝 놀라게 하지 말고 새로운 소식을 너무 좋아하지 말라. • 대형 투자인 경우 리스크를 공유하고 자기 돈으로 투자하라. • 불변의 플랫폼을 약속하지 말라. 빨리 통지할 것을 약속하라. 적극적으로 개입하여 변화가 일어났을 때 파트너가 아니라 플랫폼이 영향을 받게 하라. • 다른 자산을 보유한 파트너에게 저마다 다른 혜택을 제공하는 것은 좋다. 단 왜 그런 혜택이 돌아갔는지 모두가 납득할 수 있어야 한다. • 파트너, 특히 규모가 작은 파트너들의 장기적인 재무 건전성을 도모하라. • 비즈니스가 성숙해질수록 외적 성장을 추구하면서 핵심 플랫폼에서 보조 플랫폼으로, 플랫폼의 매출 감소를 가져오는 새로운 사업 쪽으로 결정을 내리게 된다.

생각하기 '혁신' 카카오, 어쩌다 '공공의 적' 됐나

소상공인 영역까지 무분별한 확장, 불만 수면 위로

국민 메신저 카카오톡을 앞세운 카카오의 진격은 멈출지 몰랐다. 카카오 플랫폼 안에서 선물하기, 결제, 쇼핑, 웹툰, 보험, 금융, 게임 등을 즐길 수 있게 됐다. 특히 택시, 퀵서비스, 대리운전, 은행 등의 서비스는 소비자 입장에서 이전까지 불편사항을 한꺼번에 해소한 혁신적인 서비스라는 평가를 받았다.

하지만 승자 독식 생태계에 놓인 플랫폼 비즈니스에서 부작용이 드러나기 시작했다. 사업 진출 영역이 꽃 배달, 미용실 등 대부분 소상공인의 영역까지 미치며 중소업체와 자영업자의 피해가 드러나기 시작했다.

카카오의 확장 전략을 보면 카카오의 독점적인 플랫폼 지위를 활용, 기존 시장에 진입한 뒤 무료로 이용자를 끌어 모으고 이후 가격과 수수료를 올리는 방식이다. 카카오택시가 대표적이다. 콜택시와 대리운전 서비스에서 독점적 지위를 구축한 카카오는 비용을 더 지불하면 택시가 더 빨리 잡히는 '스마트 호출' 서비스의 비용을 최대 5000원까지 인상하려 했다.

이는 사실상 요금 인상으로 받아들여졌다. 특히 요금 인상의 요인이 이전과는 달랐다. 기름값 인상이나 택시기사들의 처우개선을 위한 사회적 합의는 없었고, 독점적 플랫폼의 수익 극대화를 위한 일방적인 결정으로 이뤄졌다. 택시업계 뿐만 아니라 범사회적인 반발이 일어났다. 카카오는 즉각 인상 계획을 처리했으나 규제의 칼날을 피하기 어려워졌다.

(출처 : 뉴스핌, 2021년 9월)

용어정리

IT Governance
거버넌스(Governance)
내부 투명성(internal transparency)
데이터 분석(data analytics)
독점력(monopoly power)
링크드인(LinkedIn)
멀티스레딩(multithreading)
멀티호밍
몬스터(Monster)
바이두(Baidu)
블록체인(Block Chain)
비메오(Vimeo)
승자독식
아마존 웹 서비스(Amazon Web Services, AWS)
아이스톡포토(istockphoto)
엣시(Etsy)
예이그의 외침(Yegge Rant)
외부효과
인수합병(M&A) 전략
전환 비용
정보의 비대칭성
징가(Zynga)
차이니즈 월(Chinese Wall, 정보 차단 벽)
큐리그 그린마운틴(Keurig Green Mountain)
투명성 원칙
포터의 경쟁 모델
프리롤 광고(pre-roll ad)
흡수 전략

제7장 플랫폼 횡포

1. 플랫폼 횡포

1.1 플랫폼 횡포 종류

1.2 플랫폼 횡포 사례

2. 대응 전략

2.1 전략적 플레이어의 대처 방법

2.2 비전략적 플레이어의 대처 방법

제7장
플랫폼 횡포

1. 플랫폼 횡포

1.1 플랫폼 횡포 종류

플랫폼(Platform)이란 전통적인 비즈니스 모델과 구별되는 새로운 비즈니스이다. 전통적인 비즈니스가 물건을 만들고 파는 것이라면, 플랫폼 비즈니스는 산업생태계를 만들고 그 속에서 비즈니스가 일어나게 하는 것이다.

플랫폼 비즈니스는 “복수 그룹의 요구를 중재함으로써 그룹 간의 상호작용을 환기시켜 그 시장의 경제권을 만드는 산업기반형 비즈니스 모델”로 정의된다. 플랫폼 비즈니스의 특성은 두 개 이상의 그룹을 연결하고, 그룹 단독으로는 얻을 수 없는 가치를 창출하며, 그룹 간의 상호작용으로 네트워크 효과를 발생시켜 새로운 가치를 창조하는 것이다.

플랫폼에 참가하는 것은 양날의 칼과 같다. 잘만 이용하면 효율화를 꾀할 수 있고 고객 확보에도 도움이 된다. 하지만 구체적인 전략 없이 플랫폼에 참가하면 회사는 플랫폼 확대에 기여만 할 뿐, 순식간에 플랫폼의 지배 아래 놓이게 되면서 고객 컨트롤 능력을 상실하게 되고 같은 플랫폼 안의 경쟁 상대에 대해 차별화를 꾀하는 것조차 불가능해질 수 있다.

성공한 플랫폼은 과거의 사례에서 점차 횡포를 부리게 된다. 플랫폼을 개시할 당시만 해도 오픈이고 저렴하다고 하지만 플랫폼이 성공을 거두게 되면서 점점 자신의 이익과 영역을 확대해가려고 한다. ‘트로이의 목마’가 될 위험이 있다는 것을 인식해야 한다. 이러한 플랫폼의 횡포에 대처하기 위해서는 플랫

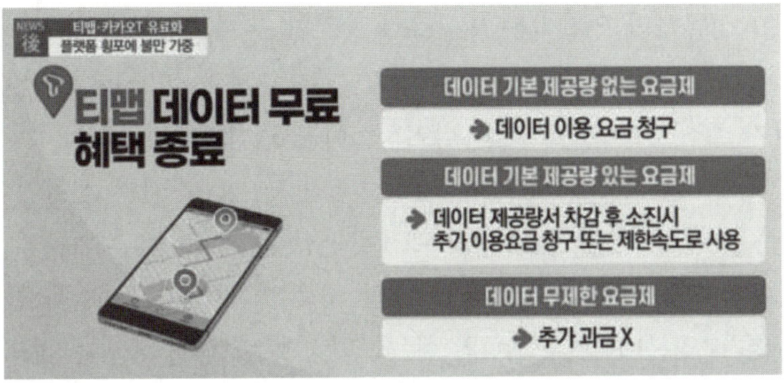

[그림 7-1] 티맵·카카오T 플랫폼 횡포

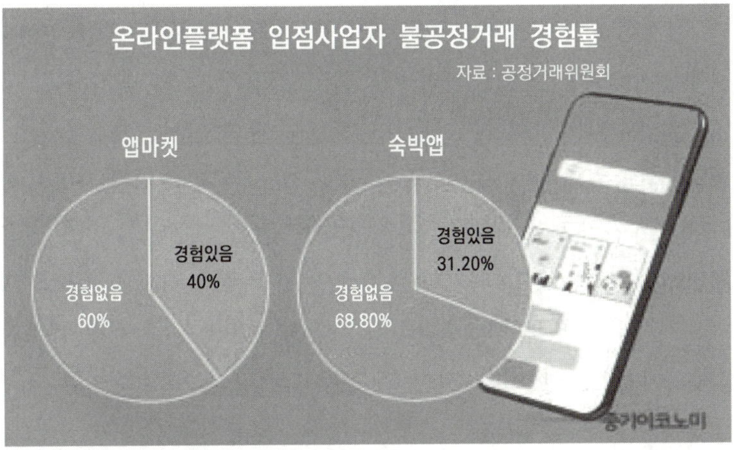

[그림 7-2] 구글 · 애플 앱마켓 플랫폼 갑질 횡포에 신뢰 바닥

폼에 참가하기 전에 우선 자사의 플랫폼 전략을 구축해야 한다. 경우에 따라서는 플랫폼에 탈퇴하거나 스스로 플랫폼을 구축하는 것까지도 검토해야 한다. 플랫폼 횡포의 전형적인 양상은 세 가지로 나타난다.

(1) 이용료 인상

플랫폼이 성공하면 언젠가는 이용료가 오르게 된다.

마이크로소프트는 윈도가 OS의 주류로 자리를 잡자 약 20년 동안 2년마다 OEM(주문자 제조 방식) 사에 대한 라이선스비를 인상해왔다.

일본의 라쿠텐 시장도 처음에는 월정액 5만 엔에 6개월치 선불이라는, 그 당시로서는 매우 저렴한 입점료를 내세워 급성장했다(다른 대기업의 입점료는 300만 엔 이상이었다). 하지만 회원이 2천만 명을 넘게 되자 두 번에 걸쳐 매상 연동에 따른 수익분배 방식으로 입점료를 변경해 버렸다. 현재는 점포 매상의 11% 정도가 수수료 명목으로 라쿠텐에 들어간다고 한다.

서버 비용 등을 감안하면 이러한 변경은 합리적이라고 주장하지만 점주들은 맹렬하게 반대했고 일부 점포는 탈퇴를 하기도 했다. 하지만 회원 5천만 명 확보라는 플랫폼의 능력이 있는 한 대신할 점포는 얼마든지 구할 수 있다.

플랫폼에 참가하고 있는 점포 측의 교섭능력이 매우 위축되어 있는 것도 사실이다. 원래는 이러한 사태를 미리 예측하고 계약서 등에 명기하여 자사의 비즈니스를 지킬 수 있는 대책을 가입 당시 마련해 놓아야 한다.

라쿠텐이 인터넷 쇼핑몰에서 차지하는 시장 점유율은 20% 정도지만 경쟁 플랫폼이 그에 대항할 만한 힘을 갖추고 있지 않다는 점도 라쿠텐의 이런 전략을 가능케 하는 요인이다. 입점 수만 따지면 야후쇼핑도 라쿠텐 시장에 육박하고 있지만 '장바구니'등 기술적인 부문에서 사용하기 불편하다거나 지원 체제의 문제 때문에 매상은 정체되어 있고, 이러한 점이 라쿠텐의 전략에 박차를 가하고 있다.

(2) 플랫포머에 의한 수직 통합

성공한 플랫포머는 자신의 플랫폼에 참가한 그룹이나 그 구성요소인 콘텐츠 제공자의 사업을 자기 사업의 일부로 수직통합하려는 경향이 있다. 특히 테크놀로지 산업에서는 이런 경향이 두드러진다.

미팅에서 가장 득을 보는 것은 총무라고 하였는데 플랫포머는 인기상품을 비롯한 마케팅 정보를 누구보다도 빨리, 그리고 많이 얻을 수 있는 입장에 있다.

마이크로소프트는 마이크로소프트 오피스나 익스플로러에 타사의 기능을 추가시켰다. 그리고 그 중 인기 있는 것을 자사에서 제공하는 전략을 취해왔다.

당연히 이에 대항하는 기업도 나온다. 하지만 거대한 플랫폼에 하나의 회사가 대항하기에는 역부족이다. 그래서 나온 것이 오픈 플랫폼이다.

구글이 누구나 이용할 수 있는 오픈 사양을 공개하고 제휴를 통해 참가자를 모으는 것은 '성공하는' 플랫폼을 만들기 위한 전략이라기보다는 '지지 않는' 플랫폼을 만들기 위한 전략이다. 즉 시장을 독점이나 과점에서 구해내는 대신 구글은 자사의 광고매체를 방어하고 확대해가는 것이다.

지금 거대 플랫폼의 횡포에 직면해 있다면 제휴를 통해 이러한 오픈 전략을 실천할 수 있는지 검토해봐야 한다.

(3) 플랫포머가 고객과의 관계를 약화시킨다.

플랫포머가 사용자에 대한 지배력을 강화하거나 경쟁사를 불러들일 수 있다.

회사의 상품을 구입한 사람의 정보, 예를 들면 메일 주소와 같은 고객 정보를 플랫포머가 확보한 후 사용자와 직접 접촉해 자기가 제조한 인기상품을 판매하거나 당신의 경쟁사를 우선시할 가능성이 있다.

실제로 미국의 아마존에서 이와 같은 일이 일어났다. 2000년에서 2001년 사이, 미국의 대표적인 완구 소매업체 토이저러스, 유명 서점 체인, 가전제품 판매점, GAP, HMV 등 일본에서도 유명한 체인점들이 아마존에 입점한 적이 있다. 하지만 머지않아 동종업계의 중소기업 및 판매사가 아마존으로 잠입을 시도하자 차별화가 어려워진 이들 대기업은 결국 아마존을 떠나 독자적인 플랫폼을 구축했다.

성공한 플랫포머의 대부분이 처음에는 하나 같이 '플랫폼 내에서 경쟁사와 경합을 벌일 일은 없을 것'이라고 말한다. 하지만 일단 회원 수가 늘어나고 성공 궤도에 오르면 그들의 말과 행동은 '트로이의 목마'가 되고 만다.

회사는 이러한 횡포에 어떻게 대처하면 좋을까? 구체적인 사례를 보자. 회사가 참가를 검토하고 있는 플랫폼이 있다면 그 플랫폼이 성공했을 경우, 혹은 이미 성공하고 있는 경우 당신의 회사에 어떤 위험이 닥칠지 구체적으로 생각해 보아야 한다. 구체적인 플랫폼 전략이 없는 상태에서 플랫폼에 참가하면 플랫폼의 힘만 키워주는 게 되고 어느새 자사의 고객 기반조차 잃어버릴 수 있다는 사실을 많은 기업이 망각하고 있다.

[그림 7-3] 트로이의 목마

만약 당신의 회사가 플랫폼 이용을 검토하고 있다면 사전에 다음과 같은 사항을 검토해야 한다.

① 자사 단독으로, 혹은 타사와 함께 독자적인 플랫폼을 구축할 수 있는가?
② 기존의 플랫폼에 참가할 경우, 해당 플랫폼의 미래 전략은 무엇인가?
③ 그 전략이 자사의 전략과 모순되지는 않는가, 앞으로 자사에 어떤 영향을 미칠 것인가?
④ 참가했을 경우 자사의 고객 확대, 매상 증가, 비용 감소 혹은 증가, 자사의 고객 기반 확대와 보전은 어떻게 예측되는가?
⑤ 여러 개의 기존 플랫폼을 이용하는 경우, ④의 예측은 어떻게 되는가?
⑥ 앞으로 자사가 감당하게 될지도 모르는 손실을 피할 수 있는 방법이 계약서에 명시되어 있는가? 플랫폼 기능의 일부만 이용하여 피할 수 있는가?

단, ⑥에서 말하는 플랫포머와의 개별 조건 교섭은 대부분의 기업이 좀처럼 못하는 어려운 일이다.

후술하는 대응전략에서 플랫포머에 대한 영향력 정도에 따라 '전략적 플레이어'와 '비전략적 플레이어'로 나누어 각각의 대응 방법을 알아본다.

경영학자들에 의해 주도된 대부분의 플랫폼 전략과 관련된 연구는 '양면시장(Two-Sided Market)' 관점에서 실제 현실세계의 탐색적 사례연구 방법론을 통해 일반화를 시도해 왔다. 우리나라에서는 실증실험 중심의 양적분석이 전제되지 않으면 사례연구 중심의 질적 분석에 기반한 논문은 인정받기 힘든 현실이다. 미국이나 유럽에서는 심도 깊은 사례연구방법론을 통해 일반화할 수 있는 무엇인가를 발견했다면, 학문적/실무적 시사점이 큰 인정을 받고 있다.

다른 측면의 플랫폼에 관련한 연구는 경제학자에 의한 것들이다. 경제학자들이 주도한 플랫폼 관련 연구는 어떤 조건이나 환경에서 플랫폼이 '양면시장'인지를 검증하는 데 초점이 맞춰져 있다. 일반적인 전통적 경제학에서 이야기하는 완전경쟁시장은 단면시장(One Sided Market)인데 플랫폼은 왜 양면시장인지를 경제학적인 모델로 증명하는 것이 대부분이다.

양면시장으로 불리는 플랫폼은 다음의 세 가지 특징을 보인다. 첫 번째는 상호연결을 필요로 하는 둘 이상의 구분되는 고객그룹 간의 거래를 중재한다. 두 번째는 교차 네트워크 효과가 반드시 존재한다는 것이다. Katz와 Shapiro 교수는 직접 네트워크 외부성과 간접 네트워크 외부성의 개념을 발표하였다. 경제학에서 외부성이란, 한 개인(소비자 또는 생산자)의 경제활동이 제3자에게 파급효과를 가져오는 현상을 지칭한다. 어떤 제품이나 서비스를 사용하는 소비자/이용자가 많으면 많을수록 사용가치는 더욱더 높아지는 현상을 통칭한다. 양면시장 이론에서는 네트워크 외부성 중에서도 간접적 네트워크 외부성, 즉 교차 네트워크 외부성을 확보하는 것이 매우 중요하다. 왜냐하면 서로 다른 양측이 존재하는 것만으로는 양면시장을 형성할 수 없기 때문이다. 양측의 서로 다른 고객군이 존재하고. 이 둘 간에 교차 네트워크 외부성이 확보되지 않으면 사실상 거래가 일어나지 않기 때문이다.

양면시장의 이론적 토대와 기틀은 Rochet와 Tirole 교수의 연구에서 신용카드 서비스를 예시로 가격구조와 교차보조에 대한 검증을 진행한 바 있다. 연구에서 양면시장이란 바로 '네트워크 효과'를 지닌 플랫폼으로, 거래에 참여하는 서로 다른 성질의 고객/이용자 간의 효율적 '교차보조'를 지원하는 시장으로 정의하였다. Rochet와 Tirole는 서로 다른 이용자 그룹 사이에 부수적 지급(Sided-Payment)이 불가능하다고 전제한다. 부수적 지급이란 서로 다른 이용자 그룹 간에 비용부담의 배분을 협상을 통해 재조정하는 것을 의미하는데, 이는 양측의 이용자 간에 플랫폼 없이도 자유롭게 거래가 가능함을 의미한다.

플랫폼이 양면시장이라는 것은 이러한 양측의 부수적 지급이 불가능한 상황인 것이다. 부수적 지급이 양측 간에 허용된다면, 어느 누구도 플랫폼을 통해 거래를 하지 않을 것이다.

최근 커머스 시장에 나타나고 있는 역쇼루밍(Reverse Showrooming : 실제 인터넷이나 모바일에서 상품 검색, 가격 비교를 하고, 오픈라인 매장에 가서 물건을 구매하는 행위)의 경우, 이러한 현상이 강하게 나타날수록, 특정 버티컬 쇼핑몰의 경우 양면시장을 형성하는 플랫폼으로 성장하기 힘들 가능성이 높다. 플랫폼이 양면시장이라 함은 완벽히 양측 이용자 간에 부수적 지급이 불가능해야 하므로, 역쇼루밍의 경우, 실제 플랫폼을 이용하는 어느 한 측면(수요측)이 다른 측면(공급측)과 거래하지 않고, 오픈라인 매장에서 부수적 지급이 가능한 상태로 전화되기 때문이다.

[그림 7-4] 역 쇼루밍

플랫폼을 이용하는 양측 간에 부수적 지급이 가능하다면 가격구조가 중립화(Neutralization)되어 가격구조는 거래량에 영향을 미치지 못하게 된다. 즉, 양면시장으로서 플랫폼의 의미가 없어진다. 양면시장 이론에서는 플랫폼의 가격

구조가 비중립적(Non-neutral)이기 때문에 양측의 이용자는 협상을 통해 효율적인 결과에 도달할 수 없다고 정의한다.

플랫포머의 의사결정에 강력한 영향력을 행사할 수 있는 기업의 경우와 그렇지 못한 기업의 플랫폼 횡포에 대한 전략은 다르게 나타난다. 타사와 횡포에 조합하여 기존의 플랫폼에 대항할 수 있을 만큼 강한 브랜드나 고객 기반을 지니고 있는 기업의 경우에는 독자적인 플랫폼 구축으로 플랫폼 횡포에 대처할 수 있을 것이다. 다른 방법으로는 자사의 경쟁 우위성을 유지하기 위해 계약서에 교섭 사항을 추가하거나 '오픈 플랫폼'으로 대항할 수 있다.

독자적인 플랫폼을 구축할 수 있을 정도의 브랜드력이나 고객을 확보하고 있지 않은 경우라면 특별한 교섭을 실시하기가 어렵고 플랫포머가 준비한 메뉴에서 선택할 수밖에 없는 경우가 된다. 이러한 기업이 플랫폼의 횡포에 대처하기 위해서는 다른 플랫폼에 참가 여부, 플랫폼이 자사에 주는 장점, 다른 플랫폼에 참가하는 것을 인정하지 않는 플랫폼일 경우 어떤 기대를 할 수 있는지, 자사가 배타적 플랫폼에 참가하면 그 플랫폼은 시장 리더가 될 수 있는지 등의 여부를 확인하여 플랫폼의 횡포에 대처해야 한다.

개인이 플랫폼에 참가할 경우에는 개인이 거대 조직과 교섭을 하는 것이 쉽지 않지만 부당한 불이익을 당했을 경우 공적기관을 통해 민사소송을 제기하는 방법을 찾아야 한다. 플랫폼에 참가하기 전에 규약 등을 잘 확인하고 필요 이상으로 개인정보를 제공하지 말아야 한다.

1.2 플랫폼 횡포 사례

(1) 프랜차이즈 플랫폼 횡포 사례

프랜차이즈 창업은 특별한 기술이나 경험이 없어도 본사의 영업 노하우가 지원되기에 불확실성을 줄일 수 있는 장점이 있으나, 프랜차이즈 업체의 횡포가 단점으로 나타난다. 가맹점업주들은 시중에서 아주 쉽게 구매가 가능한 공산품, 일회성 물품들을 본사로부터 필수로 혹은 강제로 구입해야 하는 물품으로 지정해 계약을 강요당하고 비싼 값에 물품을 납품받고 있다. 강매 뿐만 아니라 광고, 판촉 등 마케팅 비용도 전가하여 가맹점을 어렵게 한다. 물가상승률에 따라 납품하는 물품의 금액을 올리지만 제품의 가격은 수년간 고정시켜 가맹점의 부담을 가중시킨다.

용량을 속여 공정거래위원회에서 적발된 쥬씨의 경우, 용량이 1리터가 아님에도 1리터로 허위광고를 게재하여 소비자들에게 많은 비판을 받았다. 따라서 쥬씨의 가맹점들은 매출 감소로 피해를 입었다.

[그림 7-5] 프랜차이즈 횡포

본죽은 소고기 장조림 등 식자재에 특허를 받지 않았으나 특허를 받은 것으로 속여 가맹점에 납품을 하였다. 그로 인해 공정거래위원회로부터 과징금을 받았고 본사의 허위특허로 인해 가맹점도 이미지 실추로 인한 매출감소 피해가 있었다.

호식이 두 마리 치킨 대표의 여직원 추행으로 소비자들의 불매운동이 이어져 가맹점들이 손해를 입었다. 이러한 경우 가맹점들은 본사로부터 어떠한 보상을 받을 수 있는 법적 근거가 없다는 것이다. 한국 피자헛은 가맹점에게 계약서에 없는 비용을 받아 시정명령과 과징금을 부과 받았다.

최근 프랜차이즈 생태계 건전성을 위해 경영진의 행위로 인한 피해보상 조항 수립, 본사로부터 가맹점에 대한 보복금지 규정, 유통경로, 유통가격 공개 등의 제도적 장치를 만들고 있다.

(2) 삼성SDS와 키위(KEYWE)

한 커뮤니티에서 삼성SDS와 키위의 제품 이미지 비교사진을 올리면서 대기업의 횡포로 인하여 수 년 동안 연구해온 성과를 한 순간에 도둑맞았다고 하였다. 삼성SDS가 근래에 선보인 스마트 도어록의 디자인 및 제품명이 스타트업 키위의 제품과 아주 유사하다는 점 때문이다. 대기업과의 특허소송에서 승리를 한 중소기업의 선례를 찾아보기가 힘들기 때문에 키위 측에서는 조심스럽다. 중소기업 입장에서는 국내에서 원형 도어록은 사실상 금기시되어온 제품이라 한 번도 생산되었던 적이 없었고 시도도 없었다고 한다. 하지만 해외에서 유사한 제품이 있었다는 점에서 국내에서 상표권 등록이 되지 않았다고 한다. 수년간 제품개발 후 제품을 출시한 후 얼마 지나지 않아 삼성SDS 측에서 유사제품을 출시하여, 중소기업 측에서 특허를 인정받을 수도 없는 상황이기 때문에 여론을 이용하여 대기업의 횡포를 알리고자 커뮤니티에 올린 것이다. 대기업의 횡포가 지나치다는 여론과 해외에서 이미 만들었다는 점을 들면서 대기업의 횡포가 아니라는 여론이 대립되고 있다. 중소 벤처 스타트업의 제품을 삼성 같은 대기업이 특허의 허점을 이용하여 중소기업 죽이기를 한다면 유사한 좋지 않은 사례가 이어질 것이다. 이러한 제도상의 허점을 보완할 법 제정이 요구된다.

(3) 현대정공과 정신산업

우리나라에서 대원전기밥솥을 만들어 처음으로 전기밥솥을 대중화한 회사의 CEO였던 이인애 할머니는 경력과 기술력을 바탕으로 기계장비 제조업체인 정신산업을 설립했었다. 대기업에 납품할 만큼 기술력과 안정성을 인정받았으나 정신산업은 부도를 맞고 말았다. 그 이유는 현대정공에서 오스트리아의 기업으로부터 자동차 적재장치를 주문받아 정신산업 측에 하도급을 주기로 했으나, 총 납품가 45억 원에서 현대 측은 “추가로 물량을 발주하겠으니 가격을 낮추라”며 약 32억 원으로 납품가를 낮추었다. 또한 계약금을 정신산업 측에 지급하여야 했으나 현대측은 오스트리아 업체로부터 계약금을 받았음에도 불구하고 “계약금이 없었다”라고 속여 지급하지 않았다. IMF 시기에 계약금을 받지도 않고 14억 원이라는 거금을 투자해 제품생산에 들어간 정신산업은 현대정공의 많은 설계변경 요구를 모두 받아들이며 현대 측의 “설계비와 추가

비용을 책임진다"라는 말만 믿고 추가로 20억 원의 손해를 보면서 요구를 들어주었다. 현대 측의 모든 약속은 이루어지지 않았고 2000년 결국 정신산업은 부도처리 되었다. 2007년 대한상사중재원은 현대정공에게 미지급금 18억 원을 지급하라는 판정을 내렸으나 손해액에 비하면 매우 부족하였다.

(4) 시만텍과 오투씨앤아이

세계 최대 보안프로그램 업체인 미국 시만텍(Symantec : 현재 NortonLifeLock Inc.)은 오투씨앤아이(O2CNI)가 개발한 컴퓨터 원격점검 수리기술을 바탕으로 일본에서 공동으로 사업을 벌였다. 두 회사의 협력관계는 시만텍이 자체 사업으로 방향을 바꾸면서 파탄이 났다. 오투씨앤아이는 시만텍이 자기 회사의 기술을 가져갔다고 주장한다. 회사의 핵심인력들이 좋은 조건으로 시만텍으로 옮기면서 해당기술 유출이 있었다는 것이다. 국내 대기업의 중소기업 기술 탈취는 빈번하게 일어난다. 협력업체에 기술정보를 제공하도록 요구한 뒤 이를 빼앗거나 공동으로 특허를 내도록 강요한다. 대기업과 중소기업이 상생하기 위해서는 중소기업의 기술과 특허가 보호되도록 법적, 제도적 방안을 강화시켜야 할 것이다.

(5) 애플-구글의 모바일 생태계

[그림 7-6] 2021년 구글 갑질방지법 시행

애플의 앱스토어와 구글의 안드로이드 마켓에 국내 어플리케이션 시장이 잠식당하고 애플과 구글의 횡포에 일방적으로 당하는 모습이다. 최근 애플은 앱스토어에서 휴대폰 내 결재방식을 채택한 앱들에 대한 심의를 강화했다. 즉, 신용카드 이외의 결재를 허용하지 않겠다는 것이고 불응할 때에는 앱을 앱스토어에서 퇴출시켜버리겠다는 것이다. 이로 인해 자체 결재방식으로 결재를 하여 수익을 내던 서비스 업체들이 어쩔 수 없이 신용카드 결재로 바꾸고 있다. 이로 인해 휴대폰 내 결재 기술을 제공하던 결재 솔루션들이 대폭 축소되거나 서비스를 접는 상황이 되었다.

구글은 초창기에 구글 안드로이드 마켓을 런칭할 때 애기했던 멀티 마켓 모델을 제공하면서 구글 마켓 라이센스를 도입했는데 구글 심사에 통과하면 어떤 서비스 회사든 구글 안드로이드 마켓을 따로 운영할 수 있게 했다. 국내의 경우 T스토어나 올래 마켓, 삼성 앱스토어 등이 그 대표적인 케이스다. 그러나 구글은 이런 구글 마켓 라이센스를 이른바 대기업이나 규모가 큰 이동통신사에게만 발급해 주고 있는 상황이다. 어느 서비스 회사에도 늘 열려 있다고 하는 구글이지만 실제로는 라이센스 심의라는 무기로 자기들에게 유리할 수 있는 마켓들만 허락해 주고 있는 것이다. 애플과 구글의 모바일 생태계 횡포는 수익의 배분에서 기인한다. 애플의 아이폰 내 신용카드 결재에는 애플이 가져가는 수수료 30%가 있다. 즉, 애플은 어플리케이션을 통해서 나오는 수익의 30%를 가져가고 있는 것이다. 구글의 경우에는 수익이 나지 않을 것 같은 마켓에는 라이센스를 내주지 않는 전략이다. 구글은 자사 플랫폼 확장에 유리한 마켓에만 라이센스를 발급하는 전략을 유지할 것이다. 애플과 구글은 이러한 현상을 생태계 횡포가 아니라 정당한 투자 권리라고 주장하고 있다.

(6) SK와 벤처기업

대기업이 벤처기업과 정당한 방법으로 협력하여 생태계를 구축하는 것이 아니라 편법을 사용하여 벤처기업의 어플리케이션을 무단으로 도용한 사례이다. 2016년 SK컴즈의 카메라 어플리케이션 '싸이메라'가 사진 필터 도용 논란에 휩싸인다. '아날로그 LOVE'라고 명명한 필터를 무료로 출시한 싸이메라는 유행하는 색감을 적용한 사진을 페이스북에 업로드하여 출시 소식을 알렸다. 사쿠라,

프렌치, 메리미, 그랜드 부다페스트 등의 필터가 'Love 패키지'로 묶여 제공되었다. 유료 사진 필터 어플리케이션 '아날로그 필름' 시리즈의 개발 오디너리 팩토리 대표는 트위터를 통해 SK커뮤니케이션즈의 싸이메라에서 아날로그 파리 필터를 그대로 베껴 썼다고 주장했다. 최종적으로 SK측이 필터를 삭제하는 것으로 마무리 되었지만 개발자에 대한 사과와 보상은 제대로 이루어지지 않았다. 국내 대기업들은 벤처기업들과 상생하고 협력하여 생태계를 구축하기보다 벤처기업이 만든 플랫폼을 훔쳐가는 것이다. 대기업과 중소기업들이 공동으로 생태계를 구축한 경우에도 대기업이 차지해 버리는 사례가 발생한다. 플랫폼의 특징은 플랫폼에 참여한 참가자들이 서로 동반성장 관계를 구축하는 것이다. 그러나 국내 기업의 플랫폼은 서로 협력하는 대등한 상호이익을 추구하는 관계보다 갑과 을의 관계가 대부분이다. 이러한 상황에서 우리나라 벤처기업과 중소기업은 대기업 중심의 산업생태계에서 어려움을 겪게 된다.

(7) 미니스톱 편의점

한국미니스톱이 점주들과 가맹 계약을 체결하면서 정확한 정보를 제공하지 않고 과장된 예상 월수익과 매출로 유혹한 사례이다. 점주 A씨는 일매출 150만원과 월수익 300~400만원을 보장한다는 본사 직원의 말을 믿고 2009년 가맹 계약을 체결하면서 본사는 월 500만 원의 지원금도 약속하였었다. 그러나 향후 4년 동안 편의점을 운영하면서 한 번도 150만 원의 일 매출을 올리지 못하였고, 본사가 약속한 지원금도 1년 만에 중단되었으며, 월 200만 원에 달하는 임대료도 감당하기 어려워졌다. B씨는 본사에 폐점을 요청하였고 본사는 위약금 8300만 원을 부과했다. B씨는 하는 수 없이 2년여 간 운영하였지만 재정사정은 더욱 악화되었다.

참여연대는 한국미니스톱이 가맹계약서에 점포 양도 규정을 두고 있음에도 실질적으로는 이를 막고 해지를 유도하고 있다고 지적했다. 본사 측이 '위약금 장사'를 하고 있다고 판단했다. 현재 미니스톱 점포 양도율은 다른 편의점에 10분의 1인 반면 계약 해지율은 2배에 이르는 것으로 나타났다.

(8) O2O(online to offline) 서비스 사례

대기업이 골목까지 침투한 현실에서 국내 대형 H&B에 입점한 중소 화장품 업체가 시장에서 살아남기란 쉽지 않다. 그들에게 대형 H&B스토어 입점은 적은 비용으로 최적의 마케팅 효과를 낼 수 있는 기회다. 하지만 경쟁이 치열한 만큼 입점 업체의 고충도 적지 않다고 한다. 1+1행사와 같은 할인기획전 같은 경우 손실을 제조사가 떠맡게 되거나, 업체 상품이 할인행사로 팔게 되는 경우가 많아질 경우 이 브랜드에 '떨이 이미지'가 생기는 점도 부담이다. 소비자에게 상품이 어떠한 이미지로 비춰지는가는 사업에 있어 중요한 점이다. 이것은 향후 매출 및 기업 이미지에도 영향을 미치기 때문이다. 하지만 플랫폼이 없으면 자체적으로 중소업체들은 생존 자체가 힘들다. 그래서 대형 플랫폼의 요구를 무조건 들어줄 수밖에 없다고 한다. 또한 숙박 앱에 광고를 진행 중인 한 숙박업자는 초기에는 광고비가 적정수준이었지만 숙박 앱 방문자가 늘어나자 업체의 태도가 바뀌었다고 한다. 최상단 광고비가 100만 원 수준에서 점차 올라 350만 원을 넘었다고 한다. 그리고 배달앱의 등장으로 인한 소상공인들의 부담이 커졌다. 바로 수수료 문제와 시장 독과점에 따른 광고 횡포이다. 배달 앱에 이름을 올리지 않으면 매출이 떨어진다. 하지만 매출을 생각해 외식배달 플랫폼 서비스인 배달 앱에 입점은 해야 되는 상황이다. 여기서 '배달의 민족과 요기요, 배달통'이 소상공인들의 부담을 안겨준 배달 앱이다. 올해 초 한 기사보도를 보면, 2015년 이후 수수료를 일체 받지 않겠다고 한 '배달의 민족'이 뒷돈을 챙겼다고 한다. 대형업체의 수수료 일부를 챙기고 있었다는 것이다. 이는 현행법상 엄연한 불법이다. 음식점들은 이러한 상황을 모른 채 계약을 하여 분통이 터졌다. 하지만 배달의 민족은 계약서 및 이익배분 관련 서류 열람을 대외비라고 거절하면서 운영비 수수가 불법이 아니라고 주장하였다. 가맹주점과의 계약서에서 배달의 민족이 수수료의 일부를 가져갈 수 있다는 항목이 없음에도 불구하고 말이다. 다른 배달 앱의 경우 10%를 넘는 배달 수수료를 받고 있는 곳도 있어서 오히려 배달의 민족이 좋다고 할 정도였다고 한다.

표 7-1 플랫폼 횡포 분류

플랫폼 횡포 종류	기업 플랫폼	특징
독점 플랫폼 횡포	네이버 카카오톡 모바일 교환권, 배달의 민족	카카오가 운영하는 '모바일 교환권(기프티콘) 선물하기'가 자영업자 매출의 최대 10%에 달하는 수수료를 취해 '폭리' 논란.
부동산 거래 플랫폼	셰어하우스, 룸세어, 하우스 메이트, 컴앤스데이	"룸셰어나 셰어하우스는 관련 법이 전혀 없어 부동산 중개인도 관여하지 않는다"며 개인 간의 직거래 개념이어서 계약서 등 근거자료가 충분하지 않으면 억울한 사람이 손해를 볼 수밖에 없다.
상거래 플랫폼	아마존	PB(자체브랜드) 규제 미국 온라인 유통시장의 49%(매출 기준)를 장악한 아마존이 PB상품을 대폭 늘리면서 기존 제조기업에 큰 위협.
플랫폼 독과점 지배자	구글, 애플, 네이버	국내 포털 70% 점유(네이버) 망 중립성(net neutrality) 원칙의 훼손. 구글, 페이스북, 넷플릭스 등이 단기간에 글로벌 거대 플랫폼 기업으로 성장할 수 있었던 기반으로 작용했다.

플랫폼의 대표적인 횡포 사례로는 이용료나 수수료 인상, 정책 변경, 약속 불이행 등을 들 수 있다. 플랫폼에 참여하여 비즈니스를 영위하다 보면, 이미 구축된 플랫폼의 정해진 룰에 따라야 한다. 분명 플랫폼 참여자들에 의해 성장한 플랫폼이지만 어느 정도 이상 규모가 되면 플랫폼 구축자는 자신들에게 유리한 시스템과 규칙들을 계속 만들어 나가는 경우가 많다.

플랫폼 구축 초기에는 각종 인센티브를 제공하고 참여를 유도하다가, 플랫폼 구축이 안정되면, 수익 극대화를 위해 이런저런 변화가 생기게 되며, 참여자들의 이익보다 구축자의 이익이 커지게 되는 것이다. 초기에는 플랫폼 구축을 위해 오히려 인센티브를 제공하다가, 어느 정도 규모가 되면 인센티브는 중단되고, 그 단계를 넘어가면 플랫폼에 참여하기 위해 수수료나 이용료를 내야 되고, 점점 인상하게 되는 것이다.

이러한 횡포를 미연에 방지하려면, 초기에 참여하게 되는 경우 계약서 등을 통해 일정 기간 권리를 보장받는 방법이 있다. 또한 참여하는 동안 중장기적 전략에 따라 독자적인 비즈니스를 영위할 수 있는 준비도 같이 해야 된다. 비슷한 입장의 참여자들을 유도하여 다른 플랫폼을 구축하는 것도 고려해 볼만

하다. 이러한 거대 플랫폼의 횡포에 맞서 방어형 플랫폼들이 생겨나는 것도 이러한 이유에서 일 것이다.

2. 대응 전략

2.1 전략적 플레이어의 대처 방법

플랫포머의 의사결정에 강력한 영향력을 행사할 수 있는 기업을 '전략적 플레이어'라 하자. 구체적으로는 자사 단독으로, 혹은 타사와 조합하여 기존의 플랫폼에 대항할 수 있는 플랫폼을 만들 수 있을 만큼 강한 브랜드나 고객 기반을 지니고 있는 기업이며 플랫포머와 조건 교섭이 가능한 기업을 가리킨다.

만약 당신의 회사가 시장의 주도권을 잡고 있는 기업이거나, 다른 플레이어와 손을 잡으면 우위에 설 수 있는 기업에 해당된다면 우선 자사 단독 혹은 타사와의 제휴를 통해 공동으로 새로운 플랫폼을 구축하는 것에 대해서 생각해 봐야 할 것이다.

이 경우 시장의 정의가 매우 중요하다. 왜냐하면 시장을 좁게 잡으면 시장 점유율이 높아지고 시장을 넓게 잡으면 당연히 시장점유율이 낮아지기 때문이다. 단, 자사의 고객이 지금보다 늘어나고 매상도 향상시킬 수 있는 플랫폼이어야 한다는 전제를 절대로 잊어서는 안 된다.

당신의 회사가 이미 다른 플랫폼에 참가하고 있다 하더라도 지금 당장 검토해 볼 필요가 있다.

회사가 전략적 플레이어일 경우, 참가하는 플랫폼이 주도권을 잡는 게 나은 경우는 첫째, 시장이 확대될 때와 둘째, 자사의 우위성이 유지될 때다. 이 두 가지를 동시에 실현할 수 있는 경우에만 해당된다. 따라서 전략적 플레이어는 다음과 같은 순서로 전략을 검토한다.

① 독자적인 플랫폼을 자사 단독으로, 혹은 제휴를 통해 구축할 수 있는가?

② 기존의 플랫폼을 이용할 경우, 하나로 할 것인가, 복수로 할 것인가, 복

수로 한다면 어떤 순서로 할 것인가?

③ ①과 ②를 조합할 수 있는가?

④ 자사의 경쟁 우위성을 유지하기 위해 계약서에 교섭사항을 넣을 수 있는가?

⑤ 거대 플랫폼에는 '오픈 플랫폼'으로 대항하는 것을 검토한다.

전략적 플레이어가 직접 플랫폼을 구축하는 경우를 살펴보자

① 독자적인 플랫폼을 자사 단독으로, 혹은 제휴를 통해 구축할 수 있는가?

직접 주도권을 잡고 플랫폼을 구축할 수 있다면 주도권자로서 가장 큰 이익을 얻을 수 있다. 미국의 아마존에서 일어난 사건을 계기로 브랜드력을 지닌 토이저러스, GAP, HMV 등은 자사의 플랫폼을 구축했다.

하지만 세계 최대의 휴대전화 단말기 제조회사이며 전 세계 약 40%의 점유율을 가지고 있는 핀란드의 노키아조차 플랫폼 구축에 성공하지 못하였다. 제품이 높은 점유율을 보인다고 해서 그것이 플랫폼의 성공으로 연결되지는 않는다. 플랫폼 전략적 사고가 중요한 이유다.

[그림 7-7] 노카아의 몰락

노키아의 자사 플랫폼 전개는 실패하고 말았다. 이는 참가한 그룹과 플레이어의 행동을 잘못 파악했기 때문이다. 플랫폼 구축을 위한 9가지 전략에서 보인 것과 같이 이 플랫폼에서 가장 중요한 것은 애플리케이션 개발자가 많이 참가해 주는 것이었다. 그렇다면 처음부터 중립적이고 개방적인 플랫폼을 구축했어야 했다.

노키아가 전 세계 점유율 40%나 되는 전략적 플레이어라도 플랫폼 구축 방법을 잘못 파악하면 실패할 수도 있다는 사실을 증명해준 사례이다.

② 기존의 플랫폼을 이용할 경우, 하나로 할 것인가, 복수로 할 것인가, 복수로 한다면 어떤 순서로 할 것인가?

만약 당신의 회사가 기존의 플랫폼을 이용하는 게 더 낫다고 생각된다면 복수의 플랫폼을 검토하는 게 좋다. 구글이나 야후는 다른 플랫폼에 참여하는 것에 대해 제한을 두고 있지 않으므로 둘 다 광고매체로 이용해도 상관없다. 복수의 플랫폼에 참여할 경우 다음과 같은 점을 검토한다.

㉠ 기존의 플랫폼이 고객 확대에 도움이 되는가, 혹은 비용 감소에 기여하는가?
㉡ 기존의 플랫폼이 자기의 이익을 우선시 했을 경우 어떤 위험이 발생하는가?
㉢ 기존의 플랫폼이 인상하는 이유는 무엇인가? 계약 등으로 피할 수 있는가?
㉣ 기존의 플랫폼이 자사의 고객과 관계를 강화하여 타사와의 차별화가 어렵게 될 위험은 없는가? 계약 등으로 피할 수 있는가?

만약 거대 플랫폼에 대해 이것저것 따져보기가 어려운 경우에는(물론 이런 경우가 더 많겠지만) 복수의 플랫폼에 참가하는 것도 검토해 볼 만하다.

단, 이 경우에는 엔지니어의 확보, 마케팅 비용이나 지원 비용이 늘어나기 때문에 선택과 철회의 시기를 비롯해 전략을 미리 짜두어야 한다.

선택과 철회의 시기를 잘못 판단한 탓에 전략적 플레이어였음에도 불구하고 DVD 규격 전쟁에서 값비싼 대가를 치른 타임워너의 사례가 있다.

2년이란 시간을 낭비한 타임워너의 실패, 블루레이가 승리한 이유는?

2006년 도시바를 중심으로 한 HD-DVD 진영과 소니를 중심으로 한 블루레이(Blu-ray : DVD보다 약 10배를 저장할 수 있는 대용량 차세대 광디스크) 진영 사이의 고화질 비디오 레코드 전쟁은 기억이 새롭다. 1980년대 VHS와 소니의 베타 사이에 일어났던 규격 전쟁을 방불케 한다.

결국 이 전쟁은 2008년 타임워너가 HD-DVD에서 손을 떼면서 소니 블루레이 진영의 승리로 막을 내렸다.

타임워너의 퇴거 결정 지연은 자사에 커다란 손해를 끼쳤다. 구체적으로 살펴보면, 타임워너는 HD-DVD 플레이어가 더 저렴하다는 점과, 영상 콘텐츠 시장의 라이벌인 소니에게 동조하는 데 대한 거부감 때문에 처음에는 HD-DVD 규격에 맞는 콘텐츠 사업을 전개했다. 하지만 이 두 규격의 주도권 싸움에 좀처럼 결론이 나지 않자 타임워너는 소니의 블루레이에도 대응할 수 있는 콘텐츠를 내놓았다. 결국 규격이 정해지기까지의 2년여 시간 동안 HD-DVD와 블루레이 모두에 대응 가능한 콘텐츠 사업을 할 수밖에 없었다.

타임워너의 콘텐츠 시장 점유율은 블루레이의 경우 약 20%, HD-DVD는 약 50%에 달했다. 전략적 플레이어였음에도 불구하고 전략적 행동을 취하지 않은 것이다.

이러한 상황에서 고속 브로드밴드화가 진행되자 디지털 다운로드가 DVD 시장을 급속도로 잠식해 들어가기 시작했다. 타임워너는 표준규격이 빨리 결정되지 않으면 소비자는 고화질 DVD 플레이어 구입을 망설이게 될 것이고 결국 시장 전체가 둔화될 것이며, 소니 또한 과거 베타의 실패를 경험했기 때문에 마지막까지 포기하지 않을 것이라고 판단하여 50%의 콘텐츠 점유율로 전략적 플레이어라는 지위를 굳히게 해준 HD-DVD를 포기하기로 결정했다.

이로 인해 소니의 블루레이가 승리를 거두게 된 것이다.

타임워너가 치른 희생은 2년여의 세월과 HD-DVD용 콘텐츠에 쏟아 부은 비용이지만 콘텐츠 시장 플랫폼의 전략적 플레이어라는 지위를 잘 이용했더라면 더 빨리 배타적 조건을 제시할 수도 있었고, 그게 아니라면 적어도 최후의 승자를 잘못 보는 대가를 치를 필요는 없었을 것이다.

전략적 플레이어라 하더라도 한쪽만이 승자가 될 수 있는 플랫폼 규격 전쟁 시에는 양쪽 모두에 참가하는 것보다 한쪽에만 참가하는 편이 결과적으로 손실을 줄일 수 있는 가능성이 높다. 하지만 현실적으로는 '양쪽 모두에 참여하지 않으면 DVD 소프트웨어는 팔리지 않는다!'는 현장의 목소리에 귀를 기울이게 된다. 따라서 경영진은 선택과 철회의 시기를 파악하고 플랫폼에 참가하기 전 다양한 시뮬레이션을 실시해 보아야 한다.

③ ①과 ②를 조합할 수 있는가?

④ 자사의 경쟁 우위성을 유지하기 위해 계약서에 교섭사항을 넣을 수 있는가?, 기능이나 서비스는 취사선택할 수 있는가?

당신의 회사가 전략적 플레이어라면 배타적으로, 즉 독점적으로 플랫폼을 이용하는 것도 검토해볼 만하다.

강경하게 맞선 덕분에 마이크로소프트로부터 유리한 조건을 쟁취한 일렉트로닉아츠

마이크로소프트는 게임기 엑스박스(Xbox)의 소프트웨어 개발 때, 자사의 독자 사양을 갖춘 툴을 이용하여 온라인 게임을 개발하도록 소프트웨어 개발사에 요구했다. 이 때 자사의 보이스 채팅 툴이나 게이머 태그, Xbox Live용 사용자 ID 등을 표준화시켰을 뿐 아니라, Xbox Live의 회비를 소프트웨어 개발사에 배분하지 않고 고객 서비스나 청구, 관리와 같은 업무를 마이크로소프트가 직접 실시하겠다고 주장했다.

그러나 일렉트로닉아츠(EA)는 마이크로소프트가 앞으로 고객을 직접 지배해서 다른 게임 소프트웨어 개발사와의 차별화를 어렵게 하려는 것은 아닐까 하고 생각했다. 그래서 EA는 Xbox Live에 대한 게이 제공을 거부하는 한편, 소니 플레이스테이션2용으로 개발한 게임에만 온라인 기능을 넣는 강경 수단을 취했다.

마이크로소프트는 협상을 원했고, EA가 사용자 정보, 마케팅, 결제 대금 관리 권한을 갖는 것을 인정했다.

만약 당신의 회사가 강력한 콘텐츠나 브랜드, 고객을 확보하고 있다면 배타적 조건을 제시하는 대신 특별대우를 요구할 수 있을지도 모른다. 예를 들어 인터넷 쇼핑의 플랫폼에 참가한다면 '자사 사이트 이외에는 당신의 플랫폼에만 참가하겠습니다'라는 조건을 제시하고 그 담보로 금전적인 보상과 같은 특별대우를 받을 수 있도록 교섭을 하는 것이다.

⑤ 거대 플랫폼에는 '오픈 플랫폼'으로 대항하는 것을 검토한다.

전략적 플레이어가 주도적인 입장에서 플랫폼을 구축하는 또 한 가지 방법이 바로 오픈 플랫폼을 만드는 것이다. 이것은 성공하는 전략이라기보다는 '지지 않는' 전략이다.

특정 플랫폼이 시장에서 압도적인 지위를 차지하고 있을 때 다른 플레이어가 '오픈'이라는 형태로 안티 연합을 만드는 전략이다. 구글의 휴대전화용 OS

안드로이드나, 소셜 네트워킹 서비스(SNS)용 API(Application Programming Interface : 운영체제와 응용프로그램 사이의 통신에 사용되는 언어나 메시지 형식)의 공개가 '오픈화'의 대표적인 예라 하겠다. 구글은 특정 OS나 SNS가 시장을 독점하지 않도록 해서 자사의 광고 미디어 확대와 유지에 활용하고 있다.

◆ 구글 오픈 소셜 진영

[그림 7-8] 구글의 오픈 SNS

2.2 비(非)전략적 플레이어의 대처 방법

회사가 전략적 플레이어만큼 영향력을 행사할 수 없는 경우, 즉 독자적인 플랫폼을 구축할 수 있을 정도의 브랜드력이나 고객을 확보하고 있지 않은 경우라면 특별한 교섭을 실시하기가 어렵고 플랫포머가 준비한 메뉴에서 선택할 수밖에 없는 입장에 놓이게 된다.

이런 경우에는 다음과 같은 순서로 검토할 필요가 있다.

① 다른 플랫폼에 참가하는 것을 금지하고 있지는 않은가(배타적 조항이 있는가)?

② 그 플랫폼이 지닌 브랜드나 고객층이 자사 브랜드를 높이는 데 도움이 되는가, 고객층은 일치하는가, 비용 절감은 가능한가?

③ 복수의 플랫폼에 참가할 경우 매상 증가, 고객 증가, 비용 증가는 어느 정도인가?

구체적으로는 기술자나 사무원 등의 인건비, 개발비 등이 증가할 것이고, 전자상거래라면 복잡한 재고관리로 인해 관리 비용이 증가할 것이다. 복수의 플랫폼에 참가하는 효과, 즉 자사의 고객 확대와 그로 인한 매상 증가, 브랜드력 강화 등으로 얻을 수 있는 수익이 비용 증가를 웃돌 것으로 예상되는지를 검토한다.

④ 다른 플랫폼에 참가하는 것을 인정하지 않는 플랫폼일 경우 어떠한 특별대우를 기대할 수 있는가?

예를 들어 그 플랫폼에만 참가하는 대신 계약 시 일정 금액을 지원받을 수 있는지, 광고 및 홍보를 해줄 수 있는지, 경쟁자에 우선하는 조건(수수료나 노출 장소 등)을 얻을 수 있는지, 개발비용의 일부를 부담해줄 수 있는지, 출자를 해줄 수 있는지 등을 검토한다. 또한 이러한 특별대우로 얻을 수 있는 자사의 이익이나 브랜드 가치의 증대가 다른 복수의 플랫폼을 이용할 경우와 비교하여 더 나은지 어떤지도 검토해볼 필요가 있다.

⑤ 자사가 배타적 플랫폼에 참가하면 그 플랫폼은 시장 리더가 될 수 있는가?

설사 특별대우를 받는다 하더라도 참가한 플랫폼이 실패한다면 다른 플랫폼에 대한 참가 가능성을 타진해보게 될 것이다. 하지만 그 시점에서는 이미 다른 경쟁사가 배타적 조건으로 참가하고 있을 수도 있고, 계약할 때에도 플랫포머와의 교섭은 매우 불리한 입장에서 진행될 수밖에 없다.

미국의 저명한 라디오 프로그램 담당자는 위성라디오 방송업체인 시리우스와 5년간 5억 달러를 받기로 하고 독점계약을 체결했다.

또한 페이스북, 마이스페이스에 이어 미국 3위의 SNS인 링크드인은 일용품화(고부가가치를 갖던 상품이 평범한 상품으로 전락하는 현상)로 이어지는 계약을 피함으로써 타사와의 차별화에 성공했다. 2003년 서비스를 시작한 링크드인은 참가자의 공개 프로필을 근거로 직원을 구하거나 비즈니스상의 연결을 실시하는 비즈니스에 특화한 SNS로, 전 세계 200여 나라에서 5억 명 이상이 이용하고 있다.

이처럼 회사가 전략적 플레이어 아닌 경우에도 자사의 우위성을 유지하고 차별화를 실시할 방법은 있다. 중요한 것은 플랫폼에 참가하기 전에 이러한 전략을 명확히 구축해 두는 것이다.

플랫폼 전략의 구축 순서는 다음과 같다.

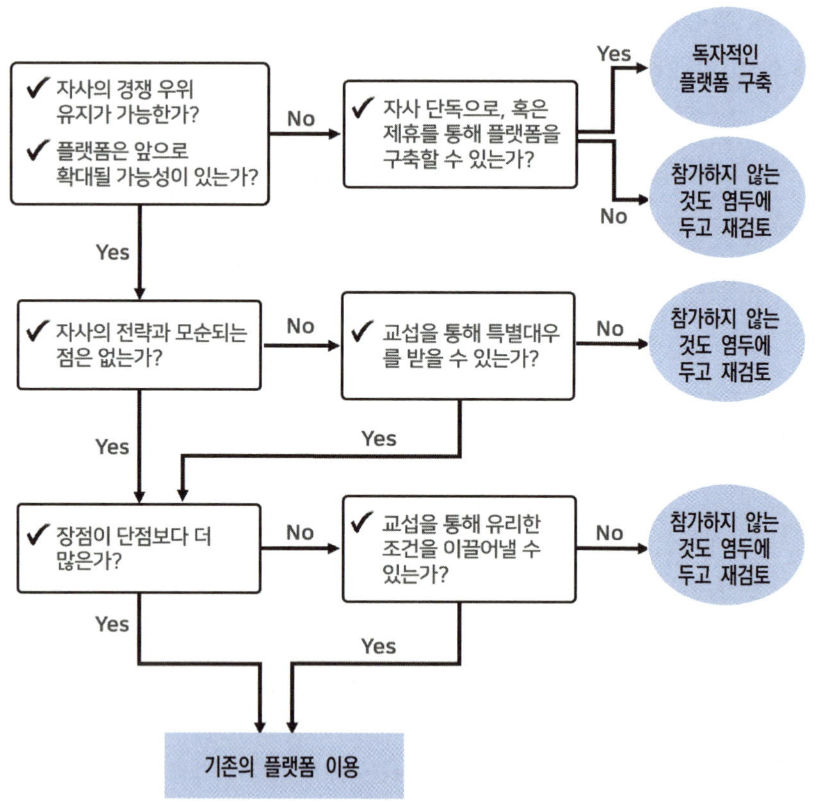

[그림 7-9] 플랫폼 전략의 구축 순서

표 7-2 계약 시 교섭해야 할 사항

특별대우를 받기 위해 계약상 검토해야 할 사항의 예시(계약의 4W1H)

1. 누가?(Who)

- 동종업계의 다른 회사는 받아들이지 않는다. 단 수익분배가 이루어진다면 검토해 볼 만하다.
- 동종업계의 다른 회사를 받아들일 경우, 사전에 자사에게 서면 허가를 받는다.
- 동종업계의 다른 회사가 들어올 경우, 그 회사의 수익 중 일부를 분배한다.

2. 무엇을?(What)

- 자사의 상품이나 서비스만을 전면에 내세워 홍보한다. 예를 들면 공동 프로모션을 진행한다.
- 비슷한 종류의 경쟁 상품과 서비스는 제공하지 않는다.
- 인적 교류와 원조를 실시한다. 예로 인재가 파견된다. 혹은 반대로 인재를 파견한다.
- 자사가 속한 분야에 대한 플랫폼 전략은 공동으로 책정한다.
- 공동으로 조인트벤처를 설립한다.

3. 언제?(When)

- 일정 기간(예를 들어 3년간)은 경쟁사를 받아들이지 않는다.
- 일정 기간의 최저 매상액을 담보로 받는다. 자사의 상품이나 서비스를 다른 플랫폼에 동시에 제공했을 경우 얻을 수 있는 매상 이상의 금액을 담보로 받거나, 혹은 자사가 독점적으로 참가하게 되면서 그 플랫폼 전체의 사용자나 매상이 증가하는 데 대한 수익의 일부를 받는다. 인기 탤런트가 특정 방송국에만 나오면 그 방송국의 프로그램 시청률이 올라가는 것과 같은 원리다. 일반적으로 기간을 정해두고 서로의 목표를 설정한 다음 그것을 완성하면 연장을 하는 등 서로가 긴장감을 갖고 계약을 하는 경우가 많다. 예를 들면 '독점을 인정하는 대신 3년 동안 100만 명의 회원을 확보한다. 혹은 100억 매상을 올린다'와 같은 것들이 있다.

4. 어디서?(Where)

- 인터넷(PC, 모바일)에서만, 혹은 오프라인까지 포함한다.
- 지역을 한정한다. 예를 들어 국내에서만, 혹은 해외까지 포함한다.

5. 얼마에?(How Much)

- 독점계약을 담보로 계약 시 계약금을 받는다.
- 일정 금액을 지속적으로 받는다.
- 수수료 우대를 받는다.
- 플랫폼의 독자 사양에 맞추기 위한 개발비나 인건비를 부담하게 한다. 혹은 출자를 하게 한다. 단 의결권에 영향력이 미치지 않도록 우선주로 배당하는 등의 검토가 필요하다.
- 계약 위반 시 손해배상 금액을 분명히 명시한다.

마지막으로 개인이 플랫폼에 참가할 경우이다. 구글을 이용하고 있는 개인은 구글의 개인정보 이용에 대해 컨트롤할 수 없다는 점에 주의해야 한다. 또한 서버가 외국에 있는 경우에는 어디까지나 외국법에 준거하기 때문에 이 점에 대해서도 주의를 기울여야 한다.

개인이 거대조직과 교섭을 하는 것이 쉬운 일은 아니지만 부당한 불이익을 당했다면 공적 기관을 통해 민사소송을 제기하는 방법도 있다. 참가하기 전에 규약 등을 잘 확인하고 필요 이상으로 개인정보를 제공하지 말아야 한다.

용어정리

- API(Application Programming Interface)
- O2O(online to offline) 서비스
- Xbox
- 갑질방지
- 거래 플랫폼
- 고객 플랫폼
- 모바일 생태계 횡포
- 블루레이(Blu-ray)
- 비전략적 플레이어
- 양면시장(Two-Sided Market)
- 역쇼루밍(Reverse Showrooming)
- 오픈 플랫폼
- 일렉트로닉아츠
- 전략적 플레이어
- 제품 플랫폼
- 타임워너
- 트로이의 목마
- 프랜차이즈 횡포
- 플랫폼 전략의 구축 순서
- 플랫폼 횡포

제8장

벤처생태계와 지식재산권

1. 벤처창업 생태계

1.1 벤처생태계

1.2 국내 벤처생태계 현황

1.3 선순환 벤처창업생태계

2. 지식재산권

2.1 지식재산권 생태계

2.2 스마트시대의 지식재산권

2.3 융합과 지식재산권

2.4 지식재산권 공정사회

제8장

벤처생태계와 지식재산권

1. 벤처창업 생태계

1.1 벤처생태계

벤처생태계는 생물학적 생태계의 개념을 벤처에 적용한 것이다. 삼성경제연구소는 벤처생태계를 다음과 같이 정의하였다. 우선 벤처는 주인의식과 고유성을 가진 자발적 주체로서 환경에 기민하게 반응하는 유기체이며, 생존·이익 창출에 대한 욕구와 활발한 성장·진화·융합·분화 등 자기증식을 특성으로 한다. 둘째, 시장원리와 적자생존에 철저하고, 이합집산을 통한 창조적 갈등을

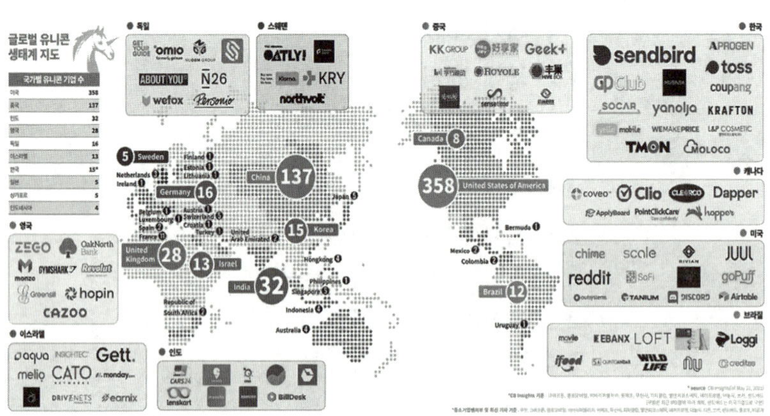

[그림 8-1] 글로벌 유니콘 생태계

출처 : 본투글로벌센터, 2020

지속적으로 진행한다. 셋째, 대내외 개방 및 느슨한 연결 네트워크 구조를 가지고 있으며, 기술획득과 자원조달에서 장점을 갖고 있다. 넷째, 개인 또는 집단들의 아이디어, 사업기회 창출, 자금·경영지원 등과 관련하여 각자 핵심 역량을 갖고서 시너지를 만들어내고 위험과 성과를 배분한다. 다섯째, 변화를 지향하고 지식을 공유하며, 실패에 관대하고, 행동과 극한을 추구하는 문화를 갖고 있다.

스타트업(start-up) 기업이란 혁신적인 기술과 아이디어를 보유한 신생기업을 뜻하는 용어이다. 인터넷 관련 분야가 급성장하면서 창업 열풍이 일기 시작한 1990년 후반 미국 실리콘밸리에서 나온 말로, 보통 고위험 고성장 고수익 가능성을 지닌 기술, 인터넷 기반 회사를 지칭한다. 벤처기업과 혼용해 쓰이지만 대규모 자금을 조달하기 이전 단계라는 점에서 벤처와 차이가 있다.

유니콘기업은 기업가치가 10억 달러를 넘는 스타트업 기업을 말한다. 2013년 미국의 벤처 투자자 에일린 리(Lee)가 큰 가치를 인정받는 스타트업이 전설 속의 외뿔 짐승 '유니콘'처럼 찾기 힘들다고 한 데서 유래하였고 대형 스타트업을 가리키는 말로 쓰인다.

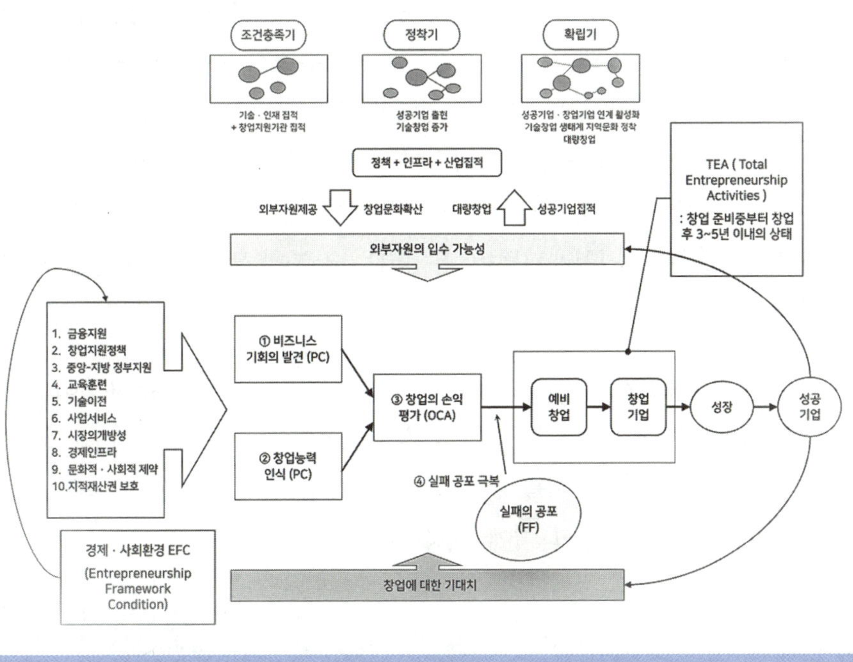

[그림 8-2] 벤처생태계의 구성요소와 참여 메카니즘

벤처 생태계 모형은 [그림 8-2]의 관점에서 볼 수 있다.

첫째, 벤처생태계는 벤처기업, 벤처캐피털, 회수시장과 같은 몇 개의 기업군으로 이루어진다. 여기서 벤처캐피탈과 회수시장은 벤처기업과 자본시장의 정보비대칭성을 완화시켜주는 촉매 역할을 담당한다.

둘째, 벤처생태계 내에서 에너지 흐름에 해당하는 것은 지식의 흐름이다. 즉, 벤처기업군의 기본 태생 역할인 대학・연구소・기업 등이 연구개발・영업 등의 활동을 통하여 기술혁신의 결과 또는 소비자의 정보 등을 축적한 기업가들이 자신이 축적한 지식을 시장에 적용하기 위하여 끊임없이 벤처기업군으로 유입된다.

벤처캐피탈의 경우에도 벤처기업에 대해 지식의 흐름을 제공한다. 즉, 기업 경영 및 관리적 노하우, 벤처캐피털의 네트워크를 이용한 다양한 시장정보 등의 지식과 함께 자본시장에서 조달한 자본을 벤처기업에 투자하며, 자본과 지식을 벤처기업의 가치에 해당하는 지분과 교환한다.

셋째, 벤처생태계 내에서 회수시장은 자기조직화 기능을 담당한다. 벤처기업과 벤처캐피탈에 축적되어온 무형의 가치를 유형화하고, 이를 자본이라는 유형의 물질로 전환시켜 주는 역할을 담당한다.

회수시장에서 벤처기업과 벤처캐피털이 유형화한 자본의 많고 적음에 따라 발생하는 시그널은 차기 태생조직으로부터 벤처기업으로 전환되는 지식의 흐름, 자본시장으로부터 벤처캐피털에 유입되는 자본의 양을 강화 또는 약화시키는 계기가 된다.

넷째, 벤처캐피털에서 환경은 제도적 환경, 소비시장 등으로 구분해 볼 수 있다. 제도적 환경으로는 벤처생태계의 상호작용과 물질순환에 영향(강화 또는 약화)을 미치지는 못하지만, 이를 원활하게 촉진하는 촉매 역할을 담당하는 각종 인프라, 문화, 지원정책 등이 이에 해당한다.

1.2 국내 벤처생태계 현황

기업의 성장발달단계 기준에서 예비창업자가 창업을 통해 창업기업이 되고 창업기업이 성장함에 따라 벤처기업으로 진화한다. 따라서 창업생태계 측면에서 보면, 생산자는 그 구성요소를 예비창업자, 창업기업, 벤처기업으로 분류하고 있지만 실질적으로는 기업의 성장단계인 생명주기(Life Cycle)에 따라 형태만 바뀌는 동일 개체이다. 그리고 창업생태계에서 소비자는 생산자가 분해자로 진행될 수 있도록 지원하며 이를 통하여 수익을 창출하는 개체들이다. 분해자는 실질적 지분매각, M&A, IPO(Initial Public Offering) 등 창업기업이 분해되는 과정을 말한다.

벤처창업 생태계 구성요소는 [그림 8-3]에서 제시되는 바와 같이 생산자, 소비자, 분해자와 이를 지원하는 외부 환경요소로 구성되어 있다. 생산자에는 예비창업자, 창업기업, 벤처기업으로 구성되고, 소비자는 3F(창업하는 회사에 투자하는 가족(Family), 친구(Friend), 바보(Fool)), 크라우드펀딩, 엔젤 투자자, VC, CVC(Corporate Venture Capital)와 BI 및 엑셀러레이터 등이다. 분해자는 생산자가 소비자의 지원을 통하여 M&A, IPO로 분해하는 과정을 말한다.

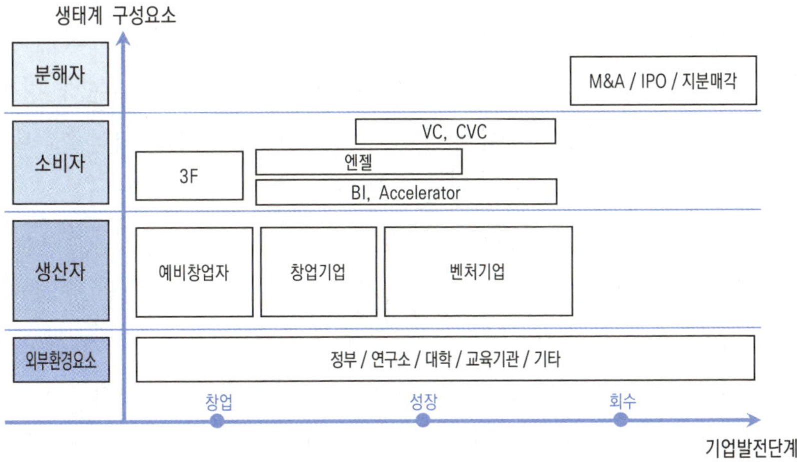

[그림 8-3] 벤처창업 생태계의 구성요소

우리나라 현재 경제 상황은 내외부적 요인으로 성장이 둔화되고 다른 나라에 비교하여 청년들 창업이 활발하지 못한 현실이다. 주력산업의 노쇠 현상과 산업구조의 정체가 보인다.

우리나라의 주력산업이라고 불리는 12대 제조업(기계, 자동차, 조선, 철강, 석유화학, 정유, 섬유, 식품, 반도체, 무선통신기기, LCD, 가전 등)의 총수출 비중이 80% 전후를 보이고 있다. 이런 상황이 거의 20년 이상 되어 가고 있고 이 기간 동안 산업구조의 변화가 거의 없었다는 것이 큰 문제이다.

여러 가지 문제점 중 심각한 문제는 노쇠한 혹은 거의 생명이 다한 산업들이 아직 정부의 지원 등으로 생명을 유지하며 자신들의 입지를 지키려고 애를 쓰고 있다는 것이다. 산업도 생로병사를 하게 되는데 쇠퇴 산업들이 제대로 퇴출되지 않고 신산업 혹은 신산업을 산업화하려는 기업들의 등장을 가로막는 요인이 되고 있다는 것이다.

또 다른 심각한 문제로 중소기업들이 새로운 변화에 맞는 업종을 추가하거나 전환이 선순환되었어야 하는데 우리나라의 경우 지나치게 대기업 의존형 하청구조가 되다 보니 중소기업들의 독자기술개발과 자생역량이 매우 떨어진다는 것이다.

고용 없는 성장이 지속되는 현 경제상황에서 산업구조 고도화 및 양질의 일자리 창출의 핵심으로서 기술창업의 중요성은 증대되고 있다. 특히 기술창업은 기술경쟁력 강화, 미래 성장 동력 확보, 일자리 창출 등의 효과에 큰 영향을 미치고 있으며, 선진 주요국은 정부 주도의 신 성장정책 실현과 경제 활력 회복을 위해 다양한 창업지원정책(미국의 스타트업 아메리카, 영국의 스타트업 팩토리, 프랑스의 마이크로크레딧)을 시행하고 있다.

우리나라 산업생태계는 새로운 기술창업으로 성공한 기업이 나타나지 않고 있다는 것이다. 성장판이 닫혀 있는 현실이다. 전체 기업 중에서 종업원 수 기준 중견기업(종업원 300~999명)은 국내 전체 기업 중 0.2%이며, 종업원 300명 미만의 중소기업이 99.8%, 종업원 1천명 이상 대기업은 0.1%에 불과하다. 기술력을 갖춘 중소기업이 중견기업으로 성장하지 못하는 현실은 우리 경제의 성장 동력을 악화시킨다.

우리나라 절대 다수를 차지하는 중소기업에는 피터팬 기업과 좀비기업이 많이 존재한다. 피터팬 기업이란 어른이 됐어도 어린이로 남아 있고 싶어 하는 피터팬 증후군에 빗대어 중견기업으로 가지 않고 중소기업에 머무르는 기업을 말한다. 중소기업에 주어지는 혜택(법인세 차등(대기업 22%, 중소기업 10%), 특별세액감면(20~30%), 중소기업 대출 의무비율 제도, 공공기관 입찰 우대 등 160여 가지 혜택)을 누리는 것이다. 좀비기업은 '되살아난 시체'를 뜻하는 '좀비(zombie)'에 비유한 것으로, 회생 가능성이 크지 않은데도 정부나 채권단 지원으로 간신히 연명하는 기업을 말한다. 중소기업 대출 연체율은 지속적으로 상승하고 있는 반면 전국 부도업체 수는 지속적으로 감소하고 있다. 이 같은 현상은 퇴출돼야 할 기업이 정부 지원정책에 편승해 생명을 이어가는 사례가 늘어났기 때문으로 분석된다. 이러한 좀비기업은 정작 도움이 필요한 기업에 가야 할 지원을 빼앗아가 경제 전반에 악영향을 미친다는 우려가 제기되고 있다.

시혜적인 중소기업 지원시책은 시장에서 퇴출되어야 할 좀비기업들이 생존되는 데 이용되고 있는 현실이다. 더 이상 경쟁 제한적이며 시혜적인 지원이 아닌 시장경쟁에 입각하여 성장잠재력이 높은 기업에 집중 지원하여 핵심역량을 강화시켜야 한다. 중소기업의 역량을 키울 수 있는 지식(창조)생태계를 조성하여 제조강국에서 개발강국으로 성장할 수 있는 발판 마련이 중요하다.

우리나라는 상대적으로 창업에 소홀하다. 대학생들이 공무원이 되기를 원하는 비중이 높아, 창업·산학협력에 소홀한 대학이 많다. 세상을 뒤집은 구글, 넷플릭스, 인스타 등은 캠퍼스 밖 창업으로 시작되었다. 미국 명문 스탠퍼드생 10명 중 2명이 재학·졸업 후 창업을 한다. 미국에서 창업 지원이 잘되는 톱 10 대학은 〈표 8-1〉과 같다.

스탠퍼드대에서 탄생한 글로벌 기업으로는 휼렛패커드(빌 휼렛), 시스코(레너드 보색, 샌디 러너), 나이키(필립 나이트), 엔비디아(젠슨 황), 페이팔(피터 틸), 구글(래리 페이지, 세르게이 브린), 찰스 슈와브(찰스 슈와브), 넷플릭스(리드 헤이스팅스), 야후(제리 양), 인스타그램(케빈 시스트롬, 마이크 크리거) 등으로 연 매출 3조 달러 이상이다.

그러나 한국 대학들은 취업을 중시하여 대학생들이 창업으로 시작하는 비율이 낮다.

표 8-1 창업 지원이 잘되는 미국 대학 톱 10 (2016년)

순위	대학	지원 내용
1	스탠퍼드	융합적 사고, 창의적 아이디어 창출 돕는 d스쿨 운영
2	MIT	예비 창업자에게 최고 2만 달러 창업 자금 지원
3	UC버클리	스타트업 경연대회 열어 약 100만 달러 상금 수여
4	코넬	금융계와 연계한 벤처 생태계 조성 위해 뉴욕에 IT 캠퍼스 개설
5	UCLA	학생들이 200만 달러 사업 자금 운영할 기회 부여
6	캘리포니아공대	예비 창업자 캠프 열고, 실리콘밸리 현장 실습 기회 부여
7	브라운	실리콘밸리 기대주 스타트업 일군 동문 다수 보유
8	프린스턴	스타트업 경연 대회를 개최, 1만여 명 기업가 동문 네트워크 보유
9	다트머스	졸업생들이 미국 내 유명 프랜차이즈 다수 설립
10	페페다인	사회적 기업가 과정 석사 등 특화된 프로그램 운영

우리나라는 신규 창업기업들이 극심한 투자 부진에 있다. 핵심원인은 투자회수시장이 부재(중간 회수시장 부재)한 것이다. 전국 보육센터 입주기업에 대한 벤처 투자 역시 미미하다. B2C 기업은 글로벌 시장 개척에 어려움(B2C 기업은 전체 벤처기업의 1/3 이하)에 빠져 있다. B2B 기업의 어려움은 대기업의 거래조건 불공정이 큰 원인이다. 대기업의 B2B 벤처 투자 및 M&A가 쉽지 않아, 대기업도 자구책으로 부당 인력 스카우트, 기술 탈취 등 불공정 거래를 할 수밖에 없는 것은 건전한 생태계 미비의 결과이다.

우리나라 벤처창업 생태계는 선진국에 비하여 상대적으로 침체하다. 최근 글로벌 시장을 주름잡는 기업들은 모두 산업생태계의 중심에 위치한 기업들로 산업생태계에서 도태되지 않으려면 계속해서 생태계의 중심으로 나아가야 하는데 그 원동력이 바로 기술혁신이다. 중소기업의 글로벌 경쟁력을 키울 수 있는 R&D 개발 등 혁신역량 매우 미흡한 현실이다.

- ✦ 우리나라 창업생태계 조성을 위해 다음과 같은 정책 변화가 요구된다.
  - ✧ 지식재산권의 보호와 활용 뒷받침
  - ✧ 정부 지원정책 개편 · 벤처생태계의 활성화 : 우리나라는 실패 후 재기 어려움(연대 보증제도, 제2차 납세의무 등)

- ✧ 파산법 개정 필요
- ✧ 낙후된 벤처 캐피탈 시장 : 벤처 캐피탈 시장의 선진화를 위해 더 이상 기술탈취가 아닌 기술과 시장이 결합되는 M&A가 원활히 이뤄지도록 벤처 기업을 보호하는 제도 정비와 인식의 개선이 필요.

✦ 정부는 고용 창출과 새로운 성장 동력으로 제2의 기술벤처 창업 생태계를 추진한다.

- ✧ 전문적인 기술창업 교육 : '창조적 기술창업 지원센터' 설치, 창업 준비자에 대한 창업교육뿐만 아니라 기업가 정신, 관련지식 등을 종합적으로 교육하여 기술창업의 성공률을 제고.
- ✧ 중장년층을 위한 '골든시니어 기술인력센터'를 지역별로 구축 운영 필요.
- ✧ 특허청은 기술을 기반으로 하는 혁신형 창업을 활성화하고 강한 특허권으로 창업기업의 성장을 지원하기 위해 '지식재산(IP) 기반 창업 촉진사업'을 본격적으로 추진한다고 2019년 2월 14일 발표. 이 사업은 예비창업자의 아이디어를 지식 재산기반 창업아이템으로 도출해 창업까지 지원하고, 창업기업에는 기술 · 경영전략 컨설팅을 제공해 강소기업으로 성장하도록 돕는다.
- ✧ 기술보증기금은 대학 · 연구소에 속해있는 우수 전문인력의 창업을 유인하고 일자리 창출에 기여하는 TECH밸리 보증 제도를 대대적으로 개편하여 '제2벤처 붐' 조성.

  TECH밸리 보증은 대학이 개발한 우수기술의 사업화를 위해 '17년 1월 도입된 특화 보증 지원 프로그램으로서 창업교육, 보증 · 투자 · 기술이전 · 인증 · 컨설팅 등 창업부터 엑시트까지 전 주기에 걸쳐 우수 전문인력의 성공 창업을 돕는 종합지원플랫폼이다.

✦ 또한 우리나라는 사람 중심적 R&D 환경 구축이 절실하다.

- ✧ 중소제조기업 부지가격 상승으로 도심외곽 이전, 청년 구직자는 도심 직장 선호
- ✧ 중소기업의 R&D 네트워크 환경 구축과 우수 R&D 인력의 유입을 촉진하기 위하여, 교통 편의성이 높고, 기존 도시기반 시설과 시너지

효과를 들어낼 수 있는 어메니티(amenity)가 우수한 지역을 중심으로 중소기업을 위한 전용 연구집적단지의 조성이 필요

✧ 기존의 연구개발 지원 패러다임을 벗어나 어메니티 향상을 위한 후생복지시설(기숙사, 문화 체육시설, 게스트 하우스, 식당, 편의실) 및 주변 조경 등 연구환경 녹색화 등 시행이 필요하다.

우리나라가 스마트 기술 산업생태계 경쟁력이 취약한 이유는 다음과 같다.

① IT 산업이 하드웨어를 중심으로 발전하였고 상대적으로 소프트웨어 분야의 비중이 현저히 낮음 - 자본집약적인 장치산업 중심으로 발전하였다.
② 핵심자로서 대기업의 실패 : 우리나라 스마트 기술산업은 중소기업들이 제품 및 서비스를 제공할 수 있는 오픈 플랫폼이 매우 취약하다. MP3, 인터넷 전화, SNS(싸이월드), IPTV, 모바일 결제 등 세계 최초 제품을 만들었으나 이를 하나의 플랫폼에 묶어낼 비즈니스 모델이 없었다.
③ 중소기업의 기술혁신 역량의 부재 : 수직적 공급사슬 지배구조에서 우리나라 중소기업은 주로 대기업이 주는 먹이에 의존하며 창의적인 혁신활동보다는 원가절감을 위한 노력에 급급하였다.

창조형 산업발전에 필요한 산업 생태계는 다음과 같다.

① 신산업 분야의 스타트업과 연구개발 및 사업화 초기 단계의 기업 및 성공한 선배 기업 간의 지원체계와 이러한 체계가 활성화될 수 있는 산업생태계의 조성이 매우 중요하다. 신산업 분야의 스타트업 기업과 벤처기업 및 초기 진입기업들에 대한 금융혁신의 생태계도 중요하다. 이제 이러한 신산업 분야의 스타트업과 벤처기업에게는 융자에서 투자로, 정책자금보다는 다양한 모험자본을 조성해 주고 단기자금 지원보다는 장기자금으로 지원해야 한다. 또한, 창업→성장→회수의 선순환 생태계 조성을 위해서 정부가 앞으로 노력을 경주해야 한다.
② 성공한 선배 기업들이 초기 스타트업들을 멘토링하거나 이들의 역량을 스킬업 시킬 수 있는 기존 성공기업들과의 협업체계 조성도 중요하다.

필요하면 선진국처럼 M&A를 통해 기업을 더욱 키울 수 있는 생태계 조성이 필요하다.

③ 신산업에 도전하는 스타트업들이 겪는 '어쩔 수 없는 실패'에 대한 사회적인 용인과 패자부활의 분위기도 중요하다. 실패하더라도 신산업 분야에 대한 신기술과 노하우는 축적될 수 있고, 이러한 귀중한 실패의 축적이 시행착오를 거치며 결국 성공으로 이끌 수 있다. 선진국은 이러한 과정을 자연스럽게 받아들이고 실패한 기업에 대한 지원에도 적극적이다.

우리나라는 벤처산업 육성을 위해 벤처 2.0 프로젝트를 진행 중이다. 벤처 2.0 프로젝트의 핵심은 창업벤처의 혁신역량과 선도기업의 시장 역량을 결합하는 개방형 혁신에 있다. 주요 내용은 다음과 같다.

① **신규 창업기업 : 기업가 정신과 엔젤투자**
- 21세기 국가경쟁력 주역은 빠른 추격자(fast follower)에서 시장 선도자(first mover)로
- 생계형 창업을 혁신적 창업으로 이동
- 차별화된 핵심역량 확보 : 콘텐츠라고 할 수 있는 융합기술과 기업가 정신 고양
- 엔젤 캐피탈을 통한 투자 활성화와 투자 회수시장 육성, 엔젤투자 활성화되는 시점까지 신용불량자 양산을 방지하고 실패를 기회로 삼을 수 있도록 연대보증제도 개선 필요

② **엔젤 캐피탈**
- 벤처 1.0이 코스닥이라는 IPO시장을 중심으로 발전, 벤처 2.0은 M&A시장이라는 중간 회수시장을 중심으로 발전

③ **M&A 거래소**
- 바이어, 셀러, 딜러의 3대 요소가 일정 질량 이상으로 모여 형성
- 활성화를 위한 임계질량은 200여 개의 벤처 1천억 클럽과 한국의 대기업으로 구성된 바이어 그룹, 전국창업보육센터인 5천여 개의 기업

G밸리, 분당 밸리 등의 1만여 개 창업기업과 캠퍼스 창업기업 등의 셀러 그룹, 전국 TLO 각종 협/단체 벤처 캐피탈 등의 딜러 그룹으로 구성

④ **기업엔젤의 육성**

- 미국 기업 투자가 초기 벤처투자의 중요 부분(약 40% 수준) : 창업기업들은 선도 기업과 손을 잡음으로써 시장과 자금을 동시 획득
- 캡티브(Captive) 펀드 : 개별 기업과 모태펀드가 출자하고 운영은 기업이 주도, 사후관리는 벤처 캐피탈이 유지하는 형태

⑤ **연대보증제도 개선**

- 신용불량의 원인인 연대보증제도 개선과 이미 발생한 신용불량자에 대한 재도전 허용제도 마련
- 기업은 살아도 기업가는 매장
- 미국 성공 창업횟수가 2.8회
- 통합도산법 250조의 개정 : 기업의 채무가 출자전환을 통하여 자본화되면 기업은 부채가 사라짐

⑥ **B2C 벤처기업 : 소 벤처생태계**

- 신규 창업벤처들의 기술을 시장을 확보한 선도 벤처가 확산하는 소벤처생태계 구축 필요
- 오픈 이노베이션 확대
  - ㉠ 기술융합의 확산
  - ㉡ 가치 사슬의 이동 : 지식재산권의 차별화
  - ㉢ 지식경제 패러독스 : 통합 원가경쟁력(벤처의 연구개발력과 선도기업의 고객 관계)

⑦ **B2B 벤처기업**

- B2B 벤처기업의 성공은 플랫폼 개방과 공정거래 확립
- 공정거래 정책의 핵심은 보복금지
- 대, 중소기업 간 불공정거래 개선

- 가젤형 기업육성 : 가젤형 기업이란 매출액 또는 고용자 수가 3년 연속, 평균 20% 이상 지속적으로 고성장하는 기업으로 빠른 성장과 높은 순고용 증가율이 가젤과 닮음.

1.3 선순환 벤처창업생태계

세계 최고의 '혁신 심장부'인 실리콘밸리는 매년 미국 벤처자금의 40%(금액 기준)를 빨아들이고, 근로자 1명당 12.57건의 특허를 출원(2011년)할 만큼 창의성이 높고, 이 순간에도 혁신 아이디어를 가진 숱한 스타트업(start up : 갓 창업한 벤처기업)이 생겨나고 있다.

실리콘밸리는 외국 기업과 정부기관의 진출 열기로 성황 중이다. 덴마크, 핀란드, 노르웨이, 스웨덴 등 북유럽 6개국은 자국 기업 소개와 현지 정보 신속 수집을 위해 '실리콘 바이킹(Silicon Vikings)'이란 단체를 만들어 운영 중이며 중국 상하이 투자는 지난해 새너제이에 7500㎡ 규모의 스타트업 인큐베이터 사무실을 개소하였으며. 삼성전자는 팔로알토, 마운틴뷰 등 실리콘밸리 4곳에 사무실을 열고 기존 대비 10배의 연구개발 인력을 운용하였다(2013년).

이처럼 몰려오는 이유는 '실리콘밸리 혁신 시스템'의 열매를 따먹기 위함이다. 이는 실리콘밸리의 혁신 시스템을 자국으로 이식하려는 노력이 성공하지 못했다는 방증이다. 방갈로소프트웨어파크(인도), 사이언스파크(싱가포르), 시스타(스웨덴), 중광춘(중국), 가산 디지털단지(한국) 등 제3의 실리콘밸리 만들기 시도가 많았지만 IT기업 집합단지에 머물렀을 뿐 아이디어와 사람, 돈이 선순환하는 공간 창조에는 못 미쳤다.

실리콘밸리는 열대우림 네트워크(rainforest network)이다. 기업, 벤처캐피탈 연구소, 엔지니어 등 다양한 주체들이 경쟁과 협력을 생산하는 실리콘밸리 시스템을 동, 식물 간의 교류가 가장 활발하게 이뤄지는 열대우림 생태계에 비유한 개념이다. 빅터 황은 실리콘밸리는 '열대우림'과 같은 큰 생태계이며, 실리콘밸리처럼 되려면 인재, 자금, 기술, 정보, 인프라 같은 물리적 자산은 물론 다양성, 초이성적 동기부여와 호의를 바탕으로 한 신뢰 같은 문화적 소프트웨어가 깔려 있어야 하며, 아마존 열대우림처럼 이 요소들을 연결하는 '관계

(network)'가 핵심이라고 하였다.

실리콘밸리 성공에는 창업에 성공한 이들이 다른 이들의 창업을 도와주며, 초기 자금을 대주고, 경험을 나누고, 전문가도 소개해 주는 문화, 다른 생각을 가진 사람끼리 아이디어를 주고받고, 이런 경험을 한 사람이 성공하면 또 다른 사람을 똑같이 도와주는 문화, 실리콘밸리에서는 이런 네트워크가 매일 반복되며 스타트업을 키우는 법이 축적되어 있는 문화에 있다.

각 나라들은 제2의 실리콘밸리를 만들기 위해 노력 중이다. 실리콘밸리 혁신 생태계 만들기 위해서는 다음이 필수적이다.

① **네트워크를 만들어라**
스타트업 성장하려면 다양한 요소 필요, 네트워크 있으면 단계별로 충족 가능

② **물리적 클러스터는 잊어라**
창업 육성 지역 설정은 낡은 생각, 네트워크만 연결하면 어디나 같다.

③ **불확실성에 투자하라**
농부가 씨앗 하나하나 골라 심지 않듯, 여러 기업 빠르게 살펴보고 분산 투자

④ **낯선 사람들을 포옹하라**
실리콘밸리 연구 절반이 아시아계, 이민자가 많은 곳에 아이디어도 많다.

⑤ **효율 중심 제조업 문화 버려라**
지나친 효율성이 혁신을 죽인다. 적절한 혼돈이 있어야 혁신이 생긴다.

우리나라에는 연매출 1,000억대를 기록한 벤처기업이 2017년 현재 500개가 넘는다. 이러한 기업들이 대기업으로 성장하기 위해서는 새로운 기술 창업기업과의 연계 활동을 통해 경쟁력을 높여야 한다. 하지만 벤처기업들이 필요한 기술개발을 자체적으로 담당할 수 없기 때문에 신생 벤처창업 기업들과의 연계 협력이 요구된다.

대학이나 기업에서 첨단기술을 가지고 있는 예비창업자들이 기술창업을 통해 창업기업으로 성장해야 한다. 그러한 벤처기업들이 기존 기업들과 서로

연계관계를 형성해 직접 클러스터를 형성하는 것이다. 이렇게 형성된 클러스터로부터 새로운 벤처기술창업이 지속적으로 이어지는 역동적 과정이 필요하다.

이와 같이 기술을 가진 예비창업자가 창업하여 벤처기업으로 성공하고, 집적지를 이루어 산업클러스터를 형성하며, 또 다시 새로운 창업을 촉진하는 구조를 선순환 생태계라고 한다.

창업은 외부환경의 영향을 받아 실직, 이직 등의 필요에 의해 창업을 실행하는 생계형 창업과 비즈니스 기회를 포착한 창업인 기회포착형 창업으로 구분한다.

기회포착형 창업에서는 창업자가 ① 비즈니스 기회가 있다고 인식하고(Perceived Opportunities), ② 자신에게 창업능력이 있다고 생각하며(Perceived Capabilities), ③ 창업의 손익을 따져보고(Opportunity Costs Assessment) ④ 실패의 두려움(Fear of Failures)을 극복한 다음 창업의사를 굳히고 창업을 실행에 옮긴다.

[그림 8-4]의 모델은 벤처창업의 선순환 생태계 마련을 위한 시사점을 제공해준다. 즉, 사회경제적 환경, 외부자원의 활용가능성, 창업에 대한 기대치가

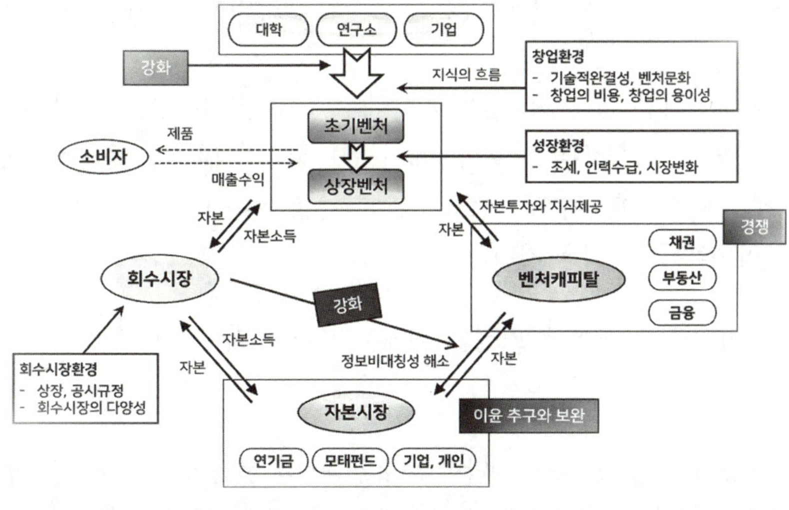

[그림 8-4] 벤처창업 선순환 생태계 분석모형

높으면 창업 활동에 긍정적인 영향을 미친다. 창업의 손익평가 후 실패의 공포를 극복하게 되면 창업활동이 시작된다.

또 창업에 대한 기대가치가 커지면 실패 공포를 극복할 가능성이 커진다. 성공한 창업기업이 많으면 창업환경에 긍정적인 영향을 미치게 된다. 선순환 벤처창업 생태계 구축에 필요한 요인과 과정의 상호작용을 동태적으로 분석해 보면, 벤처창업 생태계 구축 과정은 먼저, 기술과 인재가 집적되어 있어야 하고, 예비창업자의 창업과 성장을 위한 지원제도가 정비되어야 한다.

먼저 생태계 조건 충족기에는 일정한 규모의 기술과 인재의 집적(필요조건), 예비기술 창업자의 창업과 성장을 위한 지원제도(충분조건)가 갖추어지면, 기업 및 대학·관련기관에서 기술을 지닌 예비창업자를 창업자로 이끌어내 창업자의 집적이 이루어지게 된다.

다음으로, 생태계 형성기에는 필요조건과 충분조건의 결합을 통해 대량의 기술창업과 성장으로 전환이 이루어지는 시기인데, 자금·인력 등의 제공을 통하여 기술창업이 증가하고 정보·시설 등의 지원을 통해 창업기업이 성장하며 홍보 등을 통해 지속적으로 벤처기술 창업들이 이루어진다.

마지막으로, 생태계 확립기에는 기술기반 벤처기반들의 집적을 통한 하이테크 신산업이 형성되는 시기로서 다수의 대량 기술창업이 이루어지고 성공기업의 연계 협력체제가 갖추어지게 되면 기술기반 창업의 선순환 생태계가 마련된다.

선순환 벤처창업 생태계를 만든다고 하는 것은 인적자본(창업자)과 물적자본(금융, 시설투자), 기술자본(창업아이디어)이 벤처창업의 현장에 몰려들게 만들어 창업생태계내의 참여자와 구성요소가 제 기능을 다하게 하여 창업-성장-회수의 순환이 원활하게 되는 것이다.

선순환 벤처창업 생태계 조성을 위해서는 다음 사항들이 우선 해결되어야 한다.

첫째, M&A를 활성화하여 열악한 회수환경을 개선하여야 한다. 창업을 촉진하고 선순환 벤처생태계를 구축하는 핵심요소인 회수시장을 선진화시키기 위해서는 M&A 중개인프라를 구축하고 세제지원을 강화하며 민간영역의 M&A 촉진을 위해 중소·중견기업의 CVC(Corporate Venture Capital) 규제를 대폭 완화하여야 한다.

둘째, '시장논리' 중심의 벤처투자로 전환하는 문제이다. 창업-성장-회수 등 기업 전 생애에 걸친 선순환 투자환경 조성을 위해서는 전문엔젤제도를 개선하고 초기산업의 자금조달을 위한 크라우딩펀딩 제도를 현실에 맞게 개선하여야 한다.

셋째, 성실실패자에게는 원칙적으로 재도전의 기회를 부여하여야 한다. 기술성 보유기업에게 창업 7년까지는 연대보증을 면제해 창업단계를 넘어 성장단계로 안착할 수 있도록 지원하고, 과점주주의 2차 납세의무를 폐지하여 경영재기의 발판을 구축해 주어야 한다.

넷째, 창업규제의 근본적 해결책으로서 '규제 샌드박스' 제도를 도입하여야 한다. 기술창업 벤처기업에 한해 창업 후 일정기간 동안 진입규제, 영업규제 등의 각종 규제적용을 한시적으로 면제하고, 최소한의 네거티브 방식 규제만을 적용하는 방안을 마련해야 한다.

마지막으로 대중소(대기업-중소기업-소기업) 상생의 열쇠로써 기울어진 운동장을 바로잡아야 한다. 대중소벤처 기업 간 기술 중심의 공정한 거래질서 정착을 위해 대기업 1차 협력사에 대한 원가자료 요구를 근절하고, 대기업 협력사에 대한 보복조치 금지를 법으로 명문화하며, 기술탈취 시 입증책임을 피고에게 전환하고 기술인력 유출로 인한 특허분쟁 시 손해배상액 법원판결에 시장가치를 반영하는 등 특단적 조치가 필요하다. 이와 더불어 산업구조적 접근법으로 자본주의의 폐해를 치유하고 갑질문화를 근본적으로 해결하고 일자리창출을 촉진하기 위해서는 협동조합기업의 창업과 개인기업이나 주식회사에서 협동조합으로의 전환에 인센티브를 주는 방안, 협동조합 창업전용 펀드 결성 및 협동조합 창업전용 보육센터의 운영도 필요하다.

2. 지식재산권

2.1 지식재산권 생태계

아무리 우수한 신기술을 개발하였더라도 특허와 지식재산권을 사전에 확보하지 않고서는 시장에서 살아남을 수 없게 되었다. 특히 매일매일 새로운 기술이 생겨나는 스마트 시대에는 특허와 지식재산권에 대한 발 빠른 대응 없이는 경쟁에서 도태될 수 밖에 없다. 그러나 우리나라 산업생태계는 그동안 특허를 포함한 각종 지식재산권에 대한 인식과 투자에 소홀한 면이 없지 않았다. 빨리 산업생태계를 살찌우는 지식재산권에 투자를 확대해야 한다.

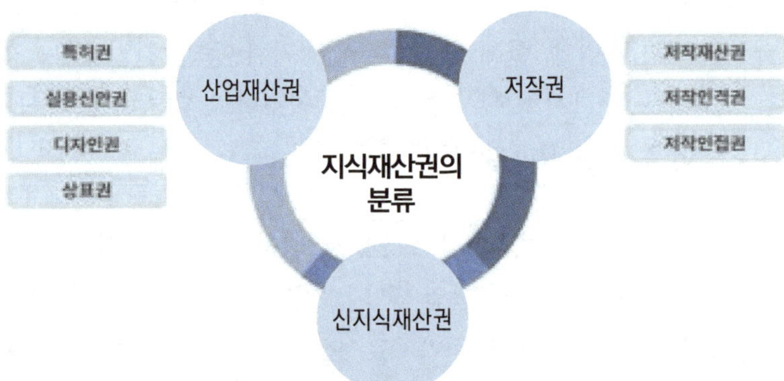

[그림 8-5] 지식재산권의 종류

지식재산권은 지적 능력을 가지고 만들어낸 창작물에 대한 권리를 말하는데, 크게 저작권과 산업재산권, 신지식재산권으로 나뉜다. 미술, 음악, 영화, 시, 소설, 소프트웨어, 게임 등 문화예술분야의 창작물에 부여되는 것이 저작권이고, 산업과 경제활동 분야의 창작물에 부여되는 발명품, 상표, 디자인, 특허권,

상표권과 같은 것들이 산업재산권에 포함된다. 컴퓨터프로그램, 반도체 배치설계 등 최신정보기술은 신지식재산권에 해당된다. 특히 음악이나 소설 작품 등으로 인해 가장 많이 알려진 '저작권'의 경우 작가가 사망한 이후에도 짧게는 50년에서 길게는 70년까지 보호를 받을 수 있다. 반면, 산업재산권은 특허청의 심사를 받아야만 등록할 수 있고, 보호 기간이 10~20년으로 저작권에 비해 짧다.

[그림 8-6] 지식재산권을 표현하는 일러스트레이션

출처: freepik.com 제공

글로벌 지식재산권 트렌드는 지식재산권 생태계 전쟁이다. 2011년 8월 구글은 모토롤라 모빌리티를 125억 달러에 인수하였다. 모토롤라 모빌리티는 1억 7천만 건의 미국 등록 특허, 7,500건의 출원 특허를 보유하고 있으며, IT 관련 미국 특허분쟁 네트워크의 중심에 있는 회사로 구글이 지식재산권 확보를 위해 인수한 것이라는 목소리가 높다.

생태계 간 경쟁구도로 볼 때, 구글은 MS와는 OS, 검색, 브라우저, 클라우드 서비스 등 모든 면에서 충돌하는 강력한 경쟁관계에 있다. 한편, 스마트폰 생태계에서는 스마트폰의 기반인 OS 경쟁에서 구글의 안드로이드가 애플의 iOS와 핵심 전선을 형성하고 있다.

따라서 구글의 입장에서는 자신의 최대 경쟁자인 MS와 애플에 대한 다양한 특허 공격을 주도하고 있는 모토롤라 모빌리티의 인수는 특허분쟁 네트워크를 분석해 보아도 합리적인 선택이라 할 수 있다. 2011년 미국시장에서 안드로이드폰 판매 1위인 대만의 스마트폰 제조업체 HTC는 구글로부터 구입한 특허를 활용해, 애플을 상대로 특허침해 소송을 제기하였다.

또 다른 측면에서는 소프트웨어와 H/W의 융합을 통한 구글의 플랫폼 강화를 인수 배경으로 꼽을 수 있다. 모토롤라 모빌리티는 통신 및 셋톱박스에 대한 다양한 특허 포트폴리오를 확보하고 있어, 스마트폰뿐만 아니라 스마트TV에 대한 핵심 특허를 다량 확보하고 있었기에 향후 하드웨어와 소프트웨어의 결합을 통한 사업 확장에도 용이할 것으로 판단한 것이다.

이러한 특허전쟁을 들여다보면 그 근본은 바로 플랫폼의 주도권을 놓고 벌이는 생태계 간의 전쟁이라 할 수 있다. 특히 스마트폰 시장의 경우 애플 생태계와 구글 생태계 간의 플랫폼 주도권을 놓고 벌이는 전면적 전쟁으로, 애플의 수직적·폐쇄적 생태계와 구글의 수평적·개방적 생태계 간의 대결이 핵심 구도이다.

생태계 간 전쟁에 특허가 주요 무기로 사용되고 있다. 애플과 삼성 간의 스마트폰, 스마트패드 단말기 전쟁의 핵심은 기술 특허 및 디자인 특허이며, 생태계의 주도권을 상실한 상태인 MS는 안드로이드 OS를 탑재한 단말기 회사에 특허 로열티를 요구한다. 이러한 OS를 중심으로 한 생태계 간 전쟁에 따라, 우리나라 취약 부분이었던 소프트웨어 및 소프트웨어 특허의 중요성이 국내에서도 이슈가 되고 있다.

특허의 중요성이 커짐에 따라 신종 특허 Biz가 등장하였다. 최근 특허괴물(Patent Troll)이라 불리는 특허관리 회사가 언론에 자주 등장한다. 특허괴물은 제품을 생산하지 않고 특허만 대량 보유하면서 경고장, 특허 침해소송 등을 통한 로열티 수익을 목적으로 하는 회사 또는 특허 집합체를 말한다. 이들의 비즈니스 모델은 다음과 같이 정리될 수 있다.

① 특허 매집 → 대량 특허 포트폴리오 구축
② 침해 경고장 → 협상 → 로열티
③ 침해소송 위협 → 중지명령 위협 → 협상
④ 침해소송 → 침해 배상금

[그림 8-7] 특허괴물

특허관리 회사는 미국을 중심으로 약 300여 개가 활발하게 활동 중이며, 최대 규모인 인텔렉츄얼 벤처스(Intellectual Ventures)는 자본금만 5조 이상인 큰 기업이다. 특허관리 회사가 특허괴물이라 불리며 문제가 되는 이유는 제품을 생산하지 않기 때문에 타인의 특허를 침해할 가능성이 없어, 크로스 라이선스(cross license, 상호 간에 타방의 특허권에 대한 실시를 허용하는 계약)가 불가능하다는 것이다. 이들은 이러한 일방적으로 우월적인 지위를 이용해 고액의 로열티 또는 침해 배상금을 요구하고 있다.

세계 최대 특허전문관리회사인 인텔렉추얼 벤처스는 50억 달러 이상의 펀드를 모금해 운영하는 세계 최대의 특허전문관리회사이다. MS의 전직 CTO 및 특허법 전문가들이 2000년 설립해 현재 전 세계 650여명의 과학자와 특허 전문가가 활동하며 3만 개 이상의 지식재산권을 확보하고 있다. MS, 인텔, 소니, 노키아, 애플, 구글, 이베이 등 주요 하이테크 기업이 투자수익 공유 및 지식재산권 침해소송 예방을 위해 주주로 참여하며, 아이디어 창출로부터 수익화까지 특허 가치사슬의 전 과정을 관리한다.

① Invention Labs(브레인스토밍을 통한 아이디어 창출) →
② 자체 및 위탁 R&D 수행 →
③ 특허 획득 및 Invention Library 관리 →
④ 시장을 통한 수익화

발명 자본(Invention Capital)이란 특허나 발명 자체를 투자대상으로 하고, 라이선스 수수료나 특허 매각대금을 수입원으로 하는 회사 또는 자본집합체(기업이 아닌 발명 그 자체)로 아이디어에 투자하여 특허 자산을 생성하고 이를 기술이전이나 산업에 적용하여 수익을 얻는 사업 모델을 말한다. 인텔렉추얼 벤처스는 자본금만 50억 달러 이상, 연간 10억 달러 수익, 과학자 200명과 변리사/ 변호사 200명 등 600여 명의 전문 인력을 보유하고 있다.

2.2 스마트시대의 지식재산권

소프트웨어는 특허 부여의 대상이 되는 것으로 소프트웨어에 포함된 새롭고 비자명한 기술사항은 미국, 일본, 한국 등과 같이 대부분의 나라에서는 특허 보호의 대상이 된다. 유럽 대다수는 소프트웨어 특허성을 부정하고, 중국에서는 기술적 기능을 향상시키는 것과 관련된 소프트웨어와 UI만 특허의 대상이 된다.

1981년 다이어(Diehr) 사건의 대법원 판결 후부터 미국은 소프트웨어 특허를 가장 효과적으로 보호하고 있다. 반대로 유럽은 소프트웨어 기술력은 있으나, 특허로 강력하게 보호되지는 않기 때문에 혁신에서 폭발력이 없다

소프트웨어와 동일하게 BM(비즈니스 모델)에 포함된 새롭고 비자명한 기술사항은 대부분의 나라에서는 특허 보호 대상이 되나 중국에서는 BM의 특허성을 인정받기가 쉽지 않다.

BM 특허는 미국에서 최초로 보호되기 시작하여(1995년 State Street Bank 사건) 꾸준히 가장 잘 보호받고 있다. 상당 부분의 BM 특허는 서비스 모델에 관한 것으로 페이스북과 같은 소셜네트워크 서비스, Foursquare의 위치기반 서비스, 구글의 Adsense 광고 서비스, Groupon의 소셜쇼핑 서비스 등이 BM

특허 대상이 되는 서비스 모델이다.

콘텐츠를 보호하는 법률은 저작권법이다. 전 세계적으로 유료로 활용되는 콘텐츠(뉴스, 음악, 영화, 방송, 출판물 등)의 다수는 압도적으로 미국 콘텐츠이다. 스마트 TV의 핵심 경쟁력은 콘텐츠인데, 이점에서 미국은 압도적인 강점이 있으며 스마트 TV를 주도하는 기업도 아이튠스를 보유한 애플과 유튜브를 보유하고 있는 구글이 될 것이다.

스마트 시대는 바로 혁신적인 사용자 경험과 지식재산권이다. 스마트 시대의 혁신적인 사용자 경험은 UI를 포함하는 소프트웨어, 서비스, 콘텐츠의 유기적인 결합으로 이루어질 것이며, 소프트웨어와 서비스는 특허권으로, 콘텐츠는 저작권으로 보호된다.

미국이 강점을 가지는 생태계 플랫폼은 소프트웨어 등에 대한 기술력, 콘텐츠, 신뢰성과 리더십뿐만 아니라, 특허권과 저작권으로 광범위하게 보호되었기 때문이다.

[그림 8-8] 혁신 - 오픈 이노베이션

2003년 미국 헨리(Henry Chesbrough) 교수가 소개한 오픈 이노베이션(Open Innovation)은 내부의 혁신을 촉진하고 이를 외부와 연계시키고 시장을 확산하기 위해 목적성을 가지고 지식을 내부 및 외부적으로 활용하는 것으로 정의하였다. 종래의 폐쇄형 이노베이션은 연구(research) → 발전(development) → 시장화(market)의 흐름을 따랐으며, 제품/서비스는 자사 또는 자사와 긴밀한 관계를 가지는 자들의 내부 역량으로 해결했다. 이러한 경우, 통상적으로 시간이 오래 걸려 제품과 서비스가 복합되는 트렌드에서 시장 진입의 기회를 놓치기가 쉬운 문제점이 있다.

이에 반해 오픈 이노베이션은 연결(connect) → 발전(development) → 시장화(market)라는 흐름을 따라가는 형태로 필요한 요소를 외부에서 조달한다. 따라서 빠르게 시장에 접근할 수 있어 시장 선점이 가능하며 변화에 능동적으로 대처할 수 있다.

오픈 이노베이션을 통해 성공을 거둔 사례를 살펴보면, 애플은 2006년 핑거웍스(Fingerworks)라는 신생 회사를 M&A하고 이들의 특허 및 기술을 활용하여 2007년 아이폰의 혁신적인 터치 UI를 구현한 바 있다. 구글은 2005년 안드로이드를 개발한 앤디루빈과 그의 회사를 5천만 달러에 매수하여 자사의 핵심 OS로 성장시켰다. LG전자에 안드로이드폰 제작 협상거절 후, 대만 HTC가 최초 안드로이드 폰 제작사가 되었으며, HTC는 스마트폰 시장의 강자로, LG전자는 패자의 위치로 전락했다.

오픈 이노베이션 프로그램 공급자 중 대표적인 곳으로 이노센티브와 나인시그마가 있다.

① **Innocentive, www.innocentive.com** : 솔루션에 대한 수요자(seeker)와 공급자(solver) 간에 견고한 플랫폼의 장을 마련하여 양단간의 기술거래에 지적재산권상 문제가 없도록 법률적 조치를 사전에 완벽하게 지원해 많은 Solver들이 참여할 수 있게 초기 장벽을 없애 준다

② **Ninesigma, www.ninesigma.com** : 기업의 오픈 이노베이션 프로그램을 지원하는 새로운 'RapidOI'를 보유하고 다단계적 접근을 통해 기업의 오픈 이노베이션 프로그램의 발전과 수행을 지원하고 있다.

2.3 융합과 지식재산권

융합(Convergence, Fusion, Hybrid, Bundle, Overlap)이란 '분리되어 있던 두 개 이상의 요소들이 동일한 방향으로 움직이거나 하나의 요소로 수렴되는 현상' 또는 '이러한 현상을 따르는 모든 사회/경제적 현상'을 의미한다. 융합의 대표적인 예는 아이폰을 들 수 있다.

융합의 계열을 살펴보면 융합은 상품/서비스의 관점에서 융합의 결과를 제품 간/제품 -서비스 간/서비스 간 등 융합되는 요소들의 조합으로 분류할 수 있다. 또한 융합의 본질은 자사의 핵심 역량이 아닌 기술, 서비스, 제품 및 산업을 새롭게 자사에 도입하거나, 자사의 핵심 역량이 아닌 기술, 서비스, 제품 및 산업으로 새롭게 확장하는 것에 있다.

표 8-2 융합의 계열

융합 계열	개 념	예 시
제품/ 제품융합	기존의 2개 이상의 제품에서 독립적으로 제공되는 기능을 1개의 제품에 융합	세탁기 + 건조기, 냉/난방 일체 기기 복합기, 스마트폰 등
제품/ 서비스융합	제품과 관련 서비스를 일체화하거나 제품 사용에 관련된 다양한 서비스를 한 번에 제공	애플의 아이폰 + 아이튠스 코닥의 디지털카메라 + 인화서비스 웅진 그룹의 정수기 렌탈
서비스/ 서비스융합	2종 이상의 독립적인 서비스를 연계하여 제공함	통신 융합 상품 : 방송 + 전화 + 인터넷 융합 서비스 상품

융합과 관련하여 지식재산권 문제의 배경을 살펴보면, 융합은 자사가 익숙하지 않은 새로운 외부 요소/영역의 도입이나 새로운 외부 요소/영역으로의 확장을 필요로 하며, 그 외부 요소/영역에는 타인의 지식재산이 형성되어 있을 가능성이 높아 필연적으로 지식재산권 리스크가 따르게 된다.

외부 요소/영역과 관련된 지식재산권 문제 중 하나가 그리드락(Crid-Lock)이다. 그리드락이란 하나의 대상에 대한 다중 소유 또는 파편화된 소유권으로 인해, 아무도 소유권을 행사하지 못하는 교착상태를 말한다. 30년 동안 미국에 대형 공항이 들어서지 못하는 것은 필요한 대규모 토지의 소유권자가 다수로 나뉘어져 있어 전원 합의가 없는 한 공항개발이 불가능하기 때문이다. 그리고 유전자를 활용한 신약 개발이 어려운 이유 중의 하나는 여러 유전자 후보군을 대상으로 실험해야 하는데, 각 유전자마다 유전자 특허권을 가진 자가 달라, 이들의 동의나 실시 허락을 모두 얻어야 합법적인 신약 개발이 가능하기 때문이다.

지식재산권의 속성을 살펴보면 지식재산권은 배타권(exclusive right)이지 독점적 실시권(monopoly right)이 아니다. 특허권이 있는 경우, 그 특허권의 권리 범위에 들어오는 타인의 실시를 배제하는 권리가 배타권이며, 그 권리 범위에 포함되는 기술 내용을 독점적으로 실시할 수 있는 것이 독점적 실시권이다. 특허권자는 자신의 실시가 없어도 타인의 실시를 막을 수 있으며 특허권을 보유하고 있지만, 그 특허권을 활용하여 제품을 생산하거나 서비스를 제공하지 않는 NPE(Non Practicing Entity : 비실시 주체)가 타인에 대해 경고장을 발송하거나 소송을 제기하여 로열티를 수취할 수 있는 것은 특허권의 배타적 속성 때문이다. 이러한 속성 때문에 괴물 비즈니스가 성립되는 것이다.

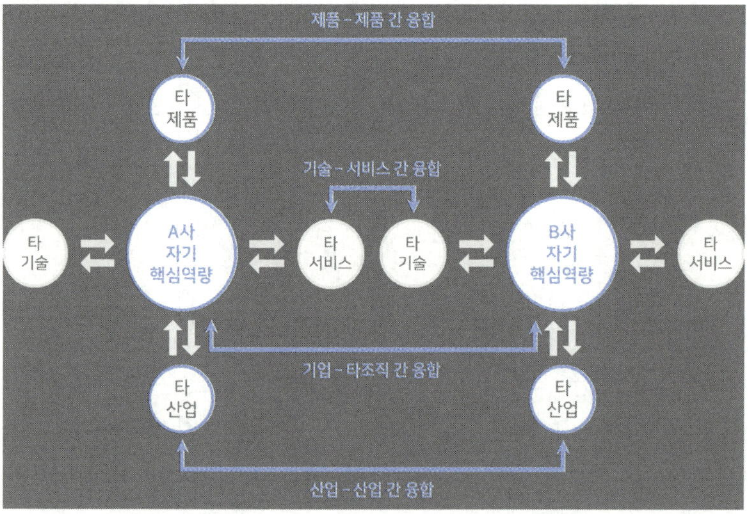

[그림 8-9] 융합의 개념 및 융합 계열

산업융합촉진법은 2011년 4월 산업융합촉진법 입법되고 10월부터 시행되었다. 융합의 시대에 맞는 법령과 제도 정비 필요성과 특허제도 개선 및 운영 필요성으로 제정되었다. 특허 대상을 확장하거나, 기존 체계에서 융합 결과물의 유형별로 변형 보호에 대한 연구가 필요하며, 융합기술 해외특허 출원 비용 지원 확대, 융합제품 개발에 필요한 타인 특허권 사용의 활성화 방안 등이 요구된다.

2.4 지식재산권 공정사회

대기업의 중소기업 특허권 편취가 다수 발생해왔음은 주지의 사실이다. 일반적으로 전속적 계약 관계 하에서의 대기업 요구에 대한 중소기업의 거부 및 대체 거래선 확보는 사실상 어렵다. 중소기업중앙회 자료에 따르면 중소기업의 30%가 대기업과 납품거래 시 핵심기술 유출 경험이 있으며, 중소기업의 22%가 기술탈취 경험이 있다고 응답하였다.

중소기업을 보호하기 위한 실효적인 대책이 필요하다. 고의성에 대한 손해배상 책임을 강화할 필요가 있다. 표준하도급계약서 보급으로 서명계약문화 정착을 유도할 수 있도록 기술탈취・유용 금지규정 등을 반영한 표준하도급계약서를 마련하고 이의 활용성 제고를 위한 인센티브 도입도 필요하다.

법률상 특허 공유는 토지 등의 공유와는 다른 독특한 속성을 지니고 있다. 대기업-중소기업 간 특허 공유의 문제점으로, 법률상 특허 공유에서 지분권자는 지분의 비율과는 무관하게 전체 특허권을 실시할 수 있다(특허법 제 99조 3항). 특허권의 공유가 성립되는 순간부터 대기업은 중소기업을 배제할 수 있으며, 타 기업을 대상으로 그 특허권의 권리내용을 합법적으로 실시할 수 있다. 또한 지분권자의 100% 동의 없이는 양도, 실시권 설정 등 특허권을 활용한 수익행위를 할 수 없다(특허법 제99조 2 항, 4항).

대기업-중소기업 간의 상생적 특허 문화 사례로는 SKT 사례가 있다. SK텔레콤은 오픈 이노베이션 센터(OIC)를 운영하며 자사가 보유한 특허 중 100여 건을 협력업체에 공개하고 기술혁신을 지원하고 있다. KT는 협력사에 약 1천 건의 보유 특허를 무상양도하여 KT로부터 라이선스, 기술 전수 등 기술

이전을 받는 업체에는 동반성장 가점을 주고 향후 협력사의 제품 구매를 확대하는 혜택을 부여한다. 하이닉스는 보유 중인 반도체 장비 관련 국내 특허 및 실용신안 기술 831건을 협력사에 공개하며, 기술이전을 적극 검토하고 자문을 제공한다.

특허침해 소송 시 우리나라 특허권자의 승률은 미국 60%, 프랑스 55%, 캐나다 38%에 비해 매우 낮으며, 손해배상액 판결은 청구액의 10분의 1 수준이다. 무효율 70%, 침해 인정률 25%로 특허권자 승률은 약 7.5%에 불과하다. 특허권 침해 배상 성립 시의 고액 배상액은 중소기업을 효과적으로 보호하고 공정한 기업 질서유지에 기여할 것이다.

특허권자의 권리 중 대표적인 것이 민사상의 침해금지 청구와 침해물 폐기, 침해 행위에 제공된 설비의 제거 및 손해배상 청구이며, 침해자는 형사상 7년 이하의 징역이나 1억 원 이하의 벌금에 처해지게 된다.

특허권자에게 침해를 주장 받는 자는 특허권의 대표적인 하자인 특허 무효를 주장하거나, 해당 행위가 특허권의 권리 범위에 속하지 않음을 주장하는 것이 일반적이다. 만약 특허권이 무효가 되면, 특허권은 무효 심결이 확정된 때에 소멸되는 것이 아니라, 처음부터 없었던 것으로 간주된다(특허법 제133조 2항).

현재 무효 심결 취소소송(특허법원) 분야는 변리사의 소송대리가 가능하나, 침해소송(일반법원)에서는 변리사 소송 대리를 인정하지 않아 이에 대해 의견이 대립하고 있다. 해외에서는 기술 전문가의 소송 참여가 국제적 추세이다.

특허, 상표권 등 지식재산이 새로운 투자 수단으로 급부상하고 있다. 기업 활동 중 지식재산 비중이 증가하고 있고 이로 인해 직·간접적 수익이 발생하면서 지식재산이 독립적인 수익창출 수단으로 인식되기 시작했다. 2001년 IT 버블 붕괴 시 파산한 벤처기업의 특허를 인수한 특허전문회사(NPE)가 라이선싱 및 소송 등을 통해 잇달아 고액의 로열티 수익을 창출한 것이 계기가 되었다.

빌 게이츠, 손정의도 투자한 인공위성 실시간 영상 분석 : 스타트업 '어스나우'

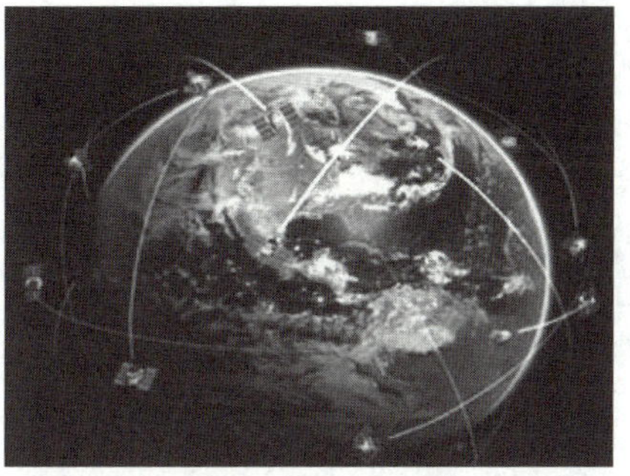

미국 워싱턴 소재 인공위성 실시간 영상 분석 스타트업 어스나우(EarthNow)가 소프트뱅크(SoftBank Group), 에어버스(Airbus, 유럽 최대 항공기 제조업체), 빌 게이츠(Bill Gates) 그리고 인공위성 스타트업 원웹(OneWeb)의 창업자 그렉 와일러(Greg Wyler)로부터 첫 번째 투자를 유치했다고 2018년 4월 18일 밝혔다. (투자 금액 비공개)

어스나우는 우주에서 지구의 실시간 영상 관측을 위해 인공위성 이미징 시스템을 개발했다. 어스나우는 500개의 소형 인공위성을 발사하여 실시간으로 영상을 수집 후 불법 선박 적발, 태풍 경로 확인, 산림 화재 등 다양한 목적으로 해당 영상 정보를 필요로 하는 정부나 기업에 제공할 계획이다. 인공위성 스타트업 원웹에서 이에 적합한 저비용 고효율의 인공위성을 개발하고, 에어버스에서 대량 생산한다.

2017년 세계 최대 특허 전문회사인 인터렉츄얼 벤처스(Intellectual Ventures)의 ISF 인큐베이터에서 시작된 어스나우는 최근 인터렉츄얼 벤처스로부터 분사했으며, 인터렉츄얼 벤처스의 사업개발 이사 러셀 해니건(Russell Hannigan)이 2018년 1월 어스나우 대표로 선임되었다.

용어정리

가젤형 기업
규제 샌드박스
그리드락(Crid-Lock)
기회포착형 창업
발명 자본(Invention Capital)
배타권(exclusive right)
벤처 2.0
벤처생태계
벤처창업 생태계
벤처캐피탈
비실시 주체(NPE : Non Practicing Entity)
비즈니스 모델
산업융합촉진법
스마트시대
스타트업(start-up)
신지식재산권
어스나우(EarthNow)
엔젤 캐피탈
연대보증제도
열대우림 네트워크
오픈 이노베이션(Open Innovation)
유니콘 기업
융합(Convergence, Fusion, Hybrid, Bundle, Overlap)
인텍렉추얼 벤처스(Intellectual Ventures)
좀비기업
지식재산권
창업기업
크로스 라이선스(cross license)
특허괴물(Patent Troll)
특허전쟁
피터팬 기업

제9장

스마트 사회 : IT와 정부

제9장
스마트 사회 : IT와 정부

1. 플랫폼 정부

1.1 플랫폼 정부

창조경제는 공공 영역에서 정부 3.0으로 구현된다. 정부 3.0은 정부 1.0, 2.0에 이은 발전 전략이다. 정부 1.0은 웹 1.0의 발달과 맥락을 같이한다. 즉, 연결의 정부를 구현하는 것으로 전자정부로 현실화했다. 이는 정부가 1997년부터 국가 정보화 계획을 추진하고 전자정부 서비스를 추진하여 대민 행정서비스를 효율적으로 정착시킨 성과를 보였다. 민원서류의 온라인 발급이나 구비서류 축소, 행정 생산성 향상 등과 같은 성과를 이루었다.

웹 2.0 발달과 함께 정부도 2.0 수준으로 도약하였다. 그것은 개방과 공유를 기반으로 하여 정부 자료를 개방하고 민간이 다양한 서비스로 발전시키는 것을 말한다. 정부 중심의 의사결정과정에 시민들의 참여를 확산하고, 정부의 공공정보와 애플리케이션 인터페이스를 개방하여 새로운 시장 형성의 기회를 발전시키는 것이다. 2011년 정부는 '국가공공데이터포털'이란 국가 공공 정보 사이트를 구축하고 공공 정보 31만 건을 공개하였다.

또한 공공정보 공유 사이트인 공공데이터포털(www.data.go.kr)을 통해 정보의 생산자가 직접 지식 정보를 생산하도록 하였다. 우리나라에서 교통정보 서비스인 티맵(T-map)은 국토부의 공간 정보, 서울시 버스 정보, 경찰청 CCTV 영상 정보, 석유공사 유가 정보 등을 활용하여 사용자에게 교통정보와 내비게이션 서비스를 제공하는 성공적인 서비스로 평가된다.

따라서 여기서 한 단계 더 나아가는 방향을 추구하는 것이 정부 3.0이다. 정부 3.0은 혁신의 플랫폼 정부를 지향한다. 공공 정보를 개방·공유하고, 부처 간 칸막이를 없애고 소통·협력함으로써 국정과제에 대한 추진동력을 확보하고, 국민 맞춤형 서비스를 제공하며, 동시에 일자리 창출과 창조경제를 지원하는 새로운 정부 운영 패러다임을 의미한다.

정부 3.0을 추진하는 것은 지식정보사회로 전환함에 따라 정부와 국민의 관계가 변화하고 있기 때문이다. 정부와 민간의 관계가 일방향 관계에서 협력 관계로 변화하고 모바일·SNS 등의 확산에 따라 정책에 대한 참여, 투명성 요구가 늘어나고 있다. 또한 지식과 기술의 융·복합 혁명이 다양한 정책 문제를 해결하고 맞춤형 서비스를 제공하는 좋은 수단을 제공해 주기 때문이다. 따라서 공공정보에 대한 접근 제약으로 정책의 투명성이 떨어진 상황을 변화시킬 필요가 제기되었다. 우리나라의 국제투명성기구의 부패인식지수 순위는 2008년 40위에서 2022년 32위로 큰 변화가 없었다. 따라서 기존의 정부 2.0보다 한 단계 진전된 추진전략이 필요하게 된 것이다.

정부는 정부 3.0의 방향으로 다섯 가지를 꼽았다. 첫째, 공공정보의 개방과 공유, 정부-국민의 소통과 협력을 확대한다. 둘째, 국가보다 국민 개개인의 행복에 초점을 두어 맞춤형 서비스를 제공한다. 셋째, 민간의 창의와 활력이 증진되는 혁신 생태계를 조성한다. 넷째, 부처 간 칸막이를 뛰어넘는 통합형 정부 운영을 지향한다. 다섯째, 정부가 직접 개입하지 않고, 민간의 능동적 참여를 유도하는 플랫폼 정부를 지향한다.

표 9-1 정부 운영 패러다임의 변화

구분	정부 1.0	정부 2.0	정부 3.0
운영방식	정부 중심	국민 중심	국민 개개인 중심
핵심가치	효율성	민주성	확장된 민주성
참여	관 주도, 동원 방식	제한된 공개, 참여	능동적 공개, 참여 개방, 공유, 소통, 협력
행정 서비스	일방향 제공	양방향 제공	양방향, 맞춤형 제공
수단(채널)	직접 방문	인터넷	무선인터넷 스마트 모바일

정부 3.0의 전략은 무엇보다도 소통하는 투명한 정부를 추진하는 데 있다. 이를 위해 공공 정보를 공개하는 것을 최우선의 정책으로 표명하였다. 공공 정보가 그동안 공급자 위주로 운영되고 있는 현실을 넘어서, 사실을 있는 그대로 국민 중심으로 정보를 공개하는 커다란 개혁을 추진하는 것이다. 무엇보다도 앞으로는 생산하는 문서와 과거 문서의 원문까지 공개하게 되어 공개 정보가 엄청나게 확대된다. 2013년 31만 건 정도 공개되던 것이 2014년에는 4억 9000만 건으로 무려 1580배나 늘어난다. 또한 기존의 정보공개 시스템과 연동하여 정보공개 청구, 정보목록 검색, 원문 정보 조회 등을 원스톱으로 이용할 수 있도록 확대한다는 것이다.

더 나아가 공공 데이터를 민간이 다양하게 활용할 수 있도록 한 것이 특징이다. 민간이 보다 편리하게 공공 데이터를 활용할 수 있도록 데이터베이스를 표준화하고 오픈 플랫폼을 마련하고 법제도를 개선한다는 것이다. 민간의 개방 수요가 많고 파급효과가 큰 공공 데이터를 개방하면 그에 따른 새로운 서비스가 다양하게 창출될 수 있다. 특히 교통 · 지리 · 기상 등의 분야에서 공공 데이터에 대한 수요가 많았는데, 이 분야에 대한 민간 활용이 크게 증진될 전망이다.

공공 데이터를 개방하게 되면 데이터베이스 품질 개선 작업 등으로 창조적인 비즈니스와 일자리가 창출되게 된다. 정부는 데이터베이스 품질 개선 작업만으로도 6236명의 직접 고용이 일어날 것으로 전망하고 있다.

미국, 영국 등 주요 선진국들은 공공정보 개방의 중요성을 인식하고, 민간 활용을 활성화하기 위한 다양한 정책들을 추진하고 있다. 미국 오바마 정부는 '열린 정부(open government)'를 목표로 'Data.gov' 사이트를 구축하여 공공기관이 작성하였거나 보유하고 있는 원천 데이터나 지리 정보 등 각종 자료를 일반인에게까지 제공하고 있다. 영국 정부는 공공정보 개방 관련 자문과 규제를 전담하기 위해 공공 정보실(Office of Public Sector Information)을 설립하고, 역시 미국과 같이 공공정보공개 사이트(data.gov.uk)를 구축하는 등 정보 공개 정책을 적극적으로 추진하고 있다.

공공정보 개방과 더불어 국민 중심의 수요자 맞춤형 서비스를 통합 제공하는 것이 또 다른 목표다. 예컨대 생활불편 스마트폰 신고서비스 기능은 모바일을 통해 생활 속 불편사항을 스마트폰을 이용해 신고하면 해당 위치를 파악해 민원을 처리하는 국민 참여형 서비스다. 이 서비스는 영국의 생활 불편 사항 제보 홈페이지인 픽스마이스트리트(www.fixmystreet.com)의 한국 정부 판이라고 할 수 있다.

그러나 국민 개개인에게 맞춤형 서비스를 제공하기 위해서는 최선의 대안을 추론하기 위해 수많은 데이터를 분석하는 빅데이터 활용이 필수다. 따라서 정부 3.0 플랫폼에서 국민 개개인의 창발성과 집단지성을 활용할 수 있도록 하는 것이다. 정부 3.0은 질 높고 즉각 사용 가능한 공공데이터 제공의 생태계를 지향하며, 이를 위해서는 민간과 협력 수준을 높이는 것이 필수다. 정부는 플랫폼을 제공하고 국민 개개인이나 기업들이 손쉽게 접근할 수 있는 법적 제도의 지원이 함께 이루어져야 한다.

창조경제 시대에는 정부의 역할이 크게 바뀌어야 한다. 예전에 사회를 통치하던 역할에서 벗어나 사회의 모든 이해 당사자들을 원활히 연결하는 역할로 바뀌어야 한다. 정부가 모든 정책을 결정, 집행하던 시대는 끝나고 있다. 이제는 국민 개개인이 '지식 노드'가 되어 개인, 기업, 단체, 정부를 잇는 연결망을 구축하고 있다. 여기서 정부는 교육에서 노후에 이르기까지 모든 공공정보를 제공하고 빅데이터 분석으로 민간영역에서 국민과 기업들이 보다 나은 서비스를 창출하고 향유할 수 있도록 해야 한다.

이 과정에서 웹과 모바일의 확산에 따른 스팸, 바이러스 피해 등 역기능이 나타나고 네트워크의 복잡계 관리 등의 문제가 중요해진다. 이런 새로운 역할이 정부가 더욱 중요하게 담당해야 할 영역들이다. 사회의 어젠다를 설정하고, 다양한 참여자들 사이에서 연결고리 역할을 해야 한다. 수많은 네트워크 사이의 중재자 또는 허브의 역할이 필요한 것이다. 이러한 지식 네트워크형 플랫폼 정부가 정부 3.0이 지향하는 목표다.

1.2 스마트 사회 IT 역할

우리나라는 1980년대 이후 IT의 전략적 활용에 대한 정부의 강력한 의지로 IT가 효율화의 핵심 수단에서, 개방적 혁신과 창조적 협력의 플랫폼으로 변화하고 있다. 선진국 진입에 성공하게 된 데에는 IT 발전에 있다고 할 수 있다. IT가 1980~1990년대의 자동화 · 전산화 단계에서 1990~2000년대의 이용확산 단계를 거치며, 효율화, 생산성 제고, 서비스 향상의 핵심 도구로 활용됨에 따라, 정부업무의 플랫폼화를 통한 창조적 혁신 견인이 필요하다.

기존의 IT가 생산성 향상, 효율화의 핵심 수단(enabler)이었다면 앞으로 IT는 현안해결 및 새로운 가치창출을 위해 다양한 지식과 지혜를 모으는 열린 장(platform)으로 역할이 될 것이다.

IT는 연결성 · 실시간성 · 지능성 · 개방성 · 투명성 등의 속성 특성으로 복합적 · 융합적으로 작용하여 플랫폼화를 가능하게 하는 최고의 수단이다.

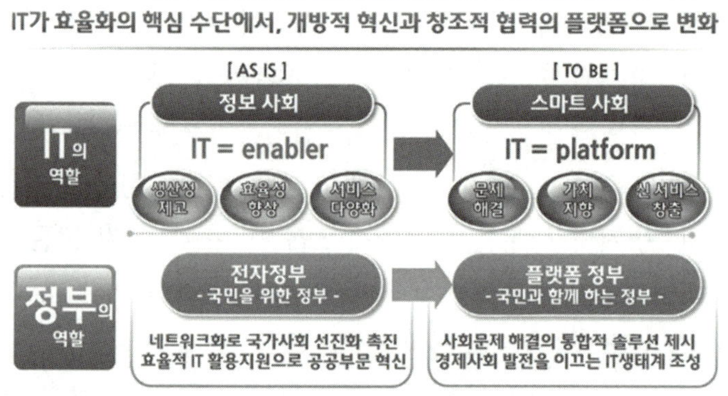

[그림 9-1] 스마트 사회 IT와 정부의 역할

제한된 자원 내에서 경쟁하는 분모전략에서, 무한한 가능성을 창출하는 분자전략으로 전환하기 위해서는 민간의 창의성 활용이 필수적이다. 사회문제의 불확실성과 복잡성이 확대되면서 문제 해결에 대한 요구와 새로운 국가경쟁력 확보를 위한 혁신 · 성장산업의 필요성 증대되고 있다.

정부 주도의 문제 해결 · 성장전략 모색과 더불어 스마트해진 민간의 참여를 촉진하여 더 나은 아이디어와 창조역량을 이끌어내는 정부의 역할이 중요하다. 즉, 완성된 서비스를 제공하는 '서비스 정부'에서 새로운 서비스를 창출할 수 있는 '플랫폼 정부'로 거듭나야 한다.

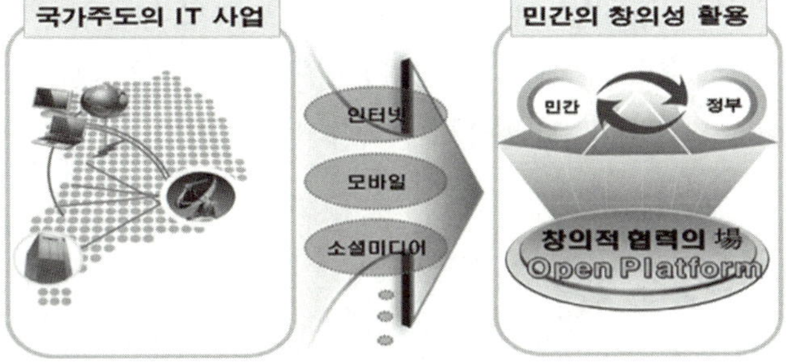

[그림 9-2] 민간의 창의성 활용

플랫폼 정부란 민간이 참여하여 가치를 창출하고 혁신을 일으킬 수 있는 장(場), 플랫폼을 제공함으로써 새로운 생태계를 조성하는 정부를 의미한다. 지속가능한 창조강국 실현을 위해서는 민·관 창의적 협력 기반을 제공하는 플랫폼 정부로 변화가 필요하다.

정부는 공공정보 개방, 민관 협업 채널 마련 등 민간이 참여하여 가치를 창출하고 혁신을 일으킬 수 있는 장을 제공함으로써, 창의적 서비스 개발, 국가사회 현안 해결 등 경제 사회적 가치를 창출해야 한다. '지속가능한 창조강국'은 국민들이 사회의 위험과 불안으로부터 자유롭고, 자신들의 잠재력과 창의력을 발휘하여 기대하는 희망과 가치를 지향할 수 있는 사회이다.

플랫폼 전략은 IT생태계의 구성요소들이 균형성장하면서 선순환하는데 핵심적인 요소이다. 우리나라는 IT인프라와 IT활용의 세계 최고 강국으로서 플랫폼 전략을 사회 전 분야에 걸쳐 적용하는 스마트 전략이 필요하다.

IT가 경제사회 전체의 발전에 커다란 영향을 미치듯이, 플랫폼 전략 또한 IT산업을 넘어 경제사회 생태계 전반에 커다란 영향을 미친다. 즉, 플랫폼 기반의 IT생태계 전략은 1차적으로는 균형성장하는 IT융합생태계 조성에 영향을 주고, 최종적으로 IT기반 경제사회 생태계로 확산된다.

플랫폼 전략은 외부역량까지 결합하여 새로운 가치를 창출하는 전략으로, IT 부문에 국한된 것이 아닌 사회·문화, 복지·교육 등 다양한 국가사회 현안 해결을 위한 장으로 무한 확장이 가능하다. IT인프라와 IT활용의 세계최고

강국으로서 플랫폼 전략을 사회 전 분야에 발굴・확산한다면 IT기반 창조강국으로 거듭날 수 있을 것이다. 우리나라가 보유한 IT인프라와 활용능력, 인적자원, 혁신성, 스피드 등의 잠재 역량을 활용하여 플랫폼 전략을 사회 전 분야에 확산한다면 세계 최고의 IT기반 창조강국이 될 수 있다는 것이다.

1.3 정부 플랫폼 전략

정부 주도의 다양한 플랫폼 전략의 추진으로 스마트 사회 구축이 이루어진다. 다음과 같은 추진 과제가 있다.

(1) 창의적 동반성장을 위한 중소기업 오픈 플랫폼

대기업과 중소기업의 격차는 스마트 시대의 경제성장, 일자리 창출을 위해 사회통합의 걸림돌로서 해결해야 할 과제이다. 이를 위해 중소기업의 거래경쟁력 강화, R&D 역량 강화, 인재 채용 및 개발을 위한 오픈 플랫폼 구축이 필요하다.

단기적으로는 중소기업의 사업수주, 원자재 공동구매, 물류체계 확보 등 거래경쟁력(Bargaining Power) 강화를 지원하는 오픈 플랫폼 구축으로 장기적으로는 R&D 역량 강화, 인재채용 및 개발 등 중소기업의 지속 가능한 성장을 지원해주는 오픈 플랫폼 구축이 필요하다.

(2) 전 국민 창의 멘토링 네트워크 확산 플랫폼

사회 변화의 가속화, 고령화, 직업의 전문화 등 정규학교교육에서 수용할 수 없는 영역이 발생하여 평생학습의 필요성이 제기되었다. 지식경제에서 창의경제로 경제 패러다임이 빠르게 전환됨에 따라 창의성 계발을 위한 교육이 시급히 요구되어 전 국민 멘토링 네트워크 활성화 및 멘토링 네트워크 지원시스템 구축이 필요하다. 멘토링 네트워크별로 창의성과 상상력을 발휘하여 참여하고 협력하여 지식을 축적하고 가치를 창출할 수 있도록 영역별 멘토링 구축이 요구된다.

(3) 공공정보 개방형 플랫폼

공공정보의 민간 활용은 사회・경제적 가치 및 일자리 창출 등 새로운 가치 창출을 촉진한다. 그러나 공공정보가 기관별로 산재 및 단절되어 정보 간 중복, 사각지대 발생, 공동이용 및 활용 곤란 등이 발생한다. 이를 해결하기 위해 부처별 공공정보를 연결하는 개방형 플랫폼을 구축하고, 민간에서 누구나 쉽게 활용할 수 있도록 구조화된 데이터 형태로 개방되어야 한다.

지속적으로 양산되는 공공정보를 국민에게 '위키피디아' 형태로 제공할 수 있도록 공공정보 개방형 플랫폼을 구축할 필요가 있다. 또한 민간에서 쉽게 공공정보 재사용, 연계 및 가공할 수 있도록 RDF, XML 등 구조화된 데이터 형태로 개방되어야 한다.

- RDF(Resource Description Framework) : 기계가 가독할 수 있도록 구조화된 표현 방식의 국제표준으로 미국・영국・EU 등에서 활용
- XML(eXtensible Markup Language) : 웹 문서를 구조화하는 사실상의(de facto) 표준 형식으로, HTML이 발전한 형태

(4) 국가 센싱자원의 민간 공유・활용 플랫폼

RFID/USN 사업을 통해 수질・대기 등 환경정보, 온도・습도・강수 등 기상정보, 수량・파고 등 해양정보 등을 측정하기 위해 각 관련 기관별로 다양한 센서들을 설치하고 있다. 각 센서에 대한 접근방식, 데이터 형태, 목록 등이 공개되지 않아 다양한 센서가 있음에도 센서 정보를 센서 설치기관에서만 사용하거나 제한적으로 공유한다.

환경・기상・재난/재해 등 다양한 센서 정보를 공유할 수 있는 접근방식, 데이터 유형 정의 등 표준화를 통해, 센싱 정보 유통을 위한 플랫폼 구축 및 공유가 요구된다. 공공에서 제공하는 센싱 정보를 활용하여 개인 및 민간 기업들이 새로운 비즈니스를 창출할 수 있도록 지원되어야 한다.

(5) 소셜미디어 분석 플랫폼

소셜미디어는 거의 모든 이슈 생성의 원천지로 다양한 사회문제 및 현안을 해결하는 열린 소통플랫폼이다. 공공분야에서도 소셜미디어를 적극적으로 활용

하려는 추세이며, 상징적 활용을 넘어 사회현안을 체계적으로 분석하여 정책에 적극 활용하는 시도가 필요하다.

국민들의 관심사 및 사회전반에 대한 여론 흐름 분석을 통해 국민 공감형 정책 추진을 지원하는 소셜분석 플랫폼 구축이 요구된다. 다양한 소셜미디어 채널을 통해 유통되는 이슈 등 정보를 취합하고, 상황별 대응 프로세스를 정립하여 능동적・선제적으로 대응하는 것이다. 소셜미디어상의 각 부처 관련 현안 및 정책 요구사항을 분석하고 정책수립에 반영이 이루어진다.

(6) 해양인프라 공유 플랫폼

해양활동 범위가 확대됨에 따라 다양한 정책 수요가 발생하고 있으며, 대내외로 예산의 효율적 활용과 행정효과를 극대화하는 정책 수요가 증대되었다. 해양경찰청의 경우 선박, 항공 등의 인프라 자원과 전문인력, 노하우 등 소프트웨어 자원을 다량 확보하고 있다. 해양경찰청이 보유한 자원을 유관기관, 연구단체, 민간 등에 개방 및 공유하는 플랫폼 전략을 실행할 필요가 있다.

해경의 경비함정, 방제정 등 다양한 선박자원을 소방, 해양분야 연구단체 등에 개방하는 플랫폼 전략은 시너지 효과를 창출할 수 있을 것이다. 또한, 해경은 해양교통 안전정보의 통합 플랫폼 구축, 해양 연구, 조사, 탐사 활동을 지원하는 해양산업 플랫폼 등 다양한 플랫폼 전략을 수립 중에 있다.

(7) IT 투자관리 효율화 플랫폼

정보화사업 및 예산심의 주체가 정보화 생명주기 단계별로 상이하고, 상호 정보공유도 기관 간 제한적이다. 정보화 생명주기(기획-개발-평가)별로 추진주체 및 관리 관점(정보화 사업・예산)이 상이해 범정부 차원의 유기적 정보화 예산투자・성과관리가 미흡하다.

정보화 투자관리 성과 및 관리체계의 실행력 제고를 위해, 관리주체(평가자) 및 기관(피평가자)이 참여할 수 있는 정보화 투자관리 플랫폼 마련이 요구된다. 다양한 투자관리기관(기재부, 행안부, 전략위 등)은 물론 투자관리 대상기관이 함께, 구축된 시스템의 운영 성과를 지속적으로 점검하고, 그 결과를 계획 및 예산심의에 피드백 시킬 수 있는 통합적 관리체계가 마련된다.

(8) 글로벌 IT 컨설팅 플랫폼

우리나라 정보화 분야 성과에 대해 세계 각국의 관심 및 컨설팅 요청이 증대하고 있으며, 우리 기업의 해외진출 지원 요구가 증대되었다. 개발도상국뿐만 아니라 선진국들도 한국의 정보화 노하우를 전수받아 자국민 대상 공공 IT 서비스 확대 및 정보화 수준 제고를 희망한다. 해외시장은 국내 IT(특히, SI 및 S/W)시장 포화에 따라 판매시장의 다변화를 꾀하는 우리 기업에게 블루오션 영역이다.

해외진출 희망기관과 해외에서 국내 노하우를 전수받고자 하는 기관들이 모여 필요한 자원과 지식을 공유하고 협력하여 새로운 사업과 가치를 발굴한다. IT 부문 인적정보 및 DB를 통합·관리할 수 있도록 하고, 해외 발주처와 공동 프로젝트(컨설팅) 등을 확대하여 해외 관련 시장 진출의 발판을 마련한다.

1.4 플랫폼으로서의 정부

정부는 전통적인 의미에서 산업이 아니다. 그러나 모든 시민들의 삶에 막대한 영향력을 행사하는 경제주체이기도 하다. 분명히 정부는 정부 집약적인 특징을 가지고 있으며, 게이트키퍼(꿈쩍 않는 관료주의로 고생한 사람이라면 이 의미에 동의)에 둘러싸여 있으며, 분화(수십 수백 개의 담당 업무가 겹치거나 상충되는 법에 따라 조직들이 마구 나뉨)되어 있고, 정보 비대칭(법과 규제에 이해하기 어려운 각종 법률 용어가 난무)적 특징을 보인다.

따라서 일반 시민들이 선한 의도를 품은 의원들과 선출직 공무원, 일반 공무원과 함께 정부에 플랫폼 모델을 적용하는 데 적극적인 것이다. 잘 설계되어 있고 잘 관리되어 있는 플랫폼처럼 정부가 투명한 업무 절차에 따라 사람들의 요구에 빠르게 발 빠르게 대응하면서 사용자 친화적인 데다 혁신적이기까지 하다면 국가에게는 엄청난 축복이며, 시민들은 정부에 대한 냉소와 부정적인 시선을 거둘 것이다.

물론 정부를 개혁하자는 말은 쉽지만 행동이 어렵다. 헌법과 법적인 제약, 이익단체와 로비스트들의 상충된 이해관계로 인한 압력, 당파적 적개심, 예산

통제, 특정 소수가 아닌 모든 시민들에게 적합한 서비스를 개발하는 데 따른 복잡한 문제들, 오랜 세월이 지나면서 늘어난 조직의 관성 등 모든 요인들이 영리기업이 추구하는 원칙을 플랫폼 방식으로 행정개혁에 적용하길 원하는 지도자들에는 엄청난 도전이 된다.

그러나 이런 난관에도 불구하고 자치단체와 지방정부 및 각국 정부에서 플랫폼 모델의 장점을 일상 업무에 적용하기 시작했다. 대표적인 사례가 실리콘밸리 북단에 위치한 샌프란시스코 시정부라는 사실은 당연해 보인다. 샌프란시스코의 오픈 데이터 정책은 원래 2009년 시행을 목표로 시청의 도시 혁신실(Mayer's Office of Civic Innovation)에서 발표했다. 이 정책은 시의 누구나 사용할 수 있게 개방된 오프 액세스 포탈을 통한 데이터 공유, 시민과 기업이 사용할 수 있는 가치창출 도구 개발을 위한 민관 협력, 샌프란시스코 베이 에어리어와 그 주변에 사는 모든 이들의 삶의 질 개선을 위한 데이터 기반 이니셔티브를 목적으로 수립되었다.

데이터에스에프(DataSF)라 명명한 샌프란시스코의 데이터 플랫폼은 샌프란시스코에 대하여 민관이 수집한 방대한 정보를 담고 있으며, 이 데이터를 이용해 앱을 개발하길 원하는 외부 개발자들을 위해 API와 실용적인 조언을 제공한다. 플랫폼을 보다 창의적으로 이용하는 것을 독려하기 위해 시 정부는 일련의 데이터 잼(Data Jam : 데이터 세트를 사용하여 사람들이 모여 문제를 해결하는 워크숍 훈련), 해커톤(Hackathons : '해커'와 '마라톤'의 합성어로 마라톤을 하듯 24~48시간 동안 아이디어를 토대로 직접 기획에서 프로그래밍 과정을 거쳐 프로토타입의 결과물을 만들어 내는 것 또는 그러한 대회), 기타 운송에서 지속가능한 개발에 이르기까지 시민들의 삶과 밀접한 앱 개발 경진대회 등을 후원하고 있다.

일례로 2013년 6월 샌프란시스코 시청에서 주택문제 해결을 위한 데이터 잼이 열렸다. 이 행사에는 50명의 기업가들이 모여 노숙자, 저렴한 주택융자, 건물 안전성, 에너지 효율 등 현지 주택관련 문제 해결에 몰두했다. 그리고 샌프란시스코의 주택 여건 개선을 위한 도구들을 만들기 위해 DataSF의 정보를 활용하여 개인이 개발한 앱이 9월까지 10개가 출시되었다. 그 중에서 네이버후드스코어(Neighborhood Score)라는 모바일 앱은, 블록 단위로 도시 전체의 건강한 삶과 지속 가능성에 대한 점수를 제공한다. 빌딩아이(Buildingeye)는 지도 기반 앱으로 건물과 개발계획정보를 쉽게 접근할 수 있게 해 준다. 프로젝트 홈리스 커넥트(Project Homeless connect)는 모바일 기술을 이용하여 노숙자들이 길거리에서 벗어나 제대로 된 숙소를 얻는 데 필요한 자금을 구할 수 있게 도와준다. 하우스 팩스(House Fax)라는 앱은 '카팩스의 주택 버전'으로 주택 소유자와 거주자들이 특정 건물의 유지 보수 이력을 볼 수 있게 해 준다.

플랫폼 사고방식을 샌프란시스코 시 정부에 적용하려는 여러 이니셔티브가 지속적으로 진행 중이다. 지역 사업체들이 샌프란시스코에서 운영하는 문제와 관련이 있는 허가, 규제, 보고 요건들을 모두 한 곳에서 관리할 수 있는 포털을 만들었으며, 유니버설 시티 서비스(Universial City Services)는 혼인 증명서 발급에서 골프 코스 할인에 이르기까지 샌프란시스코의 각종 서비스를 단 한 곳에서 이용할 수 있게 한다. 레스토랑 평가 플랫폼인 옐프와 제휴하여 샌프란시스코의 공중 위생국이 평가한 지역 식당의 위생 점수를 온라인 옐프 프로필과 통합하여 운영 중이다.

샌프란시스코가 다른 지역에 비해 '플랫폼으로서의 정부'라는 개념을 비교적 많이 발전시켰지만, 이와 유사한 노력이 전 세계 여러 지역에서 펼쳐지고 있다. 이제 시민들은 한때 접근할 수 없었던 대량의 정부 데이터에 쉽게 이용할 수 있다. 그뿐만 아니라 데이터를 이용하여 앱을 개발할 수 있는 도구까지 제공받는다.

여기저기서 막 생겨나면서 급성장 중인 전 세계의 정부 플랫폼을 지원 기관과 정치 지도자들이 허용하는 만큼만 개방적이고 민주적이며 강력해질 것이다. 플랫폼화가 정부의 즉각적인 대응력을 높이고 효율과 자유의 시대를 열어 갈 것인가? 아니면 가난하고 힘 없는 사람들을 희생시켜 가며 부자와 연줄이 많은 이들을 더욱 배부르게 할 것인가?

2. IT생태계

2.1 IT생태계 성공 요인

IT생태계를 바라보는 시각이 변화하고 있다. 인터넷 시대라 불리는 2000년대 초반까지는 IT 생태계는 주로 대표적 인터넷 서비스 기업인 포털과 중소벤처기업의 '상생협력'을 강조하였다. 2010년 이후 IT생태계는 디바이스, S/W, 콘텐츠 등 영역의 구분 없이 보다 다양한 영역의 상호협력에 기반한 '개방형 생태계'를 강조한다. IT생태계 패러다임이 변화한 것이다.

표 9-2 IT생태계 패러다임의 변화

구분	과거(2000년~)	현재(2010년~)
생태계 이슈	닷컴 버블의 붕괴를 딛고 포털 등 인터넷 서비스 기업이 인터넷 활성화의 주요 역할	스마트 기기, 융합서비스 등 스마트시대의 도래로 기기, S/W, 콘텐츠가 IT 산업의 핵심
생태계 경쟁구조	인프라, 서비스, 디바이스, 콘텐츠 각각의 시장 내에서 경쟁	통합, 연계된 시장에서 경쟁
IT생태계 논의대상	포털과 벤처기업(콘텐츠, SW개발자) 등의 '상생협력' 강조	제조업・통신사업자와 S/W・중소벤처기업 등 상호협력의 '개방형 생태계' 강조

IT산업생태계는 유연하고 효율적인 사업 환경으로 많은 중소벤처기업에게 새로운 사업기회를 제공한다. 주로 대기업과 IT벤처기업의 관계 개선이 생태계 조성의 핵심 성공요인으로 작용한다. IT벤처기업의 창의적 아이디어와 기술력에 대한 합당한 대우(로열티 및 M&A 등)와 자본력 확보가 중요하다.

IT와 타 산업간 융합이 확산되면서 2, 3차 산업과 IT융합생태계 구성이 본격화되었으며, 생태계 내에서 IT기업은 공급자로서의 역할을 수행한다. 현재까지 IT기업은 기술적 뒷받침을 하는 협력업체 수준에 머물러 있으며, 생태계의 중심은 수요자인 기존 산업의 대기업이 주도하였다. 기존 산업의 대기업,

중소기업의 IT융합 기술에 대한 수용능력과 적응력 확보 및 IT기업과 기존 산업 대기업의 협력기반 마련이 중요하다.

표 9-3 IT생태계 조성의 핵심성공요인

구분	구성요소(이해관계자)	생태계 조성의 핵심성공요인
IT디바이스 생태계	디바이스(제조업), 콘텐츠, 소프트웨어	대기업의 사업 확장 및 수직계열화 문제 등 갈등 해결
SW 생태계	SI, 디바이스(제조업), 콘텐츠 등	대기업 계열 SI업체들의 발주 독식 및 하도급 관행 개선 중소벤처의 우수 인력의 대기업 이탈 차단
콘텐츠 생태계	미디어, 디바이스, 이통사, ISP, CP 등	플랫폼사업자 및 이통사와 CP의 공정한 수익배분 기기 및 서비스 기업의 자본과 개발 기업의 기술 및 인력의 공동 활용

우리나라의 IT생태계 구축 관련 정부 정책은 인프라, 하드웨어, 소프트웨어, 콘텐츠, 서비스 등 구성 요인 간 해당 부처별로 '따로따로' 수립되어 있다. IT 산업 구성 요인들 간 상호작용의 중요성이 강조되는 시점에서 따로 고립된 생태계 전략 및 정책은 한계에 직면한다. 기존의 개별 제품 및 독자 산업 중심의 성장전략의 한계를 넘어 IT산업의 장기적 발전을 위한 IT산업의 선순환적 생태계 조성이 필요하다. 글로벌 IT산업을 주도하는 애플, 구글 등은 이미 오래전 디바이스-서비스-콘텐츠의 영역의 구분 없이 통합된 전략을 실행하였으나, 우리나라의 경우 이들 간 힘의 균형이 한쪽으로 치우치면서 불공정 거래, 중소기업의 경쟁력 상실 등 선순환 생태계 구축에 미흡하였다. 부문별 협력과 공정경쟁을 유도하는 등 모든 부문의 역량을 집결할 수 있는 전략간 선순환 체계 구축 및 종합적 전략이 필요하다.

IT가 경제사회 전반에 중요한 역할을 수행하기 위해서는 IT기업이 스스로 새로운 가치를 창출할 수 있는 생태계 조성 노력을 해야 한다. IT기업이 '키스톤(Keystone) 플레이어'로 중심 역할을 하고 타 산업 또는 동종업계를 적극 유인함으로써 이들에게 틈새시장을 공략 및 확장할 수 있는 기회를 제공하여 '니치(Niche) 플레이어'로의 역량을 강화할 수 있게 해야 한다.

IT기업이 주요 플랫폼을 제공함으로써 산업간 장벽을 허물고 상호보완과 협력을 통해 경쟁력 있는 생태계를 조성할 수 있다. 키스톤 플레이어(Keystone Player)란, 가치창출과 공유를 촉진하는 촉진자로서 생태계에서 중요한 역할을 담당하는 핵심기업을 의미하며, 니치 플레이어(Niche Player)는 독특하고 혁신적인 기술이나 특화된 제품 및 서비스를 확보하여 틈새시장을 공략하는 기업을 의미한다. 키스톤 플레이어로서 'IT'가 지닌 이점은 IT가 편리성, 실시간성, 혁신성, 창조성 등의 특징을 바탕으로 조직간 상호작용을 활발하게 하여 협력적 관계를 촉진할 수 있다는 것이다.

표 9-4 IT융합생태계

구분	구성요소(이해관계자)	생태계 조성의 핵심성공요인
자동차 + IT	완성차 기업, 부품 · 하청 기업, IT기업 (통신, SW, 센싱, 시스템반도체 등)	• 대기업 완성차 업체와 중소부품 · 하청 업체의 수평적 파트너쉽 • 공동연구개발 투자 확대 • 공정한 원가산정
의료 + IT	병원, 의료기기업체, IT기업 (SW, 생체신호, 휴대용의료기기 단말기 업체, 의료 콘텐츠 등)	• 연구인력 확보 • 기술 및 임상실험 지원 • 다양한 의료 SW 기술 확보 • 임베디드 기반 단말기 확보 • 원천기술, 실용기술의 공유 · 협력
첨단산업 (R&D)	신기술 적용 산업(전자, 전기, 제약 등), IT기업(SW 등 기술개발 벤처)	• 대기업의 자본 및 노하우와 중소기업의 기술력 연계
금융 + IT	은행권, 카드사, 제조사, IT기업 (보안 · 인증업체, 시스템 개발 업체, CP, 통신과금 서비스사업자, 이통사 등)	• 보안 문제 및 인증 오류 등 명확한 책임 소재 • 이통사, 카드사, 통신과금사의 이해관계 조정 • 기술 표준화, 기술개발 투자 활성화
교육 + IT	학계, 교재개발업체, IT기업 (ISP, 교육콘텐츠 제공자, 단말기업체, SW 등	• 서비스사업자와 콘텐츠 제공자 등 지재권 사용 및 법적 책임소재 관련 협력 • R&D 연구개발 지원

IT는 대기업과 중소기업, 강자와 약자가 공존하는 생태계적 균형과 발전을 달성하기 위한 핵심요소이다. IT의 속성, 즉 융 · 복합화, 네트워크화, 개방화는 중소기업이 규모의 영세성을 극복하고 창의성을 발휘할 수 있는 기반을 제공한다.

① 융 · 복합화

IT는 타 산업과의 상호작용을 통해 산업 간 · 사업 간 · 서비스 간 컨버전스를 촉발시키는 '창조적 파괴자'로서 새로운 수요를 창출한다. IT는 기존 산업인 의료, 유통, 금융, 교육, 미디어산업 등과 융합해 새로운 산업, 문화, 소비, 라이프 스타일을 창출한다. 신기술과 신제품의 채택과 실험을 통한 '창조적 파괴'는 경제발전의 핵심 메커니즘이다.

'창조적 파괴(creative destruction)'란, 경제학자 슘페터(Schumpeter)가 제시한 개념으로, 기업의 이윤은 혁신적인 기업가가 생산요소의 새로운 결합을 통한 '창조적 파괴행위'에서 파생된다고 역설하였다. 이는 대기업에 비해 상대적으로 조직의 유연성과 실험정신이 높은 중소기업과 벤처기업에게 새로운 기회 제공이 가능하다는 의미이다.

IT 네트워크로 동반성장을 이룬다. IT는 시 · 공간의 제약을 극복하게 함으로써, 커뮤니케이션과 거래비용을 급격하게 감소시킬 뿐 아니라 새로운 사업 기회를 창출한다. IT는 자금력과 인력이 영세한 중소기업에게 각종 비즈니스 인프라를 저비용으로 제공하고, 실시간 정보 전달로 거래비용을 크게 절감하게 한다. IT 네트워크를 활용해 시 · 공간의 제약 없는 유연한 근무환경을 제공하는 '스마트 워크'는 관리비용 절감과 인재확보 차원에서 중소기업에게 효율성 높은 경영 환경을 제공한다.

② 네트워크화

IT 네트워크는 연결된 객체가 많을수록 배분되는 효용의 가치가 높아지므로, 추가 비용 없이도 새로운 가치를 창출할 수 있는 잠재력을 제공한다. 2001년 이베이는 옥션을 인수할 당시, 옥션이 사이버 공간 상에서 구축한 네트워크의 가치를 1억2천만 달러로 평가하였다. 전 세계적으로 IT생태계를 주도하고 있는 기업들은 IT의 네트워크화 속성을 가치창출의 핵심요소로 활용해 소규모로 시작해 단시간 내 성공하였다. 최근 IT생태계를 주도하고 있는 Facebook, Twitter, WindowLiveProfile, MySpace 등 SNS 기업들은 네트워크의 가치를 활용한 대표적인 기업들이다.

③ **개방화**

IT 개방화 특성은 동반성장의 핵심요소이다. 누구나 정보를 생산·공유·참여가 가능한 개방형 인터넷 환경으로 전환되면서, IT는 기업이 외부역량까지 결합해 새로운 가치를 창출할 수 있도록 하는 플랫폼을 제공한다. 폐쇄적인 환경에서는 주로 내부 자원을 활용한 프로젝트를 중심으로 기업이 운영되었으나, 제품 수명주기 감소, 제품 및 기술개발 비용 증가, 국내외 경쟁심화 등 경영환경이 변화함에 따라 외부 협력의 중요성이 커지고 있다. 특히 세계 최고 수준의 IT인프라를 보유한 우리나라는 중소기업에게 저비용· 고효율의 플랫폼 제공이 용이하다.

그러나 IT의 개방화 속성이 주는 이점이 약자에게도 골고루 분배되기 위한 선결조건은 플랫폼 사업자와의 공정경쟁 환경 조성에 있다. 소규모 기업이 대다수인 콘텐츠 기업의 지속적 성장을 위한 전제조건은 플랫폼 사업자-거대 이통사, 단말기 제조업체와의 공생협력관계 구축이 필수적이다.

2.2 소프트웨어 생태계

스마트 시대에 가장 역동적으로 변모하는 생태계는 소프트웨어 생태계이다. 소프트웨어 산업생태계는 소수의 주도기업과 수많은 중소 코너기업들이 상호 의존적으로 존재한다. 매일 새로운 아이디어와 신기술로 무장한 신규 기업들이 소프트웨어 산업생태계로 진입하는 한편, 환경에 적응하지 못하고 도태한 기업들의 퇴출도 빈번하다. 소프트웨어 산업은 부가가치가 높은 산업으로 잘 조성된 소프트웨어 산업생태계는 소프트웨어 산업생태계뿐만 아니라 여타 산업생태계까지도 풍요롭게 한다. 개방성을 갖춘 열린 소프트웨어 산업생태계가 국가 발전에 핵심요소인 것이다.

우리나라 IT 인프라는 대부분 완제품 시스템이다. 한국의 전자정부 시스템, 금융 시스템, 교육 시스템, 국방 시스템은 60-70년대 섬유산업 초기에 주력했던 봉제 과정과 유사하다. 천을 만드는 제직 기술, 가공 기술, 실을 만드는 제사 기술 없이 천과 실을 수입하여 옷을 만드는 봉제 과정에서 섬유산업이 출발했다.

1980년대까지 우리나라 기술은 외국 시스템을 고객에게 설치하고, 맞춤형으로 시스템을 변경하거나 다듬는 수준이었다. 1990년대 초반 독자적인 소프트웨어를 개발(한글, 안철수 연구소, 핸디 소프트웨어 등)하여 벤처 붐이 일어났다. 섬유산업의 제사 공정에 해당하는 운영체제 개발, DBMS, Office 제품기술 확보까지는 상당한 시간과 노력이 필요한 실정이다.

소프트웨어 산업을 육성해야 할 이유로는 다음과 같다. 소프트웨어 산업은 고용효과가 크고, 수출 가능성도 높다. 더욱이 한류 붐 이후 한국에 대한 인지도 상승으로 소프트웨어 수출 가능성 높다.

① 소프트웨어는 인력고용 효과가 가장 큰 산업이다.

우리나라는 대기업 국내 고용 효과 미미, 생산시설 해외 이전으로 청년실업 문제가 심각한 지경에 이르렀다. 이를 해결할 방안이 소프트웨어 산업 육성에 있다. 화학 분야 생산 목표량이 1조원 증가하여도 인력 고용효과는 한두 명 정도이지만, 소프트웨어 솔루션업체에서 1조원 매출을 달성하기 위해서는 최소한 5천 명 이상, 1만 명까지 인력이 필요하다. 섬유, 기계, 화학 등 다른 분야에서는 인력을 줄이기 위해 자동화를 추진하지만 소프트웨어 분야는 일단 자동화가 어렵다. 2006년 산업은행 보고서 업체당 종업원 수의 측면에서 IT 서비스(SI) 산업은 전체 산업(4.8명)의 3.8배, 제조업(101.1명)의 1.8배에 달하는 인력 고용효과를 가진 대표적인 고용창출 산업이 소프트웨어 산업이다.

② 소프트웨어는 해외 이전이 어렵다.

소프트웨어 산업은 근본적인 인력 대체가 불가능하다. 우리나라의 지하철과 금융 시스템, 국방 시스템과 전자정부 시스템을 해외 인력들에게 외주를 주기에는 너무 민감한 부분이 많고 인도와 중국의 경우, 대기업들조차 핵심기술의 유출 가능성 때문에 해외 인력의 고용을 꺼린다.

③ 수출 가능성이 높다.

아시아 국가들이 세계 경제의 성장동력이지만, 이들 국가들이 공통으로 겪는 어려움은 사회 인프라 부족이다. 사회적 인프라를 갖춘 이후 필요한 것은 교통 문제, 금융 서비스, 정부 공공서비스를 '더 편리하고 빠르게 할 수 있는'

소프트웨어 인프라이다. 섬유와 가발산업으로 시작한 한국의 수출산업이 기계, 조선, 자동차, 화학과 철강, 그리고 전자로, 나아가서는 소프트웨어 인프라로 이어지도록 해야 세계적 선두국가로 나갈 수 있다.

우리나라 소프트웨어 산업생태계를 보면 문제점이 많이 보인다. 우선 우리나라 대형 서비스 업체들은 독자적인 제품이 보이지 않는다. 우리나라 대형 서비스 업체에는 독자적인 제품이 없다. 국내시장은 좁은데 국내 30대 그룹사들이 대부분 소프트웨어를 생산, 판매, 설치하는 소프트웨어 전문 계열사를 갖고 있기 때문이다. 국내의 기업용 소프트웨어의 시장규모와 시장구조를 감안하면 SI 기업들이 독자적인 제품을 개발하여 국내 시장에서 판매하는 것은 영구히 불가능한 구조이다.

1천조 원이 넘는 세계 소프트웨어 시장에서 우리나라 소프트웨어 시장은 1.8%에 불과한 20조원 규모이며, 이 소규모 시장에 많은 소프트웨어 기업들이 포진하고 있기 때문에 영세성을 면치 못하고, 결국은 제품도 기술도 개발하지 못하고 이는 실정이다.

대기업 그룹과 소프트웨어 계열사로, 서비스 기업이 솔루션기업을 지배하는 산업구조이다. 한국에서 기업용 소프트웨어 산업은 특이한 구조이다. 대부분의 그룹사들이 소프트웨어 자회사를 소유하고 있다. 삼성의 자회사인 삼성 SDS, LG 그룹의 자회사인 LG CNS, SK 그룹의 자회사인 SK C&C, 롯데그룹의 자회사인 롯데정보통신, 현대자동차그룹의 오토에버, 한화그룹의 한화 S&C, 우리은행의 우리 FIS 등이 있다.

이들 IT 계열사들이 대부분 비상장기업이며, IT 계열사들은 대그룹 가족들이 작은 종잣돈으로 소프트웨어(IT) 기업을 설립하고, 그룹의 모든 일감을 몰아주어 소프트웨어 자회사를 키우고, 상장 후 막대한 이윤을 챙겨서 다음 세대에 부를 물려주어 시민단체들 반감을 사고 있다. 계열사에 일감을 몰아주거나 그룹사의 주력기업의 이익을 IT 계열사로 이전하는 행위는 비판의 대상이며 우리나라 IT(소프트웨어) 산업 발전에도 저해 요소이다.

솔루션 기업은 서비스 업체의 하청업체들이다. 국내의 솔루션 업체들은 모두 대기업 SI 업체들의 하청업체 역할이다. 즉 SI 업체들이 솔루션 업체들을 지배하는 수직적인 구조이다. 실제로 제품을 개발하고, 시스템을 완성하는 것은 하청업체들인 솔루션 업체들로, 대기업이 정부공사를 저가에 수주하고, 그 적자를 참여하는 솔루션 업체에 전가하는 악순환이 반복된다. 2012년 대기업 공공기관 입찰 제한 입법화가 시행된 이유이다.

영업력과 저가에만 의존하는 경쟁구도는 소프트웨어 산업 발전을 저해한다. 저가 수주는 결국 솔루션 기업 제품과 기술의 질을 떨어뜨리고, 지적재산권을 소홀하게 하는 주범이다. 저가에만 의존하는 시장구조는 결국 솔루션 업체들의 '지적재산권'과 '소프트웨어 품질'에 영향을 미쳐, 지적재산권도 없고, 질적으로 차별성도 없는 '3류' 생태계가 된다.

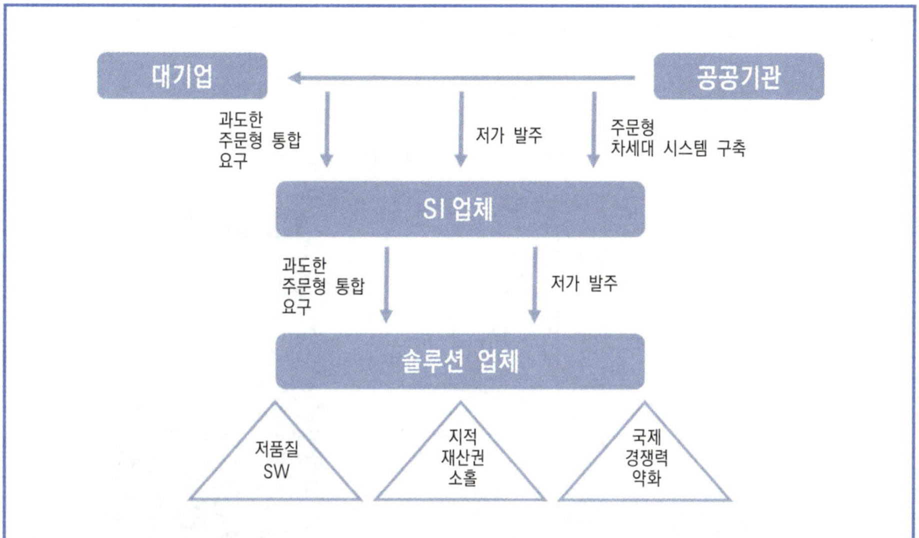

[그림 9-3] 국내 소프트웨어 업체 발주구조

2.3 소프트웨어 생태계 복원

우리나라 소프트웨어 산업은 소수가 지배하는 왜곡된 수직적 구조로 이루어져 있다. 최하층은 여러 제품을 만들고 제품들을 통합하는 기본적인 기능을 가진 솔루션 업체, 중간층은 시장을 조정하고 통합하는 대형 SI 업체, 상층부는 실제적인 사용자 역할을 하는 대기업 고객과 정부기관이다.

생태계의 가장 중요한 가정은 '다수가 경쟁하는 진화하는 구조'이다. 한국 소프트웨어 업계의 현실은 소수의 서비스 사업자들이 기업 시장과 공공 시장을 독점적으로 지배하면서 살아남고, 수익을 나누어 갖지 못하는 솔루션 업체들은 고사하는 구조이다. 기술과 제품의 질로써 경쟁할 수 있도록 고객과 생산자 사이에서 중개 역할을 해야 하는 대형 서비스 업체들이 고객들의 '과도한 저가'와 '주문형 통합'(customization) 요구를 생산자들에게 그대로 전달하여 공급자 생태계를 고사시켜 소프트웨어 산업 발전을 저해한다.

솔루션 업체들의 생태계는 열려있기 때문에 누구든지 개발을 원하는 경우 진입이 가능하고 이를 소수의 시장 지배자들이 최대한 이용하는 구조로 이런 열린 생태계가 소프트웨어 생태계에 다시 '저가 개발'을 가능케 하는 부정적인 작용을 한다.

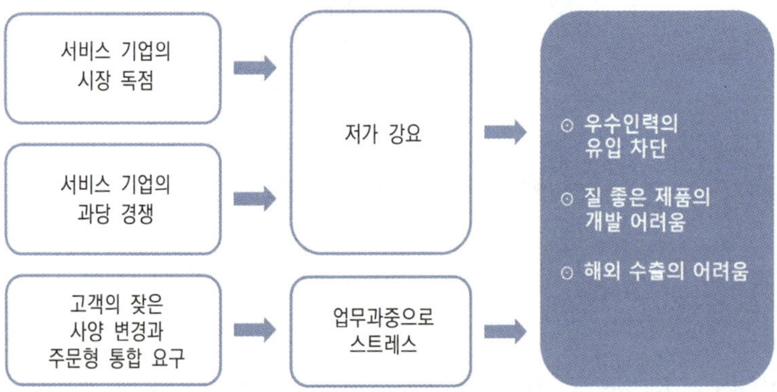

[그림 9-4] 서비스 기업의 요구사항과 솔루션 기업의 결과

우리나라 소프트웨어 산업생태계를 바람직한 생태계로 전환시켜야 한다. 알타이 스테피에서 프레리로 바꿔야 하는 것이다. 알타이 스테피(Altai steppe)는 사막기후와 고산기후로, 생명력이 강한 아주 큰 나무와 아주 작은 식물류만 남아있는 생태계이다. 목축은 가능하지만 곡물 재배 불가능 생태계이다.

프레리(prairie)는 미국 중부의 자연생태계로, 많은 생물들이 서식 '생물의 낙원', 곡물 생산이 풍요로운 곡창지대를 나타낸다. 한국 소프트웨어 생태계는 알타이 스테피 생태계에서 인간에게 유익한 작물과 동물이 함께 유기적인 관계를 이루어 번성하고 생태계의 순환을 지속할 수 있는 프레리 생태계 구조로 바뀌어야 한다.

생태계 구성원 각자가 자유로운 경쟁 속에서 미리 정의된 규칙을 지키며 정의된 역할을 수행하는 조화로운 생태계를 만들어야 한다. 알타이 스테피 생태계는 질기고 튼튼한 나무들이 비를 독점하여 풀은 말라 죽어 황폐한 생태계가 된다. 우리나라 소프트웨어 산업생태계 구조를 근본적으로 개선해야 하는 이유이다.

우리나라 소프트웨어 생태계는 대기업과 공공기관의 '저가 발주' 관행으로 시작되었다. 질 좋은 소프트웨어 개발할 수 없는 이유, 좋은 인재를 육성하거나 영입할 수 없는 이유, 해외수출을 추진할 동력이 없는 이유 모두가 저가 수주 때문이다.

대기업 고객의 저가 강요와 과도한 주문형 통합 요구 습관은 버려야 한다. 시장 구조를 바꿀 필요가 있다. 2011년 10월 정부는 서비스 업체가 중간에서 저가 경쟁을 하지 못하도록 조치하였다. [그림 9-5]와 같이 대기업과 공공기관이 전문 SI 업체, 패키지 업체와 직접적으로 거래할 수 있는 구조로 재편해야 한다.

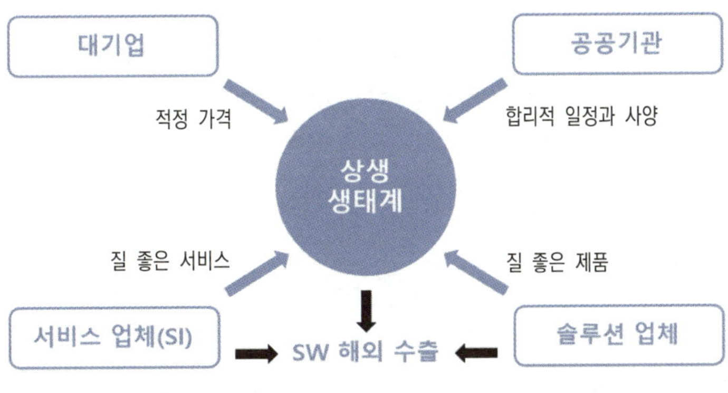

[그림 9-5] 소프트웨어의 상생 가능한 생태계

그리고 사업체 선정의 기준을 변경해야 한다. '저가 발주'로부터 '양질의 제품 선정'으로 프로젝트 업체 선정 방식 변경이 요구된다. 현재의 악순환 고리를 끊고 선순환을 이루고 해외수출을 하기 위해서는 IP, 정부기관 인증, BMT(성능 테스트), 전문가 평가를 우선적 선정기준으로 해야 한다.

발주에 특허가 우선이 되어야 한다. 현재 소프트웨어 발주 현장에는 특허보다는 영업력이 좌우된다. 국내 소프트웨어 생태계는 저품질의 제품과 기술이 쉽게 진입 가능한 구조이다. 정부 기관의 인증제도 활용도 필요하다. 기술적인 성능 테스트로 기술력과 서비스 품질 모두 평가는 어렵지만, BMT(성능 테스트)를 적극 권장해야 한다. 국내 공공기관 대부분의 평가를 무작위로 선정한 평가위원(전문가)에게 맡기고, 비전문가에 의한 평가 시스템 개선이 필요하다.

우리나라 소프트웨어 산업생태계의 복원을 위해 다음의 역할이 필요하다. 정부 연구기관의 역할 복원으로, 가상현실 기술, 인공지능기술 개발, 운영체제, DBMS, 사무용 소프트웨어 개발을 적극 장려해야 한다.

하드웨어 중심의 성장에서 벗어나 소프트웨어 콘텐츠를 키우는 노력이 요구된다. 또한 스마트 시대에 맞는 유연한 기업문화 조성 노력이 필요하다. 공동제작, 자유로운 문화를 조성하는 데 이어 콘텐츠를 포함한 소프트웨어 생태계를 이해하고 총괄하는 CSO(Chief Software Officer)가 생기면 도움이 될 것이다. 애플과 같은 개방형 생태계 모델 정착이 필요하다. 애플은 아이패드를 출시하면서 콘텐츠의 중요성이 커지자 재빨리 콘텐츠 기업을 대우하는 변화를 도모하였다. 소프트웨어 분야의 수익성이 매우 높고, 인력고용 효과가 타 분야에 비해 월등하게 높으므로 일관된 공정 시스템과 각 시스템의 품질을 보완하여 소프트웨어 수출 시대를 열어야 할 것이다.

용어정리

- BMT(성능 테스트)
- CSO(Chief Software Officer)
- IT 네트워크
- IT디바이스 생태계
- IT융합생태계
- RDF(Resource Description Framework)
- SI 업체
- XML(eXtensible Markup Language)
- 공공데이터포털(www.data.go.kr)
- 니치(Niche) 플레이어
- 데이터 잼(Data Jam)
- 분모전략
- 분자전략
- 소셜미디어 분석 플랫폼
- 소프트웨어 생태계
- 솔루션 업체
- 스마트 사회
- 스마트 워크
- 알타이 스테피(Altai steppe)
- 저가 발주
- 정부 3.0
- 주문형 통합
- 창조적 파괴(creative destruction)
- 콘텐츠 생태계
- 키스톤(Keystone) 플레이어
- 프레리(prairie)
- 플랫폼 정부
- 해커톤(Hackathons)

제10장 기업의 사회적 책임

제10장
기업의 사회적 책임

1. 사회적 책임

1.1 기업의 사회적 책임

기업의 사회적 책임은 기업이 지속적으로 존속하기 위한 이윤추구 활동 이외에 법령과 윤리를 준수하고, 기업의 이해관계자의 요구에 적절히 대응함으로써 사회에 긍정적 영향을 미치는 책임 있는 활동, 즉 기업의 사회적 책임(CSR: Corporate Social Responsibility)을 말한다. 오늘날에는 기업의 성장과 발전이 해당 기업이 소속된 사회나 국가의 경제발전과 경제사회의 구조를 규정할 수 있을 만큼 기업이 대규모화되고 있다. 따라서 기업의 활동은 사회적으로 큰 영향을 미치게 되었으며, 이로 인해 기업의 사회적 위치가 커지고 그만큼 기업에 대해 요구하는 사회적 책임도 커지게 되었다.

CSR은 각국의 경제 · 사회 상황이 서로 상이하고 각 기업마다 사회적 책임에 대한 인식의 차이가 존재해 국제적으로 통일된 정의는 없다. 하지만 일반적으로 다음과 같은 4단계로 구분된다. 제1단계는 경제적인 책임으로, 이윤 극대화와 고용 창출 등의 책임을 말한다. 제2단계는 법적인 책임으로, 회계의 투명성, 성실한 세금 납부, 소비자의 권익 보호 등의 책임이다. 제3단계는 윤리적인 책임으로, 환경 · 윤리경영, 제품 안전, 여성 · 현지인 · 소수인종에 대한 공정한 대우 등의 책임을 말한다. 마지막으로 제4단계는 자선적인 책임으로, 사회공헌 활동 또는 자선 · 교육 · 문화 · 체육활동 등에 대한 기업의 지원을 의미한다.

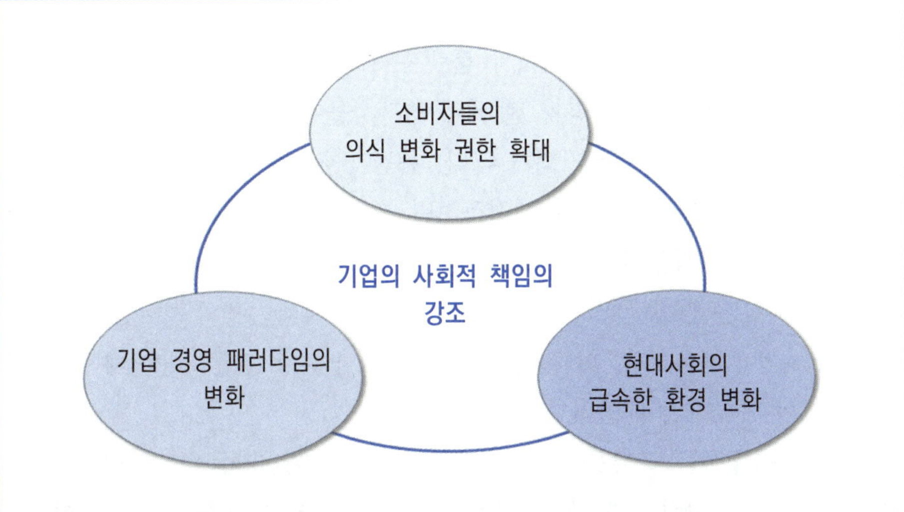

[그림 10-1] 기업의 사회적 책임과 CSR

플랫폼 기업(공포의 5인방: 애플, 아마존, 구글, 마이크로소프트, 페이스북)들은 너무도 거대하고 가치도 높아서 웬만한 나라의 정부보다 부유하고 영향력도 크다. 이 거대 테크기업들은 통제가 불가능할 정도로 지나치게 거대해졌다. 구글과 페이스북은 디지털 광고시장의 3분의 2를 지배한다. 애플은 스마트폰으로 얻는 세계 전체 이윤 중 90%를 가져간다. 아마존은 미국 내 전자상거래의 40% 이상을 좌지우지 한다. 마이크로소프트는 여전히 세계 PC 운영체제의 90%를 점유하고 있다. 인텔은 PC용 마이크로프로세스의 약 80%, 인터넷 서버용 마이크로프로세스의 90% 이상을 공급한다. 페이스북은 소셜 미디어 활동의 3분의 2를 차지한다. 플랫폼 기업들은 미국, 유럽, 중국의 독점 금지 조치에 걸려 있다.

2018년 페이스북과 케임브리지 애널리티카가 연루된 스캔들은 8700만 명의 페이스북 이용자의 개인 정보가 명시적 동의 없이 유출된 사건이 발생했다. 케임브리지 애널리티카는 페이스북의 취약한 개인정보 관리를 이용했다. 플랫폼 기업이 거대하고 영향력이 큰 만큼 사회적 책임도 무거울 수밖에 없다.

플랫폼 기업들이 힘을 남용할 수 있는 수많은 방법을 감안하면 가장 값비싼 대가는 독점금지법 위반에서 비롯된다.

네트워크 효과는 업계라는 운동장을 소수의 지배적 기업쪽으로 기울여 승자독식 세계를 만든다. 이런 세계에서 플랫폼 기업들은 시장의 힘을 남용하고, 소비자의 안녕을 해치며, 지역과 전 세계 경쟁사들에게 손해를 끼치고, 독점이나 유사독점 수익을 차지할 기회가 많다. 독점 금지 관련 소송은 돈과 시간이 많이 소요되는 문제이기 때문에 해결하려면 여러 해가 걸린다. 정부가 특정 기업이 독점 금지 규정을 위반했다고 결정하면 이를 교정하는 조치들은 고통을 초래한다. 조치는 엄청난 벌금(유럽 연합의 경우 전 세계 수익의 최대 10%), 활동 규제(해당 기업이 경쟁우위를 차지하기 위해 꼭 필요한 특정 활동에 대한 제약), 구조적 해결(기업 해체)까지 다양하다.

대부분의 플랫폼은 교류를 위해 애쓰는 시장 내 행위자들을 연결시키는 역할을 수행하므로 신뢰는 핵심적인 가치다. 신뢰를 유지하려는 플랫폼 기업은 나쁜 참여자들이 플랫폼을 오염시키거나 플랫폼 이용자들에게 해를 끼치거나 그 외에 플랫폼의 명성을 해치는 행위를 막아야 한다. 이 선제적 예방 과정을 플랫폼 큐레이션(curation)이라 한다. 큐레이션은 여러 형태를 띨 수 있다.

참여자 규제, 활동 규제, 투명성 강제, 구성원 인증, 계약자와 콘텐츠 사용자와 제공 정보에 대한 접근 규제 방법(예를 들면 페이스북이나 링크드인의 프라이버시 설정) 등이 있다. 그리고 사용자들에게 일부 통제권을 제공하거나, 부적절하고 불법적인 콘텐츠를 제거하는 것과 같은 플랫폼 활동 모니터링도 큐레이션에 해당한다. 그러나 큐레이션은 만병통치약도 아니고 공짜도 아니다. 엄청난 수의 이용자와 이들이 플랫폼 상에 올리는 콘텐츠를 효과적으로 큐레이션할 수도 없고 집행 비용도 많이 든다. 개방성과 큐레이션 사이의 균형은 플랫폼 거버넌스에 근본적인 딜레마를 제기한다.

1.2 윤리경영

플랫폼 기업을 포함한 모든 기업은 윤리적 경영이 요구된다. 윤리경영은 기업의 경영자와 구성원들이 조직 내부에서 지켜야 할 행동의 기준이며, 혁신을 추구하는 기업가정신을 바탕으로 정당한 방법을 통하여 기업을 올바르게 운영하는 기준을 말한다. 동시에 기업윤리는 다른 경제주체와 상호의존하는 경제

사회의 한 구성원으로서 가져야 하는 기업의 도덕적 책임도 포함되는 것으로, 기업의 도덕성·경영 방식 및 경영정책의 평가 기준이 된다.

기업윤리는 윤리 문제를 기업 활동이라는 특수한 상황에 적용한 것이다. 기업윤리의 중요성이 대두된 원인으로는 기업의 사회적 영향력 증대, 사회전반 욕구의 다양화/고급화, 전문경영인의 출현, 기업윤리의 반성적 측면이 있다.

기업윤리는 시대에 따라 중요성이 부각되고 있다. 초기 자본주의 사회에서는 이윤극대화만이 기업 목적으로 기업윤리를 논의할 단계가 아니었다. 산업사회에서는 경제성과 생산성을 추구하며, 이해관계자들의 이해 조정에 초점을 두었다. 오늘날 정보화 사회에서는 기업을 사회적 기관으로 인식하여 높은 기업윤리를 요구한다.

표 10-1 윤리적 경영의 유형

구분	비도덕적 경영	도덕중립적 경영	도덕적 경영
경영윤리 규범	경영활동에 도덕적이어야 한다는 것에 대한 반대	경영활동은 도덕적이지도 비도덕적이지도 않음	경영활동은 윤리적이고 올바른 행위기준과 합치된
동기	이기적 자기중심적이며, 자신과 회사의 이익만 고려	선량하지만 남에 대한 영향을 고려하지 않음	건전한 윤리적 규율안에서 기업경영의 성공을 추구함
목표	어떤 대가를 치르더라도 이익과 조직성공을 추구	이익 이외의 다른 목표를 특별히 고려하지 않음	법률준수와 윤리적 기준한계 내에서 이익을 추구
법에 대한 태도	경영이 원하는 바를 성취하기 위해 극복해야하는 장애물로 간주	윤리적 지침으로 대신하여 법의 명령에 대해서는 순응함	법률조항과 법정신이 요구하는 것 이상으로 경영활동을 준수함
전략	기업이익을 위한 기회개발, 유용하다면 비정상적인 지름길을 택함	경영자에게 자율통제권 부여, 개인적 윤리는 경영자가 선택하는 경우에만 적용	윤리적 딜레마가 제기되면 자발적으로 이를 해결하도록 하며, 계몽된 사적이익을 추구

윤리적 경영의 유형은 〈표 10-1〉과 같다. 윤리적 경영에 영향을 미치는 요인들로는 ① 기업 특성 요인(최고경영자의 특성, 기업의 관행, 경쟁 환경 등), ② 사회적 요인(정부규제, 사회적 기대, 사회구성원의 가치의식 등), ③ 개인적 요인(연령, 학력, 직위 등), ④ 윤리적 기업풍토(이윤에 대한 압박, 책임인식, 성과지향의 정도, 통제방식 등) 업무를 수행하는 데서 나타나는 기업구성원의 정직하고 성실한 행동뿐만 아니라 기업자체의 윤리적 행동을 촉진하는 기업조직의 조건이나 상태를

들 수 있다.

윤리경영을 위반하여 경영자가 구속되거나 기업이 문을 닫는 사례는 무수히 많이 있다. 이제는 기업들이 윤리적 경영을 반드시 해야 한다. 기업이 사회적 의무를 다할 때 지속 성장이 가능한 사회이다. 과거 엔론, 아서 앤드슨, 타이코 인터내셔널, 아델피아 커뮤니케이션, 월드콤 등의 위반 사례가 있다.

사례 1

엔론은 텍사스 주 휴스턴에 본사를 둔 에너지회사이고 뉴욕 증권거래소 상장기업이었다. 전기, 천연가스, 펄프, 제지, 통신사업 부문에서 앞서나가는 세계적인 기업 가운데 하나였다. 2001년 후반 파산하기 전 종업원 수가 약 2만 2000명이었다. 엔론은 미국의 7대 대기업 가운데 하나로 인식되었고, 〈포춘〉지에 의해 1996년부터 2001년까지 6년 연속 '미국에서 가장 혁신적인 기업'에 선정되었다.

엔론은 1985년 텍사스 주의 휴스턴내추럴가스(Huston Natural Gas)와 네브라스카 주의 천연가스 공급업체인 인터노스(InterNorth Corporation)의 합병으로 탄생되었다. 당시 휴스턴내추럴가스의 최고경영자(CEO)였던 케네스 레이(Kenneth Lay)가 엔론의 CEO 겸 이사회 회장으로 취임했다. 1980년대 후반까지 천연가스와 전기를 공급하다가 이후 사업영역을 확대했다. 전력, 천연가스, 펄프, 종이 등과 관련된 상품 매매를 중개하며 수익을 냈다. 1990년대에는 인터넷을 통해 거래를 했다. 엔론은 무분별하게 기업을 인수했고 지속적으로 현금이 부족했다. 하지만 회계장부를 조작해 건실한 기업으로 위장했다. 엔론은 광케이블망 구축 등 정보통신 분야에 투자를 했고, 이 사업이 실패하면서 2000년 후반부터 엄청난 손실을 입었다.

2000년 엔론은 1010억 달러의 매출액을 보고했다. 2001년 말 그동안 분식회계를 통해 회사의 재무 상태를 허위로 보고한 사실이 드러났다. 2001년 12월 파산신청을 했다. 이로써 엔론의 회계감사를 맡았던 아더앤더슨(Arthur Andersen)은 영업활동이 정지당했고 결국 파산하게 되었다. 아더앤더슨은 미국의 5대 회계법인 가운데 하나였다. 엔론은 파산 이후 회사 이름을 'Enron Creditors Recovery Corporation(엔론 채권자 회복 회사)'으로 바꾸었으며, 일부 사업부를 재정비하고 매각했다.

사례 2

미국에서는 잘 알려진 최악의 환경 재난사례인 러브 운하(Love Canal) 사건이다. 1940년대에 한 화학회사가 건설이 중단된 러브 운하와 주변 지역을 사들여 약 10년간 2만여 톤의 유독성 화학 폐기물을 매립하였다. 약 10년간 축적된 화학폐기물이 묻힌 이 장소는 1달러에 나이아가라 시(市)에 매각되어 학교부지로 사용되었다. 덮혀진 매립장 위에 생겨난 마을의 주민들은 원인 모르는 고통을 받아야했다. 아이들의 몸에는 화상 자국이 선명했고, 마을의 유산률과 암 발병률은 타 지역에 비해 월등히 높았다. 이 사건으로 인해 수많은 환경규제들이 생겨나게 되었고 당시 이 화학회사의 행동은 위법이 아니었지만, 기업이 했어야 할 사회적 책임을 다하지 못했다는 거센 비판을 받아야만 했다.

모든 기업 종사자들은 윤리의식이 높아야 한다.

① 최고경영진은 분명한 기업의 행동규범을 채택하고 절대적으로 지지해야 한다.

② 종업원들은 윤리적 행동에 대한 기대가 최고경영진 수준에서 시작되며 고위관리자들 역시 모든 종업원이 윤리적으로 행동할 것을 기대하고 있음을 숙지하고 있어야 한다.

③ 관리자와 기타 모든 종업원들은 비즈니스의 모든 의사결정 과정에서 윤리적인 고려를 하도록 훈련 받아야 한다.

④ 윤리 사무실을 항상 열려 있어야 한다. 또한 내부고발자는 보복으로부터 반드시 보호받아야 한다.

⑤ 공급자와 하도급업자들, 판매 대리점과 고객들도 윤리프로그램에 대해 인지하고 있어야 한다.

⑥ 윤리규범은 반드시 실행되어야 한다.

특히 오늘날 기업들은 환경에 대한 사회적 책임도 다해야 한다. 미국의 3분의 1 이상의 근로자들은 비영리 조직에서 월급을 받고 있다. 비영리 조직은 다른 곳(기업)에서 자금을 받아 운영한다. 지구온난화에 대한 우려가 증가하면서 그린운동이 나타나고 있고 많은 회사들이 탄소배출을 줄이기 위한 노력을 하고 있다. 제품의 생산, 유통, 소비, 폐기 과정에서 발생하는 총 탄소량·환경보호노력은 기업의 비용을 증가시킬 수 있지만, 기업에 좋은 기회를 제공할 수 있다. 재생 가능한 에너지와 에너지 효율성을 높이는 산업의 출현은 최근 수백만 개의 일자리를 만들어 내었다.

필립 코틀러 교수는 '영혼이 있는 회사'란 환경 경영과 사회적 책임을 내생변수로 관리, 모두가 함께 살 수 있는 사회를 만들어가는 철학을 가지고 있는 회사라 하였다. 지속 가능한 경영으로 장수 기업이 되기 위해서는 '영혼이 있는 회사'가 되어야 한다.

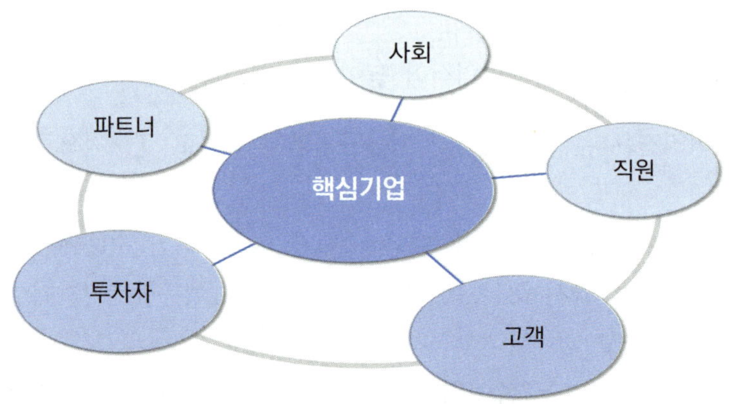

[그림 10-2] 이상적인 기업생태계

윤리경영은 기업의 투명성의 원칙, 준법성의 원칙, 공정성의 원칙 등 이 세 가지를 잘 실천할 수 있을 때 사회로부터, 소비자로부터 신뢰를 받게 되며 그 신뢰가 쌓여 최소의 거래비용이 드는 사회(최소거래비용 사회)를 만들어 선진사회를 만든다. 윤리경영의 원칙은 ① 투명성의 원칙 : 투명하지 못할 때 만들어 내는 불신뢰의 문제를 지적, ② 준법성의 원칙 : 법을 지키지 못함으로써 만들어내는 신뢰성의 위기, ③ 공정성의 원칙 : 공정하지 못하거나 합리적이지 못한 행동이 만들어 내는 불신뢰의 문제이다. 오늘날은 마케팅 3.0의 시대로 윤리적 경영을 하는 기업만이 성공할 수 있다.

✔ 마케팅 1.0 – 제품을 잘 만드는 기업
✔ 마케팅 2.0 – 소비자가 좋아하는 기업
✔ 마케팅 3.0 – 영혼이 있는 기업, 사회적 자본만이 만들어 낼 수 있는 기업

1.3 정보윤리

정보화 사회에서는 정보윤리가 필수적이다.

정보윤리의 정의는 정보사회에서 야기되고 있는 윤리적 문제들을 해결하기 위한 규범체계로 단순히 정보통신기기를 다루는 데 있어서 뿐만 아니라 정보사회를 살아가는데 있어 옳고 그름, 윤리적인 것과 비윤리적인 것을 판단하여 행동하는데 필요한 기준체계이다.

정보윤리의 필요성이 필수적인 사회이다. 정보유출과 불법정보변조, 해킹이나 스팸메일 등 불법적 행위 사례들은 IT를 활용하여 정보를 이용하고 관리하는 사람들의 윤리의식의 확립을 심각하게 요구한다.

정보가 모든 가치보다 우선시 되는 정보화 사회는 인간 중심의 사회가 되어야 함에도 불구하고 산업화 사회에서 정보화 사회로 이행 과정에서 발생한 여러 가지 윤리적 문제들은 인간의 가치 및 존엄성을 위협함으로써 도덕적 혼란을 초래하였다. 정보윤리 문제들로는 아래와 같은 사례 등이 있다.

① **음란 폭력 정보의 유통** : '정보의 바다'라는 인터넷이 음란물에 의해 오염되어 '음란의 바다'로 변질되었다는 우려의 목소리, 성에 대한 인간의 호기심을 이용하여 돈을 벌어 보자고 하는 상업적 이기주의 때문

② **스팸메일** : 사이버상에서 발신자가 무차별적으로 자신과 아무런 관계가 없는 수신자에게 발송하는 전자 메시지를 스팸(spam)

③ **허위정보 유포**

④ **컴퓨터 바이러스 유포**

⑤ **해킹**

⑥ **사생활 침해** : 개인의 사적인 정보를 악용하는 행위는 단순히 피해자의

기분을 언짢게 하는 것을 넘어서 때로는 그 개인에게 엄청난 피해를 주는 행위

⑦ **재산권 침해** : 컴퓨터 프로그램의 경우에도 프로그램을 최초로 만든 이에게만 그 프로그램에 대한 소유가 인정되며, 이를 '지적 소유권' 이라 함

⑧ **핵심 IT기술 유출 등**

[그림 10-3] 정보윤리 포스터

정보윤리 문제에 대응하기 위한 많은 방안들이 제기되고 있다.

① **적법한 규범체제 정비** : 언론매체, 시민단체 등 여론 형성층과 사회지도층들이 관심을 갖고 관련 법 체제를 제정하거나 정비해야 한다.

② **인터넷 윤리교육의 실시**

③ **인터넷 상에서의 실명제 요소의 확대**

④ **사업자 책임의 강화** : 인터넷 상에서 신속하게 조치할 수 있는 방법은 사업자의 책임을 강화함으로써 규제 효과를 신속하게 얻을 수 있을 것이다.

⑤ **개인정보유출과 사생활보호 대책 및 방안**

⑥ **표현의 자유와 역기능 차단 방안** : 표현의 자유는 헌법이 보장하는 바지만 허위유포, 중상모략, 음란물 유포, 범죄모의, 자살 방조, 스팸메일 등의 자유를 모두 보장할 수는 없다.

⑦ **지적 재산권 보호대책**

⑧ 스팸메일에 대한 대책으로 첫째, 정부에서 불법 스팸메일 전송자에 대해 법적 제재를 부과함으로써 불법행위의 재발을 방지하는 것이며, 둘째, 이메일 중계사업자 등 민간 차원에서 수신자가 수신을 거부하는 모든 메일을 스팸메일로 규정, 자체 정책에 따라 중계서비스 중지 등 제재를 가하는 것이 필요하다.

2. 사회적 기업

2.1 사회적 기업의 정의

우리나라는 경제성장 둔화 및 산업구조 변화에 따라 민간 부문의 고용창출 능력이 저하되고 있고, 고령화와 핵가족화로 사회서비스 수요가 급증하고 있다. 사회적 기업은 영리적인 기업 활동을 통해 수익을 창출함과 동시에 창출된 수익은 사회적 목적을 위해 재투자한다.

취약계층에게 사회서비스 또는 일자리를 제공하여 지역주민의 삶의 질을 높이는 등의 사회적 목적을 추구하면서 재화 및 서비스의 생산·판매 등 영업활동을 수행하는 기업을 말한다(사회적 기업 육성법 제2조 제1호). 영리기업이 이윤추구를 목적으로 하는데 반해, 사회적 기업은 사회서비스의 제공 및 취약계층의 일자리 창출을 목적으로 하는 점에서 영리기업과 큰 차이가 있다. 주요 특징으로는 취약계층에 일자리 및 사회서비스 제공 등의 사회적 목적 추구, 영업활동 수행 및 수익의 사회적 목적 재투자, 민주적인 의사결정구조 구비 등을 들 수 있다.

요구르트 회사인 '그라민-다농 컴퍼니', '피프틴' 레스토랑, 잡지출판 및 판매를 통해 노숙자의 재활을 지원하는 '빅이슈', 가전제품을 재활용하는 프랑스의 '앙비', 저개발국 치료제 개발 및 판매기업 '원월드헬쓰' 등이 세계적으로 유명한 사회적 기업이다.

국내에서도 재활용품을 수거・판매하는 '아름다운가게', 지적장애인이 우리 밀 과자를 생산하는 '위캔', 폐타이어 등 재활용품을 활용하여 만든 악기를 통해 소외계층을 위한 공연을 하는 '노리단', 컴퓨터 재활용 기업 '컴윈', 친환경 건물청소업체 '함께 일하는 세상', 장애인 모자생산업체 '동천모자' 등의 사회적 기업이 활동하고 있다.

사회적 기업이 되기 위해서는 조직형태, 조직의 목적, 의사결정구조 등이 사회적기업 육성법이 정한 인증요건에 부합해야하며, 사회적기업 육성위원회의 심의를 거쳐야 한다. 인증된 사회적 기업에 대해서는 인건비 및 사업주부담 4대 사회보험료 지원, 법인세・소득세 50% 감면 등 세제지원, 시설비 등 융자지원, 전문 컨설팅 기관을 통한 경영, 세무, 노무 등 경영지원의 혜택이 제공된다.

사회적 기업의 시초는 새로운 방식의 비즈니스 활동을 규정하는 것으로부터 시작되었다. 여기서 '새로운 방식'은 이윤이 아니라 사회적 가치를 추구하는 것을 말한다.

사회적 기업이라는 단어가 취약계층의 노동통합, 사회서비스 전달 및 지속가능한 지역발전과 같은 영역에서 활동하는 민간주도의 이니셔티브를 지칭하게 된 것은 유럽에서부터라고 할 수 있다. 사회적 기업의 본격적인 조직 활동 또한 미국보다는 유럽에서 먼저 시작되었다. 유럽 각국은 1970년대 중반 이후, 경제 위기가 심화되면서 실업이 증가하고, 고령화 및 여성의 사회참여로 인해 사회적 욕구가 늘어난 반면, 재정 제약으로 인해 국가의 사회서비스 전달능력이 저하되는 사회문제를 경험하게 된다. 1990년대에 들어서면서 유럽에서는 비영리조직이나 협동조합 등을 중심으로 노동시장 진입에 어려움을 겪는 취약계층의 노동시장 참여와 지역사회 차원의 사회서비스 공급을 위한 활동이 확산되는데, 이러한 활동을 하는 조직을 사회적 경제조직 또는 사회적 기업이라 부르기 시작하였다.

표 10-2 사회적 기업의 기준

경제적 차원	
(1) 재화와 서비스의 지속적인 생산 및 판매 활동	사회적 기업은 전통적인 비영리기관과는 달리 자선사업이나 이익의 재분배만을 주된 목적으로 하지 않으며, 지속가능한 제품의 생산과 서비스 제공에 주력함. 따라서 그러한 제품과 서비스의 제공은 사회적 기업을 지속 가능하게 하는 근거가 됨.
(2) 높은 수준의 자율성	사회적 기업은 자율적 프로젝트 하에 자발적으로 참여하는 사람들과 조직에 의해 생성됨. 따라서 그들은 일부 공공보조금에 의존하지만, 직·간접적으로 공공기관과 여타 다른 기관의 통제를 받지 않고, '자신의 입장을 고수하거나, 혹은 사업을 자유롭게 마무리 지을 권리'가 있음.
(3) 상당한 수준의 경제적 위험 감수	사회적 기업을 설립하는 사람들은 완전 혹은 부분적으로 사업 시작 전 경제적 위험을 감수해야 함. 대부분 공공기관과는 달리 그들의 운용재정은 재원을 제공하는 회원들과 근로자들에게 의존함.
(4) 최소한의 유급노동자	대부분 전통적인 비영리기관의 경우처럼, 사회적 기업은 재정·비재정적 자원, 자원봉사인력과 유급인력을 모두 활용함. 그러나 사회적 기업에서 수행되는 활동은 최소한의 유급 인력만을 요구함.
사회적 차원	
(1) 지역사회 이익을 명시적으로 추구	사회적 기업의 주된 목표 중 하나는 지역사회나 특정 그룹의 사람들에게 봉사하는 것임. 사회적 기업의 주된 특징 중 하나는 결국 지역 수준의 사회적 책임감을 촉진시키는데 있음.
(2) 시민들의 자발적 참여	사회적 기업은 지역사회나 특정한 목표와 필요를 공유하는 그룹에 속하는 사람들의 자발적이고 역동적인 참여의 결과이며, 진정한 사회적 기업은 이러한 자발성을 유지해야 함.
(3) 자본소유에 기반을 두지 않는 의사결정	일반적으로 '1회원 1표'의 원칙을 의미하거나, 적어도 그룹 내 의사결정이 자본의 소유구조에 따르지 않는다는 사실을 의미함.
(4) 이해관계자의 의사결정과정에 참여	고객의 대변과 참여, 지분참여자의 참여, 민주적 경영스타일은 사회적 기업의 특성 중 하나임. 많은 경우 사회적 기업의 주된 목적 중 하나가 민주적 활동을 통한 지역차원의 민주주의 확대에 있음.
(5) 제한적인 이윤배분	사회적 기업은 이윤배분을 하지 않는 비영리조직이나 제한적으로 이윤을 분배하는 협동조합조직에서 보듯이 이윤극대화를 하는 행위를 피하도록 하여야 함.

유럽에서 사회적 기업이라는 단어의 전면적인 사용을 촉발시킨 것은 1996년부터 2000년까지 유럽연합 15개국을 대상으로 진행된 유럽의 리서치 네트워크인 EMES이다. EMES는 15개국의 연구 참여자들이 사회적 기업의 정의를 경제적 기준 4가지와 사회적 기준 5가지로 구분해서 제안하였다. 이에 따르면, 사회적 기업은 ① 지속적으로 재화를 생산하거나 서비스를 판매하는 활동을 하여야 하며, ② 높은 수준의 자율성이 있고, ③ 상당한 수준의 경제적 위험을 감수하는 활동을 하며, ④ 최소한의 유급노동자를 포함하도록 하여야 한다. 그리고 사회적 차원에서는 ① 지역사회 이익을 명시적으로 추구하고, ② 시민들의 자발적 참여에 의해 형성되며, ③ 의사결정권이 자본 소유에 기반 하지 않고, ④ 의사결정에 사회적 기업의 활동에 의해 영향 받은 사람들도 참여하며, ⑤ 이윤배분은 제한적이어야 한다.

표 10-3 미국과 유럽의 사회적 기업

구분	미국	유럽
강조점	수익창출	사회적 수혜
일반적 조직형태	비영리	협회/협동조합
초점	모든 비영리 활동	대인 서비스
사회적 기업유형	많음	적음
수혜자 참여	제한적임	일반적임
전략적 개발주도	재단	정부/EU
대학의 연구	경영과 사회과학	사회과학
환경	시장 경제	사회적 경제
법적 프레임워크	부족	미개발이나 개선 중
이윤분배	이윤분배 원천배제	제한적 이윤분배 (구성원)
의사결정	제한적 참여	이해관계자 참여

미국에서는 1993년 하버드 비즈니스 스쿨이 '사회적기업 창업(Social Enterprise Initiative)' 과정을 개설한 이래, 콜롬비아 · 예일 등 유수의 학교에서 사회적기업 과정을 개설하면서 이론적 초석을 놓았고, 다양한 재단들이 사회적 기업을 위한 훈련 및 지원 프로그램들을 마련하기 시작했다.

그러나 미국에서 사회적 기업은 시장지향적인 경제활동을 통해 사회적 목적을 달성한다는 매우 광범위하고 애매한 개념으로 존재했다. 이 당시에는 비영리조직들이 민간기부와 정부 및 재단 보조금을 동원하기기 어려웠기 때문에, 사회적 기업은 자금조달 문제해결을 위한 혁신적 대응책으로 평가되었다.

우리나라 사회적 기업 육성법 7조를 보면, 사회적 기업은 사회적 목적을 우선적으로 추구한다고 명시되어 있다. ① 조직의 주된 목적이 취약계층에게 일자리 또는 사회서비스를 제공하거나 지역사회 공익 등 사회적 목적의 실현에 있을 것, ② 서비스 수혜자, 근로자, 지역 주민 등 이해관계자가 참여하는 민주적 의사결정구조를 갖출 것, ③ 수익 또는 이윤 발생 시 사회적 목적 실현에 재투자할 것으로 되어 있다.

영업활동을 수행하는 기업은 조직형태는 비영리법인·단체, 조합, 상법상 회사 등 다양하게 인정하고, 유급근로자를 고용하여 지속적인 영업활동을 수행하고 있을 것이며, 영업활동으로 얻은 수입(매출액)이 노무비의 30% 이상이어야 한다.

표 10-4 유럽과 미국의 사회적 기업 배경과 역할

유 럽	- 협동조합 중심의 사회적 기업 발전 - 정부차원의 활발한 제도적, 재정적 기여 - 조합원들 중심의 제한적 이윤 배분 - 사회적 경제로서 기업의 공공성, 사회성 강조 - 90년대 이후 실업문제 해결 방안의 하나로 거론되어 사회적 기업에 관한 직접적 관련 법령 제정과 지원체계 마련
미 국	- NGO와 시민의 자발적 참여에 의한 사회적 기업 발달 - 정부 지원의 최소화로 인해 사회복지기관 및 NGO 등 민간 중심으로 발전 - 비영리기관의 특성상 구성원에 대한 이윤의 배분 배제 - 일반 경제적 논리를 내세운 기업의 수익창출 수단 강조 - 80년대 레이건 정부의 작은 정부론 하에 복지예산 삭감으로 인한 비영리기관 내부의 위기 공유로 인해, 지역단위 일자리 창출 등을 위한 활발한 영리활동 추진, 정부는 주로 간접적인 제도 환경 정비 등에 주력

2.2 사회적 기업의 역할

사회적 기업의 태동과 배경에는 각 나라마다 차이가 있으나 공통적인 특성을 가진다.

첫째, 기업지향성을 가지고 있다. 이는 사회적 기업이 비록 사회적 목적을 추구한다고는 하나 재화를 생산하거나 서비스를 판매하는 지속적인 활동을 한다는 것으로 재정적인 지원이나 후원이 있을 때에만 한시적으로 운영되는 비영리민간기관이나 NGO단체와는 근본적으로 다르다. 이러한 사회적 기업의 지속적인 영업활동이나 위험 감수적인 활동 등은 모두 기업의 시장지향적인 활동 중의 하나이며, 최소한의 유급노동을 통하여 경영의 효율성을 추구하여 시장에서 지속가능하게 하는 것 역시 수익과 자립을 추구하는 기업으로서의 성격을 가진다.

둘째, 사회적 기업은 사회적·환경적·윤리적 목적 등과 같은 다양한 목적을 동시에 추구하고 있다. 이는 사회적 기업이 자본주의의 기업 특성과는 다른 것으로 지역사회의 이익을 명시적으로 추구하거나 자본의 소유에 근거하지 않는 의사결정, 그리고 다양한 이해관계자들이 의사결정 참여하는 것 등이다. 이는 사회적 기업이 제한적인 이윤분배를 통하여 그 성과를 사회적 목적에 재투자하는 등 사회적 목적을 위한 것임을 의미한다.

셋째, 사회적 기업은 사적 소유의 개념을 가지고 있다. 즉 사회적 기업은 주주나 소유주가 소유하고 독단적으로 의사결정을 내리는 구조가 아니다. 사회적 기업의 의사결정과정 권한은 자본의 소유에 근거하지 않으며, 사회적 기업의 참여자, 수혜자 그리고 이해관계자들이 동시에 참여하는 의사결정구조를 가지고 있다. 그 밖에도 사회적 기업에서 창출된 이익은 사회적 목적을 위해 재투자될 뿐만 아니라, 사회적 기업의 성공은 사회적 가치와 경제적 가치라는 이중적 가치를 창출해내는 데 달려 있다고 할 수 있다.

사회적 기업의 역할은 크게 네 가지로 구분된다.

첫째, 지속가능한 일자리 제공이다.

- 견실한 사회적 기업을 통해 취약계층에게 고용기회를 제공함으로써 이들을 일반 노동시장으로 통합하고, 수익창출을 통해 단기·저임금의 재정지원 일자리의 한계를 극복하고 취약계층에게 지속 가능한 일자리를 제공한다.
- 사회서비스 분야는 여성·고령자 등 취약계층에게 고용친화적 일자리 창출이 가능하고, 새로운 분야에서 혁신적인 아이디어를 가진 청년·여성 및 경륜 있는 은퇴자에게 창업기회를 제공한다.

둘째, 사회적 필요 충족 및 사회서비스 확충이다.

- 사회적 기업은 지역사회 요구에 민감하므로 국가가 인식하지 못하는 신규서비스 수요를 발굴한다.
- 기부·후원·자원봉사 등 사회적 자원을 결합하여 적절한 가격에 양질의 사회서비스를 공급함과 동시에 공공서비스의 경쟁으로 소비자의 만족도를 높이고 정부의 재정 지출도 축소한다.

셋째, 지역사회 통합 및 지역경제 활성화에 기여한다.

- 사회적 기업은 지역을 기반으로 활동하므로 지역사회 고용 창출 및 복지 증진에 기여하고, 지역사회자본 개발, 이윤의 지역사회 재투자를 통해 지역경제 활성화에 도움이 된다.

넷째, 윤리적 시장 확산이다.

- 사회적 기업의 투명경영과 민간기업의 사회적 기업에 대한 사회공헌 증가로 윤리경영문화 전파에 기여하고, 사회적 기업의 재화 및 서비스에 대한 우선 구매 등 착한 소비라는 새로운 문화도 조성된다.

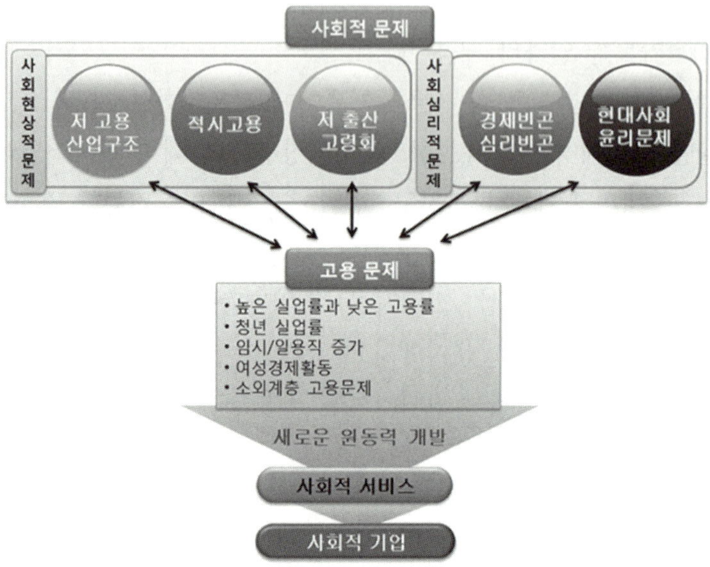

[그림 10-4] 사회적 문제와 고용 문제

최태원 SK(주) 회장 - 사회적 기업 플랫폼을 만들자

최태원 SK(주) 회장은 사회공헌과 관련된 질문이 나오면 "기업은 국가와 사회에서 받은 사랑과 혜택에 보답할 의무가 있다. 그 실천 방식은 기업이 가장 잘하는 방식이어야 한다"고 답한다. 최 회장이 사회적 기업 육성을 필생의 과업으로 삼은 데는 확고한 철학이 자리하고 있다.

최 회장은 사회적 기업을 정부가 메우지 못한 사회 안전망의 빈틈을 채우는 대안으로 여긴다. 사회적 기업은 영리 추구와 사회적 가치 달성을 동시에 지향하기 때문에 제대로 성장할 수 있는 기반만 조성되면 다양한 효과가 발생할 것이라고 기대한다. 특히 대기업의 경영 노하우를 사회적 기업에 접목시키면 성장 가능성을 더 높여갈 수 있을 것이라고 확신한다. 실제 SK그룹은 다른 대기업보다 월등히 많은 사회적 기업을 설립하고 지원했다.

2006년부터 기업 경영 노하우를 활용해 총 14개 사회적 기업을 직접 설립했고, 62개 사회적 기업의 설립을 지원했다. 성과도 컸지만 아직도 갈 길은 멀었다는 게 최 회장의 생각이다. 그는 사회적 기업이 제대로 성장하기 위해서는 기업으로서 본원적 경쟁력이 강해져야 한다고 보고 사회적 기업 생태계 개조를 새로운 사회공헌 분야로 설정했다. "물고기를 먹여주는 것이 아니라 잡는 법을 알려줘야 한다"는 것이다.

최 회장은 인재 육성, 자본 유입, 제도 도입 등 세 가지 키워드를 본원적 경쟁력 제고 방안으로 제시했다. 인재를 육성해 사회적 기업에 활기를 불어넣고, 자본 유치가 가능한 시장 환경을 조성하면 사회적 기업이 선순환하는 구조가 형성될 것이라는 믿음이다.

사회적 기업이 당초 지향했던 가치를 유지하려면 일단 사업체로서 생존해야 한다. 경영 마인드를 갖춘 전문가가 직접 경영을 챙기면서 매출과 영업을 관리할 필요성이 있다.

최 회장은 MBA 과정을 개설하면서 "과거 벤처 붐을 일으켰던 젊은이들의 도전정신이 사회적 기업 형태로 일어나면 (사회적 기업의 문제점을 해결할 수 있는) 돌파구를 찾을 수 있을 것"이라며 "그런 도전적인 인재를 키워낼 첫걸음으로 이번 사회적 기업 MBA가 의미가 있다"고 말했다.

최 회장은 또 사회적 기업에 대한 투자도 활발해질 필요가 있다고 강조해왔다. 사회적 기업이 투자를 유치해 재화와 용역을 과거보다 손쉽게 생산할 수 있는 환경이 조성되면 본원적 경쟁력이 더욱 강해질 수 있다. 경쟁력 강화로 기업가치가 상승하고, 이런 기업의 주식을 매매할 수 있는 사회적 기업 주식거래소까지 도입되면 사회적 기업계는 새로운 전기를 맞게 된다는 생각이다.

더 나아가 사회적 기업과 투자자에게 세제 감면과 금융 지원 등 재무적 혜택이나 재정적 인센티브를 부여하는 제도가 마련되면 금상첨화라는 게 최 회장의 생각이다.

최 회장은 또 한 청중의 "사회적 기업으로 사회문제를 해결할 수 있을지 의문"이라는 질문을 받고, "사회문제는 우리가 해결에 나설 때까지 기다려주지 않는다. 적극적이고 진취적으로 먼저 행동에 나서는 것이 중요하다"고 답해 큰 박수갈채를 받기도 했다.

최 회장은 앞서 지난해 6월 브라질 리우데자네이루에서 열린 '리우+20 기업지속가능성 포럼'에서 전 세계 사회적 기업 전문가들이 집단지성을 발휘해 사회적 기업의 미래를 고민하는 공간으로 '사회적 기업 플랫폼' 구축을 제안했다. 전 세계의 사회적 기업가와 투자자, 전문가, 정부 등이 창업과 투자 정보, 사회적 기업 혁신 아이디어를 IT에 기반한 포털을 통해 공유하자는 것이다.

(출처 : 매일경제, 2013년)

용어정리

- CSR : Corporate Social Responsibility
- 공포의 5인방
- 그린운동
- 도덕적 경영
- 도덕중립적 경영
- 러브 운하(Love Canal) 사건
- 비도덕적 경영
- 사회적 기업
- 사회적 기업 육성법
- 사회적 기업 창업
- 사회적기업 플랫폼
- 사회적 책임
- 아더앤더슨(Arthur Andersen)
- 엔론
- 영혼이 있는 회사
- 윤리경영
- 정보윤리
- 최소 거래비용 사회
- 큐레이션(curation)

참고문헌

가인지 캠퍼스컨설팅 연구소, OKR파워, 가인지북스, 2020.

강효석 외, "플랫폼 리더십을 향한 경쟁", Korean Business Review, 17(1), pp.161~200, 2014.

곽승준 · 김기찬 외, 스마트 자본주의 5.0, 나남출판사, 2012.

김나랑 외, "Co-creation 플랫폼 운영 전략", 한국산업정보학회 논문지, 19(1), pp.99~109, 2014.

김성겸, 플랫폼 성공비법, 중앙경제평론사, 2021.

김유나, 브랜드 유니버스 플랫폼 전략, 학지사, 2021.

김창욱 · 강민형 · 강한수 · 윤영수 · 한일영, 기업생태계와 플랫폼 전략, SERI, 2012.02.

김현주 · 김창수 · 박문수, 중국디지털 마케팅 트렌드 2020, 비즈북스, 2020.5.

김효진 · 박정리 · 송창걸 · 유호현 · 이종호, 실리콘밸리를 그리다, 스마트북스, 2018.

네이버 지식백과, 정부 3.0 (창조경제 정책의 이해, 2014. 4. 15., 김대호).

다나카 미치아키, 정승욱 역, 미중 플랫폼 전쟁 GAFA vs BATH, AI시대 메가테크기업, 최후 승자는?, 세종서적, 2019.10.10.

다케야리 유키오, 정승욱 역, 넥스트 실리콘밸리, 세종서적, 2018.

데이비드 요피, 마이클 쿠수마노 공저, 홍승현 역, 전략의 원칙, 흐름출판, 2016.

리처드 다베니 지음, 이현주 역, 하이퍼컴피티션: 초경쟁 시대 경쟁우위를 선점하는 7가지 전략, 21세기북스, 2009.

마셜 밴 앨스타인, 상지트 폴 초더리, 제프리 파커 지음, 이현경 역, 플랫폼 레볼루션, 부키(주), 2020.

마이클 쿠수마노, 데이비드 요피, 애너벨 가우스 지음, 오수원 역, 플랫폼 비즈니스의 모든 것, 부키(주), 2021.

박영규, 실리콘밸리로 간 노자, 더난출판사, 2020.

박종현 · 김문구 · 이지형, 훤히 보이는 스마트 IT 산업과 시장의 이해, 전자신문사, 2012.

박재영, "애플의 사례를 통해 살펴본 창조적 기업", 경영관리연구, 6(1), pp.13~25, 2013.

박혜영 · 강희일 · 이재환 · 조상섭, ICT 산업생태계 진단 및 정책시사점, 정보통신산업진흥원, 2013.

백두옥, 기업가정신과 벤처 창업론, 21세기사, 2018.

본투글로벌센터, 대한민국 글로벌 창업 백서, 2020.

산제이 굽타, 박은영 역, 코로나19 세계대전, 타인의 사유, 2022.

신병휘, 플랫폼 성장패턴에 올라타라, 굿인포메이션, 2022.
신석훈 · 정회상 · 김수연, '갑을(甲乙) 프레임' 기업정책의 한계와 개선방안, 한국경제연구원, 2014.02.
아린담 바타차리아, 니콜라우스 랭, 짐 헤멀링 저, 위대한 기업의 2030 미래시나리오, 리더스북, 2021.
안드레이 학주, 히라노 아쓰시 칼, 천재정 역, 플랫폼 전략, 더숲 출판사, 2011.
오제욱, 버추얼 휴먼, 포르체 출판, 2022.
이성열 · 양주성 지음, 플랫폼 비즈니스의 미래, 리더스북, 2021.
이영호, 사회적 기업, 범한서적, 2011.
이에스더, 코로나19는 시작일 뿐 경제 몰락이 오고 있다, 물댄동산 출판, 2021.
이정희 · 황성혁 · 노은정 · 주아름, "신유통업체 위주의 유통구조 변화가 국내 소비자 물가에 미친 영향," 유통연구, 제14권, pp.125~144, 2009.
이재원, MY DATA Revolution, 클라우드나인, 2022.
임일 · 이무원 저, 디지털 리더십, 클라우드나인 출판, 2021.
임채윤 외,"한국형 벤처 생태계 활성화 방안", 정책연구, pp.1~227, 2006.
전승민, 인공지능과 4차 산업혁명의 미래, 팜파스, 2018.
정보정책연구원, 기술혁신의 관점에서 바라보는 인공지능 생태계, 2018.11.
조선일보, 세상 뒤집은 구글·넷플릭스·인스타, 2019.1.26.
조성봉, 대형유통업체는 경쟁을 해치는가?, 한국경제연구원, 2010.
존 로스만 지음, 김정혜 역, 아마존 웨이 사물인터넷과 플랫폼 전략, 와이즈앱, 2018.
최병삼 · 김창욱 · 조원영, 플랫폼 경영을 바꾸다, 삼성경제연구소, 2014.
최배근, 호모 엠파티쿠스가 온다, 21세기북스, 2020.
필 사이먼 지음, 장현희 역, 플랫폼의 시대, 제이펍 출판, 2013.
홍기영, 플랫폼 승자의 법칙, 매일경제신문사, 2020.
홍기훈, NFT 미래수업, 한국경제신문, 2022.

CBCNEWS, 우리나라 ICT 산업, 2018.9.25.
연합뉴스, ICT 3대 주력 품목 부진, 2019.11.21.
2021년 우리나라 창업 생태계, 중소벤처기업부.
KT경제경영연구소, 2018년 한국을 바꿀 10가지 ICT 트렌드, 한스미디어, 2017.
한국경제신문 특별취재단, 한경무크 CES 2022, 한국경제신문, 2022.
한국산업기술진흥원, 2019년 산업기술통계, 2019.07.
한국정보화진흥원, 정보화가 시민의 정책참여에 미치는 영향력 조사·분석, 2011.

Andrei Hagiu and Elizabeth Altman, "Finding the Platform in Your Product," Harvard Business Review, Jun.-Aug., 2017.

Annabelle Gawer, and Michael A. Cusumano, "How Companies Become Platform Leaders," MIT Sloan Management Review, Winter 2009.

Annabelle Gawer, and Michael A. Cusumano, "Industry Platforms and Ecosystem Innovation," Journal of Product Innovation Management, Vol.31, Issue 3, May 2014, pp.417~433.

Annabelle Gawer, and Michael A. Cusumano, Platform Leadership: How Intel, Microsoft, and Cisco Drive Industry Innovation, Boston : Harvard Business School Press, 2002.

Barry Libert, Yoram J. Wind, and Megan Beck Fenley, "What Airbnb, Uber, and Alibaba Have in Common," Harvard Business Review, Nov. 20, 2014.

Basker, E., and Noel, M., "The Evolving Food Chain: Competitive Effects of Wal-Mart's Entry into the Supermarket Industry," Journal of Economics and Management Strategy, 18, 2009, pp.977~1009.

Brian Wang, "D-Wave Adiabatic Quantum Computer Used by Harvard to Solve Protein Folding Problems," Next Big Future, Aug. 16, 2012.

Calilaud, B. and Jullien, B., "Chicken and Egg : Competition among Intermediation Service Providers," The RAND Journal of Economics, Vol.34, No.2, 2003, pp.309~328.

David B. Yoffie and Michael A. Cusumano, Strategy Rules: Five Timeless Lessons from Bill Gates, Andy Grove, and Steve Jobs, New York: HarperCollins, 2015.

Feng Zhu and Marco Iansiti, "Entry into Platform-Based Markets," Strategic Management Journal 33, No. 1, 2012, pp.88~106.

Geoffrey G. Parker and Marshall Van Alstyne, "Innovation, Openness and Platform Control," Oct. 3, 2014.

Geoffrey G. Parker and Marshall Van Alstyne, "Platform Strategy," New Palgrave Encyclopedia of Business Strategy, New York: Macmillan, 2014.

Glenn Harlan Reynolds, "When Digital Platforms Become Censors," Wall Street Journal, Aug. 18, 2018.

Helen H. Wang, "How eBay Failed in China," Forbes, Sep.12, 2010.

Huang P. H, Ceccagnoli C, Forman C, and Wu D. J, "Appropriability Mechanisms and the Platform Partnership Decision: Evidence from Enterprise Software," Management Science 59, No.1, Jan. 2013.

Jake Swearingen, "Amazon Could Give the Echo Dot Away and Still Make Money," New York Magazine, Jan, 3, 2018.

Jean-Charles Rochet & Jean Tirole, Platform Competition in Two-Sided Market, Journal of the European Economic Association, June, 1(4), 2003, pp.990~1029.

Juro Osawa, "How to Understand Alibaba's Business Model," MarketWatch, Mar. 15, 2014.

Karl Tauscher, and Sven M. Laudien, "Understanding platform business models: A mixed methods study of marketplaces," European Management Journal, Vol. 36, Issue 3, June 2018, pp.319~329.

Katz & Shapiro, Network Externalities, and Compatibility, The American Economic Review, Vol.75, No.3., June 1985, pp.424~440.

Kevin Boudreau, "Open Platform Strategies and Innovation: Granting Access Versus Devolving Control," Management Science 56, No. 10, 2010, pp.1849~1872.

Kim, Ki-Chan, Chang-Sok Song, & Chong Oak Rhee, "The Healthiness of Business Ecosystem and its Effect on SME's Performance", Proceedings of 2010 ICSB World Conference, June 2010.

Lina M. Khan, "Amazon's Antitrust Paradox," Yale Law Journal 126, No.3, Jan.3, 2017.

Marc H. Meyer, and Paul C. Mugge, "Make Platform Innovation Drive Enterprise Growth," Journal of Research Technology Management, Vol. 44, Issue 1, 2001, pp.25~39.

Marshall W. Van Alstyne, Geoffrey G. Parker, and Sangeet Paul Choudary, "Pipelines, Platforms, and the New Rules of Strategy," Harvard Business Review, April 2016.

Michael A. Cusumano, "The Platform Leader's Dilemma," Communications of the ACM, October 2011, Vol. 54, No. 10, pp.21~24.

Michael E. Porter, Competitive Strategy: Techniques for Analyzing Industries and Competitor, New York : Free Press, 1980.

Michael Specter, "How the DNA Revolution Is Changing Us," National Geographic, Aug., 2016.

Ming Zeng, "Three Paradoxes of Building Platforms," Communications of the ACM 58, No. 2, 2015.

Phil Simon, The Age of the Platform: How Amazon, Apple, Facebook, and Google Have Redefined Business, Henderson, NV: Motion Publishing, 2011.

Richard D'Aveni, Hypercompetition, New York: Free Press, 1994.

Sobe, R., and Dean, A., "Has Wal-Mart Buried Mom and Pop?: The Impact of Wal-Mart on Self-Employment and Small Establishments in the United States," Economic Inquiry, 46, 2008, pp.676~695.

Thomas Eisenmann, Geoffrey Parker, and Marshall Van Alstyne, "Strategies for Two-Sided Markets," Harvard Business Review 84, No. 10, 2006. pp. 92~101.

Tiwana A., Platform Ecosystems, Elsevier(교보문고), 2013.

http://besuccess.com/world/ - 빌게이츠, 손정의도 투자한 '어스나우'
http://blog.naver.com/drrjuhk/ - 글로벌 AI 산업생태계
http://blog.naver.com/drryuhk/2224154976153 - 소프트웨어 2.0 시대
http://blog.naver.com/factyn/ - 버닝맨 실리콘밸리의 영감의 원천
http://blog.naver.com/PostView.nhn?blogId/ - 독점플랫폼의 문제
http://blog.naver.com/soracare/ - 플랫폼 노동자 보호
http://blog.naver.com/youngdisplay/ - 2022 IT 트렌드(feat, 가트너)
http://moneys.mt.co.kr/news/mwView.php?no - 플랫폼의 횡포
http://news.heraldcorp.com/view.php?ud=20171201000444- 네이버쇼핑 횡포
http://post.naver.com/viewer/ - 프랜차이즈 갑질
http://www.dt.co.kr/contents.html?article_no=2016061402101231102001
http://www.dtoday.co.kr/news/articleView.html - 인스타그램 플랫폼
http://www.fnnews.com/news/201409151734586978?t=y
http://www.hani.co.kr/arti/economy/it/843988.html - 구글 플랫폼 횡포
http://www.hani.co.kr/arti/economy/startup/ - 창업·벤처 생태계
http://www.mediatoday.co.kr/news 2020, 2021, 2022
http://www.micepost.co.kr, - 인천공항 생태계, MICE 산업신문
http://www.the-pr.co.kr/news/articleView - 대한민국 갑질기업 보고서
https://blog.naver.com/h9911120/- 2021년 CIO의 대처법
https://blog.naver.com/hotelnews/221380638107- 숙박업소의 횡포
https://blog.naver.com/iparkstory/ - 뉴노멀의 시대
https://blog.naver.com/jihoojibin/221146350950 - 배달어플의 횡포
https://blog.naver.com/okok0525/-알리바바 테슬라 '디지털 선점 경쟁'
https://blog.naver.com/opencommunity/ - ICT 산업생태계
https://blog.naver.com/poet1378/-4차 산업혁명
https://news.v.daum.net/v/20180112074459179 -레진코믹스의 횡포
https://terms.naver.com/ - IT 용어 정의
https://terms.naver.com/entry.naver?docid/ - 플랫폼 정부
https://www.ajunews.com/view/20181010101753703- 대책, 네이버 독점
https://www.chosun.com/national/- 탄소제로 30년 전쟁
https://www.chosun.com/news/ - ICT 관련 뉴스
https://www.edaily.co.kr/news/ - 디지털 대전환

찾아보기

ㅍ

ㅎ

저자 약력

강병영(동의대학교 경영정보학과)

부산대학교 경영학과를 졸업하고 대학원에서 경영학박사(경영정보전공)를 취득한 후 1992년부터 대학 강단에서 학생들을 가르쳐 왔다. 현재는 동의대학교 경영정보학과에서 데이터베이스, 시스템분석 설계, 산업생태계 이해를 강의하고 있다. 한국정보시스템학회 회장을 역임하였으며 주요 관심 분야는 산업 생태계 구축, 플랫폼 경영에 있다. 주요 저서로는 컴퓨터의 이해(탑북스), 벤처설립과 디지털 경영(삼영사), 정보기술과 창업(삼영사), 디지털 경영과 경영정보(두양사), 시스템분석 및 설계(이프레스) 등이 있다.

저자와의
협의하에
인지생략

플랫폼경영

2022년 8월 10일 1판 1쇄 인쇄
2022년 8월 20일 1판 1쇄 발행

저 자 강 병 영
발행인 김 학 민
조 판 아 람 기 획

07285
발행처 서울특별시 영등포구 선유로 3길 10, 617호
도서출판 **탑 북 스**
등 록 2009.12.21 제 2016-000101 호
전 화 02)365-2223 팩스 02)365-2224

정가 26,000 원
ISBN 979-11-90247-64-1-93320